Illisibilité partielle

Couverture supérieure manquante

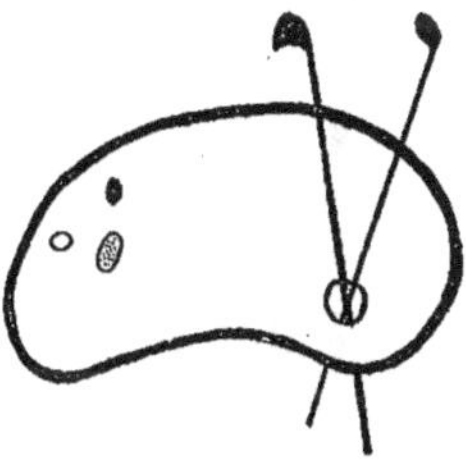
ORIGINAL EN COULEUR
N° Z 43-120-8

...ABLE POUR TOUT OU PARTIE DU
...UMENT REPRODUIT

CODE PÉNAL,

ANNOTÉ.

(Edition de 1832.)

A. GUYOT, IMPRIMEUR DU ROI,
RUE NEUVE-DES-PETITS-CHAMPS, N° 37.

CODE PÉNAL,

ANNOTÉ.

ÉDITION DE 1832,

CONTENANT

L'INDICATION DES LOIS ANALOGUES, DES ARRÊTS ET DÉCISIONS JUDICIAIRES;
LES DISCUSSIONS SUR LA LOI DU 28 AVRIL 1832;
ET LES OPINIONS DES AUTEURS.

PAR J. B. DUVERGIER,

AVOCAT A LA COUR ROYALE DE PARIS.

A PARIS,

CHEZ LES ÉDITEURS A. GUYOT ET SCRIBE,
RUE NEUVE-DES-PETITS-CHAMPS, N° 37;
ET AU BUREAU DE L'ADMINISTRATION,
RUE NEUVE-DE-SEINE-SAINT-GERMAIN, N° 56.

1833.

CODE PÉNAL.

(L'époque de la mise à exécution de ce Code a été fixée par le décret du 13 mars 1810, au 1er janv. 1811. Il faut consulter aussi les décrets des 23 juill. 1810 et 25 nov. 1810) (1).

Ordonnance du Roi contenant le texte officiel du Code pénal.

A Paris, au palais des Tuileries, le 28 avril 1832.

(Promulguée le 1er mai 1832.)

LOUIS-PHILIPPE, Roi des Français, à tous présens et à venir, salut.

Vu la loi en date de ce jour sur les réformes à introduire dans la législation pénale;

Vu les articles 54 et 57 de la Charte constitutionnelle;

Sur le rapport de notre garde des sceaux, ministre secrétaire d'Etat au département de la justice,

Nous avons ordonné et ordonnons ce qui suit :

A compter du 1er juin prochain, date à partir de laquelle la loi de ce jour sur les réformes dans la législation pénale sera exécutoire, il ne sera reconnu comme texte officiel du Code pénal que le texte dont la teneur suit :

CODE PÉNAL.

DISPOSITIONS PRÉLIMINAIRES.

(Loi décrétée le 12 février 1810, promulguée le 22 du même mois.)

Art. 1er. L'infraction que les lois punissent des peines de police est une *contravention*.

L'infraction que les lois punissent de peines correctionnelles est un *délit*.

L'infraction que les lois punissent d'une peine afflictive ou infamante est un *crime* (2).

2 (a). Toute tentative de *crime* (3) qui

---

(1) Le Code pénal a été déclaré applicable, avec diverses modifications, à la *Martinique* et à la *Guadeloupe*, par ordonnance du 29 octobre 1828. *V.* ma Collection des Lois, tome 29, page 464.

(2) Le code pénal de 1810 est la première disposition législative qui ait expressément attribué la qualification de *délits* aux faits punis de peines correctionnelles et celle de *crimes* aux faits punis de peines afflictives et infamantes. On trouve dans le préambule de la loi du 25 frimaire an 8, le mot *délit* employé pour désigner indistinctement les faits punissables de peines afflictives ou infamantes (Cass. 28 mars 1822 : S. 23, 1, 123 ; D. 20, 1, 520 ; P. 65, 511). M. Bourguignon, notes sur l'art. 1er, fait la même observation.

(a) Ancien art. 2, abrogé : « Toute tentative de *crime* qui aura été manifestée par des actes extérieurs, et suivie d'un commencement d'exécution, si elle n'a été suspendue ou n'a manqué son effet que par des circonstances fortuites ou indépendantes de la volonté de l'auteur, est considérée comme le *crime* même. »

(3) Sur la question de savoir si la tentative doit être punie comme le crime, *V.* Muyard de Vouglans, ch. 1er, § 12; Rousseau de Lacombe, part. 1, ch. 2, sect. 7, dist. 7, n° 3 et 7; Jousse, tome 3, part. 3, liv. 2, tit. 25, art. 5, p. 637; Legraverend, tome 1er, page 117 et suiv. ; Code pénal de 1791, part. 2, tit. 2, sect. 1, art. 13, 15 et 16; Loi du 22 prairial an 4.

L'erreur des juges sur ce qui constitue le commencement d'exécution peut-elle donner ouverture à cassation ? La question me semble devoir être résolue négativement (Cass. 27 août 1812. — 18 mars 1813 : S. 17, 1, 89. — 23 septembre 1815; S. 16, 1, 232. — 4 octobre 1817; S. 28, 1, 120). — Cependant un arrêt (Cass. 29 oct. 1813 : S. 14, 1, 23), paraît établir le contraire. M. Bourguignon cherche à concilier ces arrêts, il en cite un autre, en date du 11 juin 1818, en faveur du premier système.

Le jury doit déclarer expressément l'existence des circonstances constitutives de la tentative, pour qu'il y ait lieu à l'application de la peine; ainsi avant la loi modificative, il devait déclarer qu'il y avait eu tentative *manifestée par des actes extérieurs*, suivie d'un commencement d'exécution, et qu'elle n'avait été suspendue, ou qu'elle n'avait manqué son effet que par des circonstances fortuites ou indépendantes de la volonté de l'auteur (Cass. 26 juillet 1811 : S. 11, 1, 291. — 23 mars

---

1815; S. 15 1, 220. — 9 janvier 1812; S. 12, 1, 243. — 23 avril 1810; S. 11, 1, 116. — 25 oct. 1816; Bull. crim. 1816, p. 190. — 15 avril 1824; S. 24, 1, 325. — 23 septembre 1815; S. 16, 1, 197).

Aujourd'hui et par suite du changement de rédaction, il suffira de déclarer que la tentative a été manifestée par un commencement d'exécution, et qu'elle n'a été suspendue ou n'a manqué son effet que par des circonstances indépendantes de la volonté de son auteur.

Toutefois, un arrêt du 18 mai 1818 a décidé qu'une tentative de viol est punissable, bien que le jury n'ait point déclaré qu'elle a été accompagnée de toutes les circonstances exigées par la loi (S. 15, 1, 398).

Il est difficile de distinguer si des coups et blessures qui n'ont point causé la mort constituent un crime spécial, ou s'ils offrent les caractères d'une tentative d'assassinat ou de meurtre. L'intention de celui qui a porté les coups peut seule faire résoudre la question. Il faut qu'il y ait eu volonté de tuer (Cass. 18 janvier 1816 : S. 16, 1, 247). Au surplus, la difficulté est moins grave depuis la modification apportée aux articles 309 et 310. *V.* ci-après ces articles. *V.* aussi M. Legraverend, tome 2, p. 118.

Un arrêt du 18 novembre 1813 a jugé que lorsque les questions posées au jury énumèrent toutes les circonstances constitutives de la tentative, la réponse du jury : « Oui, l'accusé est coupable avec toutes les circonstances aggravantes », constate suffisamment que les circonstances constitutives de la tentative sont réunies (S. 25, 2, 314).

Dans une accusation de tentative d'assassinat à coups de fusil, il est nécessaire, à peine de nullité, de soumettre au jury la question de savoir si les coups de fusil ont été tirés avec l'intention de tuer (Cass. 22 novembre 1810 : S. 11, 1, 238).

La circonstance qu'une tentative d'homicide a eu lieu en tirant un coup de fusil, indique suffisamment qu'elle a été manifestée par des actes extérieurs et suivie d'un commencement d'exécution (Cass. 22 août 1811 : S. 17, 1, 89).

La tentative d'avortement d'une femme enceinte doit être punie comme l'avortement consommé (Cass. 16 oct. 1817 : S. 18, 1, 75).

MM. Legraverend, Bourguignon et Carnot s'élèvent contre cet arrêt; il a été cependant suivi d'autres arrêts semblables (Cass. 17 mars 1817 : S. 29, 1, 83 ; D. 25, 1, 393. — 15 avril 1830; S. 30, 1, 296). *V.* M. Legraverend, tome 1er, page 122 et suiv.

aura été manifestée par un commence-ment d'exécution, si elle n'a été suspendue ou si elle n'a manqué son effet que par des circonstances indépendantes de la volonté de son auteur, est considérée comme le *crime* même.

3. Les tentatives de *délits* ne sont consi-dérées comme *délits* que dans les cas dé-terminés par une disposition spéciale de la loi (1).

4. Nulle contravention, nul délit, nul crime, ne peuvent être punis de peines qui n'étaient pas prononcées par la loi avant qu'ils fussent commis (2).

5. Les dispositions du présent code ne s'appliquent pas aux contraventions, délits et crimes *militaires* (3).

LIVRE 1ᵉʳ. DES PEINES EN MATIÈRE CRI-MINELLE ET CORRECTIONNELLE ET DE LEURS EFFETS.

(Suite de la loi du 12 février 1810.)

6. Les peines en matière criminelle sont ou afflictives et infamantes, ou seule-ment infamantes.

7 (a). Les peines afflictives et infa-mantes sont (4):

1° La mort;

Concerter l'empoisonnement, se former des complices, acheter du poison, se confier à l'individu chargé de l'ad-ministrer, ce n'est encore là que préparer l'empoisonne-ment; il n'y a pas encore commencement d'exécution (Cass. 11 mai 1811: S. 11, 1, 410). *V.* Legraverend sur cet arrêt, tome 1, p. 110.

Il y a tentative du crime d'extorsion de billets, si les billets ont été écrits d'avance, si les apprêts de la violence ont été faits, si la personne contre laquelle le crime était préparé a été dirigée vers le lieu de l'exécution (Cass. 6 fév. 1812: S. 12, 1, 97). *V. M.* Legraverend sur cet arrêt, tome 1ᵉʳ, p. 132.

Il y a tentative de faux en écriture de la part de celui qui, dans le dessein de faire circuler des lettres de change, en a fait graver les modèles sur les traites origi-nales des banquiers dont il se propose d'emprunter les noms et de contrefaire les signatures (Cass. 4 septembre 1807: S. 9, 1, 90).

L'introduction du voleur dans une maison, avec l'in-tention d'y voler, accompagnée de l'ouverture des ar-moires, constitue un commencement d'exécution (Cass. 29 octobre 1813: S. 14, 1, 25).

Il y a tentative de faux témoignage, lorsqu'un particu-lier dépose contre la vérité, quand bien même, par une défaillance qui lui serait survenue, il n'aurait pas eu le temps de terminer sa déposition (Cass. 28 février 1811: S. 17, 1, 89).

(1) Les articles 179, 400, 401, 403 414 et 415, sont les seuls qui punissent les tentatives de délits. *V.* surtout notes sur l'art. 400, et Cod. 3 brum. an 4, art. 3.

(2) *V.* Avis du conseil d'Etat du 29 prairial an 8; dé-cret du 23 juillet 1810, art. 6; Cod. civ. art. 2.

Le principe de la non rétroactivité ne s'applique qu'au fond du droit, ou à la peine; il ne s'applique point à la compétence et à l'instruction (Cass. 24 juin 1813: S. 13, 1, 460).

Toutefois et nonobstant le principe de non rétroacti-vité, si la loi en vigueur au moment où la peine doit être appliquée est plus douce que celle qui était en vigueur lorsque le fait a eu lieu, on doit appliquer la loi nouvelle (Cass. 19 fév. 1813: S. 17, 1, 358).

On a même jugé lorsque dans l'intervalle d'un dé-lit au jugement, il a existé une nouvelle loi pénale plus douce que celles qui existaient, soit à l'époque du délit, soit à l'époque du jugement, c'est cette loi plus douce qui a dû être appliquée (Cass. 1ᵉʳ octobre 1813: S. 14, 1, 16. — 15 février 1814; S. 15, 1, 59. — 9 juillet 1813; Bull. crim. an 1813, p. 377).

C'est par la loi en vigueur à l'époque où le crime a été commis, et non par la loi en vigueur à l'époque où l'ac-cusé a été mis en jugement, qu'il faut décider si, à rai-son de l'âge du coupable, il y a lieu à commutation de la peine (16 floréal an 11: S. 4, 2, 57).

(3) Cet article ne règle point la compétence des tribunaux militaires, il dispose seulement relativement aux peines applicables aux contraventions, délits et crimes mili-taires. Il ne faut pas perdre de vue que souvent c'est non la nature même du fait, mais la qualité des personnes qui attribue la qualification de militaires aux contraventions, délits ou crimes. Ainsi un vol commis par un militaire peut être puni comme crime ou délit militaire d'une peine autre que le vol commis par un individu non militaire.

L'expression militaire est ici générique, elle comprend l'armée de terre et l'armée de mer. Il est donc utile de savoir dans quel cas un individu peut être considéré comme militaire: les délits commis par des militaires en congé, ou hors du corps, ou par des officiers en disponi-bilité, ne sont pas de la compétence des tribunaux mili-taires, et par conséquent ils ne sont pas punissables des peines militaires (Avis du conseil d'Etat du 7 fructidor an 12. — décret du 12 janv. 1811. — Arrêt 6 septembre 1811: S. 12, 1, 213).

Les délits de chasse, même commis par des militaires, sont de la compétence des tribunaux ordinaires (Avis du conseil d'Etat du 30 frimaire an 14. — 4 janvier 1806).

Le crime d'embauchage est essentiellement militaire et de la compétence des tribunaux militaires quelle que soit la qualité des prévenus (Loi du 13 brumaire an 5, art. 9; arrêts de la Cour de Cassation du 12 octobre 1820; — 2 et 22 août 1822: S. 21, 1, 118; D. 19, 1, 77; P. 50, 148; S. 22, 1, 291 et 321; D. 20, 1, 374); mais il n'en est pas de même de la simple provocation à la dé-sertion. M. Bourguignon cite quatre arrêts. Le dernier est en date du 21 mars 1823 (S. 23, 1, 253).

Au surplus, le pourvoi en cassation n'est pas recevable par le motif que le fait qualifié embauchage n'a pas véri-tablement ce caractère (Arrêt précité du 22 août 1822). *Voy.* une dissertation contre cette jurisprudence (S. 22, 2, 253).

Celui qui s'est enrôlé avant d'avoir l'âge requis, ou qui a été admis comme remplaçant sans avoir les conditions exigées, ou enfin dont le temps de service est expiré, doit être poursuivi devant les tribunaux militaires, au cas de délits par lui commis (Art. 7 janvier 1826: S. 26, 1, 331. — 10 janvier 1812: S. 22, 1, 192. — 23 janv. 1829: S. 29, 1, 200. — 30 avril 1825: S. 26, 1, 449).

Dans les cas non prévus par les lois militaires, les ju-ges militaires doivent appliquer des peines prononcées par le code pénal, civil ou militaire, qui leur paraissent proportionnées aux délits (Déc. du 1ᵉʳ mai 1812, art. 10); mais si le fait était prévu par le code pénal ordinaire, ils devraient appliquer la peine de ce code. Avis du conseil d'Etat du 14 août = 22 sept. 1812.

V. Lois militaires du 30 sept. = 19 oct. 1791; du 12 mai 1793, 4 frimaire et 4 nivose an 4; du 21 bru-maire an 5; du 24 brumaire an 6; du 19 vendémiaire an 12; du 23 ventose an 13, du 15 juillet 1829.

V. Lois pénales maritimes du 21 = 22 août 1790, du 27 oct. = 2 nov. 1790, du 22 = 23 janv. 1791, du 30 sept. = 12 oct. 1791, du 1ᵉʳ messidor an 2, du 18 messidor an 7. Arrêté du 5 germ. an 12, du 1ᵉʳ floréal an 12, du 9 messidor an 13; décrets du 22 juillet 1806, du 12 nov. 1806, des 19 et 22 oct. 1808, du 4 mai 1812.

(a) Ancien article 7, abrogé: « Les peines afflictives et infamantes sont: 1° la mort; 2° les travaux forcés à per-pétuité; 3° la déportation; 4° les travaux forcés à temps; 5° la réclusion. »

« La marque et la confiscation générale peuvent être prononcées concurremment avec une peine afflictive, dans les cas déterminés par la loi. »

(4) L'abolition de la peine de mort a été proposée. Les argumens connus ont été reproduits. La loi du 28 avril 1832, en maintenant cette peine, contre laquelle s'é-lèvent tant de puissantes considérations, la supprime

2° Les travaux forcés à perpétuité ;
3° La déportation ;
4° Les travaux forcés à temps ;
5° La détention ;
6° La réclusion.

8 (a). Les peines infamantes sont :
1° Le bannissement ;
2° La dégradation civique.

9. Les peines en matière correctionnelle sont :
1° L'emprisonnement à temps dans un lieu de correction ;
2° L'interdiction à temps de certains droits civiques, civils ou de famille ;
3° L'amende (1).

10. La condamnation aux peines établies par la loi est toujours prononcée sans préjudice des restitutions et dommages-intérêts qui peuvent être dus aux parties (2).

11. Le renvoi sous la surveillance spéciale de la haute police, l'amende et la confiscation spéciale, soit du corps du délit, quand la propriété en appartient au condamné, soit des choses produites par le délit, soit de celles qui ont servi ou qui ont été destinées à le commettre, sont des peines communes aux matières criminelles et correctionnelles (3).

CHAPITRE 1er. *Des peines en matière criminelle.*

12. Tout condamné à mort aura la tête tranchée.

13. (b) Le coupable condamné à mort pour parricide sera conduit sur le lieu de l'exécution, en chemise, nu pieds, et la tête couverte d'un voile noir (4).

Il sera exposé sur l'échafaud pendant qu'un huissier fera au peuple lecture de l'arrêt de condamnation, et il sera immédiatement exécuté à mort.

14. Les corps des suppliciés seront délivrés à leurs familles, si elles les réclament, à la charge par elles de les faire inhumer sans aucun appareil.

15. Les hommes condamnés aux travaux forcés, seront employés aux travaux les plus pénibles ; ils traîneront à leurs pieds un boulet, ou seront attachés deux à deux avec une chaîne, lorsque la nature du travail auquel ils seront employés le permettra.

16. Les femmes et les filles condamnées aux travaux forcés n'y seront employées que dans l'intérieur d'une maison de force.

17. (c) La peine de la déportation con-

---

dans plusieurs cas. Elle ne subsiste plus que pour des crimes tellement atroces, que leur énormité semble en justifier l'application, et doit nécessairement rendre cette application très-rare. M. le garde-des-sceaux a indiqué les cas pour lesquels elle est abolie.

Ces cas sont au nombre de neuf : 1° les complots non suivis d'attentats ; 2° la fabrication ou émission de fausse monnaie d'or ou d'argent, ayant cours légal en France ; 3° la contrefaçon ou l'usage des sceaux de l'État, effets du trésor public ou billets de banque ; 4° plusieurs cas d'incendie ; 5° le meurtre joint à un délit quand la relation de cause à effet n'existe point entre ces deux faits ; 6° le vol avec les cinq circonstances aggravantes ; 7° le recelé d'objets volés, quand le vol est puni de mort ; 8° l'arrestation exécutée avec faux costume, sous un faux nom, ou sous un faux ordre de l'autorité publique ; 9° l'arrestation illégale avec menace de mort. *V.* Loi du 4 brumaire an 4. — 7 frimaire an 4. — 4 frimaire an 5. — 8 nivôse an 10 : Legraverend, introduction, p. xl. ; Cod. 25 septembre=6 octobre 1791. — 3 brum. an 4, art. 603.

La détention perpétuelle ne figure pas dans l'échelle des peines, quoiqu'elle puisse être prononcée. C'est parce qu'elle n'est que provisoirement substituée à la déportation, jusqu'à ce qu'un lieu soit choisi pour appliquer la déportation. *Voy.* article 17, 4e alinéa. Dans le projet de loi, et même dans le système de la commission de la Chambre des députés, la détention perpétuelle n'était pas seulement destinée à remplacer la déportation, elle était une peine nouvelle introduite dans notre législation criminelle, applicable à certains crimes spécialement désignés. Si cette innovation eût été adoptée, il aurait fallu inscrire la détention perpétuelle à son rang dans l'énumération des peines ; mais elle ne doit pas y trouver place, la chambre des pairs ayant décidé que cette peine ne servirait qu'à remplacer provisoirement la déportation. *Voy.* article 17.

La réclusion perpétuelle ne figure pas plus que *la détention perpétuelle* dans l'énumération des peines, quoique la réclusion perpétuelle soit prononcée par l'article 16 du Code pénal ; c'est parce que, comme l'a fait remarquer M. le rapporteur à la Chambre des députés, la réclusion perpétuelle est substituée par l'article 16 aux travaux forcés à perpétuité, à l'égard des femmes.

Il ne faut pas confondre les *travaux publics*, peine militaire, avec les *travaux forcés*. Les travaux publics sont une peine correctionnelle (Décret du 19 vend. an 12, art. 83 ; Arrêt de cass. du 22 février 1823 ; S. 23, 1, 327).

La confiscation est abolie par l'art. 57 de la Charte de 1830 (66 de la Charte de 1814). Mais la Charte n'entend parler que de la confiscation générale de tous les biens. Les confiscations d'objets particuliers, instrumens ou produits d'un crime, d'un délit ou d'une contravention n'ont pas été abolies ; c'est un point aujourd'hui hors de toute contestation. Des lois nouvelles, postérieures à la Charte, établissent des confiscations partielles. *V.* notamment les lois du 15 avril 1818 ; 25 avril 1827 et 4 mars 1831 sur la traite des noirs.

(a) Ancien article 8, abrogé : « Les peines infamantes sont : 1° le carcan ; 2° le bannissement ; 3° la dégradation civique. »

(1) *V.* Art. 42, 43. — L'interdiction peut être prononcée dans les cas prévus par les art. 109, 112, 113, 123, 171, 175, 185, 187, 197, 335, 374, 402, 405, 406, 407, 408 et 410. *V.* d'ailleurs l'art. 34 relatif à la dégradation civique.

(2) *V.* Cod. instr. crim. art. 358 et 366.

(3) *V.* L'art. 131 du sénatus-consulte du 28 floréal an 12, qui a introduit le renvoi sous la surveillance de la haute police. *V.* art. 44, 47, 180, 464 et 470.

(b) Ancien article 13, abrogé : « Le coupable condamné à mort pour parricide sera conduit sur le lieu de l'exécution, en chemise, nu pieds, et la tête couverte d'un voile noir. »

« Il sera exposé sur l'échafaud pendant qu'un huissier fera au peuple lecture de l'arrêt de condamnation ; il aura ensuite le poing droit coupé, et sera immédiatement exécuté à mort. »

(4) Le complice du parricide est punissable comme le parricide lui-même (Cass. 3 déc. 1812 et 10 sep. 1827 ; S. 13, 1, 208 et 28, 1, 109). *V.* art. 86, 299. — Cod. 25 septembre 1791, tit. 1er, art. 4.

(c) Ancien art. 17, abrogé : « La peine de la déportation consistera à être transporté et à demeurer à perpétuité dans un lieu déterminé par le Gouvernement, hors du territoire continental de la France.

sistera à être transporté et à demeurer à perpétuité dans un lieu déterminé par la loi, hors du territoire continental du royaume (1).

« Si le déporté rentre sur le territoire du royaume, il sera, sur la seule preuve de son identité, condamné aux travaux forcés à perpétuité.

« Le déporté qui ne sera pas rentré sur le territoire du royaume, mais qui sera saisi dans des pays occupés par les armées françaises, sera reconduit dans le lieu de sa déportation. »

(1) Le projet de loi du 28 avril 1832 proposait d'abolir la déportation. L'impossibilité d'exécuter actuellement les condamnations qui la prononcent et l'extrême difficulté de trouver des moyens d'exécution pour l'avenir avaient déterminé le Gouvernement. On sait qu'aujourd'hui la déportation ne pouvant être exécutée est convertie en une détention dans une forteresse. D'ailleurs, on a fait remarquer que la déportation dont parle notre Code pénal, applicable seulement à des délits politiques, ne doit pas être assimilée à la transportation usitée en Angleterre, que les individus conduits à Botany-Bay sont à peu près dans la même position que nos forçats; tandis qu'aux termes de l'art. 17 du Code pénal, la déportation consiste à être transporté et à demeurer à perpétuité dans un lieu déterminé par le Gouvernement, hors du territoire continental de la France, ce qui ne suppose ni travaux forcés, ni régime spécial. La Chambre des députés avait adopté, sur la proposition de M. Odilon-Barrot, la rédaction suivante : « Tant que le gouvernement n'aura pas établi un lieu de déportation fixé par la loi, la peine de la déportation sera remplacée par celle de la détention. » Alors, s'est élevée la question de savoir si la détention serait perpétuelle ou temporaire. La Chambre a renvoyé à la commission.

La commission avait pensé que la déportation ne devait pas être supprimée absolument; mais que tant qu'un lieu destiné à l'exécution des condamnations n'avait pas été désigné, il convenait de substituer la peine de détention; que, cependant, la détention perpétuelle serait une peine trop rigoureuse dans plusieurs cas; qu'il fallait donc établir une distinction entre les différens articles du Code pénal qui prononcent la déportation.

« Votre commission, a dit M. le rapporteur, va parcourir les divers cas dans lesquels la déportation est actuellement prononcée : ces cas sont très-peu nombreux, et votre commission doit même excepter de cet examen l'art. 33 qui s'applique au banni qui rompt son ban; l'art. 200 qui s'applique à la deuxième récidive de la célébration du mariage religieux, avant celle du mariage civil, et l'art. 205 qui s'applique aux provocations à la désobéissance aux lois, contenue dans une instruction pastorale; dans ces trois cas, le Gouvernement et votre commission ont déjà été d'avis de remplacer la déportation par la détention temporaire. La peine de la déportation est prononcée par six articles du Code pénal. »

M. le rapporteur cité les art. 82, 84, 94, 97, 98, 124, et 189; il pense que, dans les cas prévus par les art. 82, 84 et 94, la nature et la gravité des crimes permettaient de substituer à la déportation la détention perpétuelle; que, pour les cas prévus par les art. 97, 98, 124 et 189, les travaux forcés à temps remplaceraient convenablement la déportation. « En conséquence, poursuit M. le rapporteur, la commission vous propose la rédaction suivante :

« La peine de la détention est à temps ou à perpétuité.

« Tant que le gouvernement n'aura pas établi un lieu de déportation fixé par la loi, la peine de la déportation sera remplacée par la détention à perpétuité, sauf dans les cas prévus par les art. 33, 98, 124, 189, 200 et 205 du Code pénal.

« Dans les art. 82, 84 et 94 du Code pénal, la peine de la déportation sera remplacée par celle de la détention à perpétuité.

« Dans les art. 98, 124 et 187 du Code pénal, la peine de la déportation sera remplacée par les travaux forcés à temps.

« Dans les art. 33, 200, 205 du Code pénal, la peine de la déportation sera remplacée par celle de la détention perpétuelle.

La chambre a d'abord admis en principe qu'il y aurait deux espèces de détention, l'une perpétuelle, l'autre temporaire; que la détention perpétuelle serait substituée à la déportation, sauf les exceptions qu'elle croirait devoir admettre; elle a ensuite voté séparément sur chacune de ces exceptions; elle a admis que, pour les crimes prévus par les art. 82, 84, 94 et 124, la détention perpétuelle serait substituée à la déportation; elle a repoussé l'application de la peine des travaux forcés à temps au cas prévu par l'article 98, et sur la proposition de M. Mérilhou, a décidé que, dans ce cas, la détention perpétuelle serait appliquée, sans innover aux dispositions de l'art. 99, qui punit les complices receleurs des coupables atteints par l'art. 98.

Comme on l'a vu, la commission avait proposé de substituer les travaux forcés à temps à la déportation, pour le crime dont parle l'art. 189, Cod. pén.; modifiant sa proposition, elle a pensé que la déportation serait convenablement remplacée par le *maximum* de la réclusion. La Chambre a adopté. *Voy.* l'art. 189, Cod. pén.

Je dois ajouter que la rédaction avait été encore modifiée sur la proposition de M. Persil; il avait pensé que quelque doute pourrait s'élever sur la rédaction de l'article; que l'on croirait peut-être que de même que la détention perpétuelle n'était substituée à la déportation que provisoirement et jusqu'à ce qu'un lieu eût été désigné, de même la détention à temps n'était aussi que provisoire. Pour faire cesser l'incertitude, il avait proposé, et la Chambre avait adopté la rédaction suivante : « La déportation sera remplacée *définitivement* par le *maximum* de la réclusion dans le cas des articles 33, 200 et 205 du Code pénal. »

La Chambre a enfin adopté la disposition relative aux art. 33, 200 et 205. *Voy.* les art. 33, 200 et 205, Code pénal.

En rapportant ici la discussion qui a eu lieu dans la Chambre des députés, relativement à la substitution de différentes peines à la peine de la déportation, je n'ai voulu qu'indiquer la marche des débats; j'ai eu le soin de placer sous chacun des articles du Code pénal modifiés, les discussions spéciales qui peuvent éclairer le sens de ces articles.

La Chambre des pairs a pensé que la détention perpétuelle ne devait servir qu'à remplacer la déportation; qu'elle ne devait pas être maintenue comme peine distincte.

« Le projet du Gouvernement, a dit M. le rapporteur, avait été de supprimer la déportation et de la remplacer par la détention perpétuelle. La Chambre des députés a voulu conserver la déportation; elle a cru que cette peine pourrait être exécutée plus tard, et que, pour cette raison, il ne fallait pas la supprimer; elle a ajouté la peine de la détention aux autres peines du Code; mais, en relisant avec beaucoup d'attention le projet du Gouvernement, on verra que la détention perpétuelle n'est prononcée que comme moyen d'exécution de la déportation; la déportation étant conservée, on ne pouvait plus admettre la détention (M. le rapporteur aurait dû ajouter *perpétuelle*), comme une peine distincte : elle n'est que l'exécution de la peine de la déportation. Le Gouvernement est d'accord sur la nouvelle rédaction proposée par la commission. »

Cette nouvelle rédaction est celle qui se trouve dans la loi.

L'on comprend facilement comment la résolution de la Chambre des pairs a dû entraîner des modifications importantes dans les articles votés par la Chambre des députés, et comment elle a tout simplifié.

La Chambre des députés avait dit : La déportation est maintenue; mais elle sera remplacée provisoirement par la détention perpétuelle, dans certains articles : savoir, les art. 82, 84, 94 et 124; elle sera remplacée par différentes peines dans les art. 33, 98, 189, 200 et 205. Elle avait dit enfin que, dans certains cas, la détention perpétuelle serait prononcée non pas comme remplaçant la déportation, mais comme peine nouvelle préférable à d'autres.

La chambre des pairs pose, au contraire, comme un

Si le déporté rentre sur le territoire du royaume, il sera sur la seule preuve de son identité, condamné aux travaux forcés à perpétuité.

Le déporté qui ne sera pas rentré sur le territoire du royaume, mais qui sera saisi dans les pays occupés par les armées françaises, sera conduit dans le lieu de sa déportation.

Tant qu'il n'aura pas été établi un lieu de déportation, ou lorsque les communications seront interrompues entre le lieu de la déportation et la métropole, le condamné subira à perpétuité la peine de la détention.

18 (a). Les condamnations aux travaux forcés à perpétuité et à la déportation emporteront mort civile (1).

principe général, que partout où la peine de la déportation est écrite, elle sera remplacée provisoirement par la peine de la détention perpétuelle; puis, dans les cas où il lui a paru que la détention perpétuelle ne serait pas convenablement appliquée en remplacement de la déportation, elle a déterminé expressément et par exception une peine différente. On aura des exemples en lisant les art. 33, 189, 200 et 203 du Code pénal; elle a enfin rejeté la détention comme peine principale.

Dès lors, tous les articles du Code pénal qui sont modifiés seulement, en ce que la déportation sera remplacée par la détention perpétuelle, ne sont pas placés dans la loi du 28 avril 1832; leur rédaction n'est pas véritablement changée. Seulement, aux termes de l'article dont j'explique ici les dispositions, il faudra que dans l'exécution des arrêts qui auront fait l'application de ces articles, l'on substitue la détention perpétuelle à la déportation.

Ce que je viens de dire préjuge la question de savoir si une cour d'assises, saisie d'un crime punissable de la déportation, doit, dans son arrêt, prononcer la déportation ou la détention perpétuelle. Il me semble évident qu'elle doit prononcer la déportation: d'abord, parce que, comme je l'ai dit, c'est encore la peine de la déportation qui est écrite dans les différens articles du Code; qu'en second lieu, il n'est pas dit dans la loi, la peine de la détention perpétuelle est substituée à la déportation, mais seulement que le condamné subira à perpétuité la peine de la détention; ce qui signifie que, condamné à la déportation, il subira cependant la détention; ou, en d'autres termes, que ce que le Gouvernement a fait jusqu'ici, en substituant la détention à la déportation, est régularisé.

Cette opinion est confirmée par les expressions de M. le garde-des-sceaux en représentant le projet à la Chambre des pairs: «La déportation prévue par le Code reste sans exécution, a-t-il dit, faute d'un lieu où elle puisse être convenablement subie. On s'est vu obligé de la commuer arbitrairement dans la pratique, en une détention dans un lieu spécial. Cet état de choses est irrégulier, il importe de le faire cesser.»

M. le rapporteur à la Chambre des pairs s'est exprimé encore plus nettement. «En attendant, a-t-il dit, qu'il existe un lieu de déportation, *le Gouvernement est autorisé à commuer la déportation en une détention à perpétuité.*»

D'ailleurs, la solution de la question n'est pas sans intérêt. L'individu condamné à la détention perpétuelle par le texte d'un arrêt ne pourrait pas demander à être déporté, si, plus tard, un lieu était désigné pour la déportation.

A la Chambre des députés, on n'a pas eu occasion d'examiner les deux questions de savoir si la déportation devait être prononcée dans l'arrêt, et si le condamné à la détention pourrait demander à être déporté, lorsqu'un lieu serait désigné; mais elles ont été accidentellement prévues.

M. Taillandier a paru pencher pour l'avis que les cours devaient prononcer la déportation.

M. Parant, membre de la commission a professé l'opinion contraire. Voici ses paroles: «M. Taillandier vous a dit que les cours d'assises seraient obligées de prononcer la peine de la déportation; c'est une erreur: les cours d'assises devront nécessairement prononcer la détention perpétuelle; c'est là ce que veut la disposition que vous avez adoptée.»

M. Vatimesnil a ajouté: «Que deviendra l'homme condamné à la détention perpétuelle lorsqu'il y aura un lieu de déportation? M. Parant vous l'a dit lui-même. Cet individu continuera à subir la détention, parce qu'il aura été condamné par arrêt, et que le Gouvernement ne peut pas détruire un arrêt.»

Ces citations ne peuvent me déterminer à changer de sentiment. M. Parant et M. Vatimesnil avaient raison de parler ainsi devant la Chambre des députés; leur langage était en harmonie avec le système qu'elle avait adopté: en effet, la Chambre reconnaissait la détention comme une peine nouvelle qu'elle introduisait dans la législation; elle la divisait en détention perpétuelle et en détention temporaire, et elle substituait la première dans différens articles du Code où la déportation se trouvait prononcée. Alors, il était vrai de dire que la déportation n'était plus la peine déterminée par la loi, que c'était la détention perpétuelle; par suite, il était vrai que les cours d'assises devaient prononcer la détention, et que l'individu condamné à cette peine ne pouvait demander, plus tard, à être déporté; mais, comme on l'a vu, un système différent a prévalu dans la Chambre des pairs, et il entraîne, à mon avis, les conséquences que j'ai indiquées. Le texte de l'article 18 fournirait, au besoin, un argument nouveau; il parle des condamnations aux travaux forcés et à la *déportation*; il ne dit point: les *condamnations à la détention perpétuelle.*

Enfin, lors du retour de la loi à la Chambre des députés, M. le rapporteur a dit que la Chambre des pairs avait pensé qu'on devait retrancher la détention perpétuelle de l'énumération des peines dans l'art. 14, parce que cette peine était seulement destinée à remplacer la déportation. «Votre commission, a-t-il ajouté, a adopté cette suppression avec d'autant plus d'empressement qu'elle établit formellement, suivant le vœu de la Chambre, que *la déportation reste la peine de la loi, la peine que la cour d'assises prononce et qui se trouve ensuite légalement commuée en détention perpétuelle, suivant les circonstances politiques, dont l'administration seule peut être juge.*»

(a) Ancien art. 18, abrogé: «Les condamnations aux travaux forcés à perpétuité et à la déportation emporteront mort civile.

«Néanmoins, le Gouvernement pourra accorder au déporté, dans le lieu de la déportation, l'exercice des droits civils ou de quelques-uns de ces droits.»

(1) Dans la discussion de la loi du 28 avril 1832, on a proposé d'abolir la mort civile. Cette proposition a été accueillie avec faveur, mais elle a paru se rattacher autant à la loi civile, qu'à la loi pénale, et l'on n'a pas jugé convenable de porter atteinte à une partie de notre législation, aussi importante et aussi étendue dans ses conséquences. M. Taillandier a dit qu'en 1822 le roi de Bavière a fait rédiger un projet de Code pénal, calqué en grande partie sur le nôtre; que la mort civile y était conservée; mais que d'après l'avis des professeurs les plus distingués et notamment de M. Mittermayer, on a supprimé cette peine accessoire, comme n'étant plus compatible avec l'adoucissement de nos mœurs; enfin je citerai, a-t-il dit, encore un étranger des plus distingués qui a écrit sur notre législation pénale, M. Rossi. M. Rossi a montré tous les inconvéniens de la mort civile; il dit qu'il est étonné qu'une nation aussi avancée que la nôtre par sa civilisation et ses lumières, maintienne dans le Code pénal la mort civile.

Comme je l'ai dit dans les notes sur l'article précédent, la Chambre des députés avait admis la détention perpétuelle comme une peine nouvelle; par conséquent, on a eu à examiner la question de savoir si la détention perpétuelle, prononcée comme peine nouvelle, et non pas comme substituée à la déportation, emporterait la mort

Néanmoins, le Gouvernement pourra accorder au condamné à la déportation l'exercice des droits civils ou de quelques-uns de ces droits.

19. La condamnation à la peine des travaux forcés à temps sera prononcée pour cinq ans au moins, et vingt ans au plus.

20 (a). Quiconque aura été condamné à la détention sera renfermé dans l'une des forteresses situées sur le territoire continental du royaume, qui auront été déterminées par une ordonnance du Roi rendue dans la forme des réglemens d'administration publique (1).

Il communiquera avec les personnes placées dans l'intérieur du lieu de la détention ou avec celles du dehors, conformément aux réglemens de police établis par une ordonnance du Roi.

La détention ne peut être prononcée pour moins de cinq ans, ni pour plus de vingt ans, sauf le cas prévu par l'art. 33.

21. Tout individu de l'un ou l'autre sexe, condamné à la peine de la réclusion, sera renfermé dans une maison de force, et employé à des travaux dont le produit pourra être en partie appliqué à son profit, ainsi qu'il sera réglé par le Gouvernement.

La durée de cette peine sera au moins de cinq années, et de dix ans au plus.

22 (b). Quiconque aura été condamné à l'une des peines des travaux forcés à perpétuité, des travaux forcés à temps ou de la réclusion, avant de subir sa peine, demeurera durant une heure exposé aux regards du peuple sur la place publique. Au-dessus de sa tête sera placé un écriteau portant, en caractères gros et lisibles, ses noms, sa profession, son domicile, sa peine et la cause de sa condamnation.

En cas de condamnation aux travaux forcés à temps ou à la réclusion, la cour d'assises pourra ordonner par son arrêt que le condamné, s'il n'est pas en état de récidive, ne subira pas l'exposition publique.

Néanmoins, l'exposition publique ne sera jamais prononcée à l'égard des mineurs de dix-huit ans et des septuagénaires (2).

23 (c). La durée des peines temporaires comptera du jour où la condamnation sera devenue irrévocable.

24 (d). Néanmoins, à l'égard des condamnations à l'emprisonnement prononcées contre les individus en état de détention préalable, la durée de la peine, si le condamné ne s'est pas pourvu, comptera du jour du jugement ou de l'arrêt nonobstant l'appel ou le pourvoi du ministère public, et quel que soit le résultat de cet appel ou de ce pourvoi (3).

Il en sera de même dans les cas où la

---

civile; mais on comprend que cette question ne peut plus se reproduire maintenant que la détention perpétuelle n'est plus que destinée à remplacer la déportation, et en présence du texte de l'article 18 du Code pénal portant : « Les condamnations aux travaux forcés à perpétuité et à la déportation emporteront la mort civile. » Ainsi en admettant, contre l'opinion que j'ai développée dans mes notes sur l'article précédent, que les cours d'assises dussent prononcer, par leurs arrêts, la détention perpétuelle et non la déportation, le condamné à la détention serait frappé de mort civile. Les adversaires de la mort civile, qui soutenaient dans la Chambre des députés qu'elle ne devait pas être attachée à la détention perpétuelle, peine principale, ont tous avoué qu'elle restait une conséquence de la détention perpétuelle, remplaçant la déportation. V. Cod. civ. art. 22 et suiv.

(a) Ancien art. 20, abrogé : « Quiconque aura été condamné à la peine des travaux forcés à perpétuité, sera flétri, sur la place publique, par l'application d'une empreinte avec un fer brûlant sur l'épaule droite.

« Les condamnés à d'autres peines ne subiront la flétrissure que dans les cas où la loi l'aurait attachée à la peine, qui leur est infligée.

« Cette empreinte sera des lettres T. P. pour les coupables condamnés aux travaux forcés à perpétuité; T. pour les coupables condamnés aux travaux forcés à temps, lorsqu'ils devront être flétris.

« La lettre F sera ajoutée dans l'empreinte si le coupable est un faussaire. »

(1) Dans la discussion de la loi du 28 avril 1832, on a demandé la suppression du mot continental, afin que l'île de Corse fût comprise dans la disposition; cette proposition n'a pas été adoptée. D'ailleurs cet article n'empêché pas que la détention n'ait lieu à perpétuité pour remplacer la déportation. V. l'art. 17. V. loi du 23 floréal an 10.

(b) Ancien article 22, abrogé : « Quiconque aura été condamné à l'une des peines des travaux forcés à perpétuité, des travaux forcés à temps, ou de la réclusion, avant de subir sa peine, sera attaché au carcan sur la place publique : il y demeura exposé aux regards du peuple durant une heure : au-dessus de sa tête sera placé un écriteau portant, en caractères gros et lisibles, ses noms, sa profession, son domicile, sa peine, et la cause de sa condamnation. »

(2) La faculté de supprimer l'exposition cesse à l'égard du faussaire. Voy. art. 165.

M. de Podenas a demandé qu'on indiquât les formes de l'exécution. M. Dumon, rapporteur de la loi du 28 avril 1832, a répondu : Les formes de l'exposition publique sont écrites dans l'art. 22 du Code pénal; d'après cet article, le condamné doit être attaché au carcan; mais jusqu'à présent cette forme n'a pas été exécutée, et les expositions ont eu lieu, sans que les condamnés fussent attachés au carcan; ainsi le Gouvernement n'avait qu'à se conformer aux dispositions usitées, en même temps qu'il se conformait à l'humanité : en vous proposant de supprimer, dans l'article relatif à l'exposition publique, l'accessoire du carcan, la commission a pensé qu'il était inutile d'écrire dans la loi la manière dont s'exécuteraient matériellement les expositions publiques. Elle n'a pas cru devoir vous proposer de voter la description matérielle et détaillée d'un supplice. Alors, a dit M. de Podenas, la loi s'exécutera comme par le passé. V. Code, 25 septemb. 1791, tit. 1er, art. 28.

(c) Ancien art. 23, abrogé : « La durée de la peine des travaux à temps et de la peine de la réclusion se comptera du jour de l'exposition. »

(d) Ancien art. 24, abrogé : « La condamnation à la peine du carcan sera exécutée de la manière prescrite par l'art. 22. »

(3) Ainsi, avant cette modification, la durée de la peine ne commençait à courir, dans tous les cas, qu'après la condamnation irrévocable.

On avait demandé que la peine comptât du jour de la première condamnation dans tous les cas; soit qu'il y eût appel par le ministère public, soit qu'il y eût appel par peine aura été réduite, sur l'appel ou le pourvoi du condamné.

25. Aucune condamnation ne pourra être exécutée les jours de fêtes nationales ou religieuses, ni les dimanches.

26. L'exécution se fera sur l'une des places publiques du lieu qui sera indiqué par l'arrêt de condamnation (1).

27. Si une femme condamnée à mort se déclare et s'il est vérifié qu'elle est enceinte, elle ne subira la peine qu'après sa délivrance (2).

28. (a) La condamnation à la peine des travaux forcés à temps, de la détention, de la réclusion ou du bannissement, emportera la dégradation civique. La dégradation civique sera encourue du jour où la condamnation sera devenue irrévocable, et, en cas de condamnation par contumace, du jour de l'exécution par effigie (3).

29 (b). Quiconque aura été condamné à la peine des travaux forcés à temps, de la détention ou de la réclusion, sera, de plus, pendant la durée de sa peine, en état d'interdiction légale; il lui sera nommé un tuteur et un subrogé-tuteur pour gérer et administrer ses biens, dans les formes prescrites pour les nominations des tuteurs et subrogés-tuteurs aux interdits (4).

---

le prévenu, et soit que la peine fût réduite, maintenue ou augmentée.

Ce nouveau système n'a pas été accueilli ; on a distingué entre le cas d'appel par le ministère public et le cas d'appel par le prévenu.

Dans le premier cas, quel que soit le résultat, la peine comptera du jour du jugement ou de l'arrêt.

Dans le second, si la peine est réduite, le condamné aura eu raison de se pourvoir ; dès lors, il est juste que la peine compte du jour du jugement ou de l'arrêt ; mais si la peine est maintenue ou augmentée, le condamné aura exercé un recours indiscret et mal fondé. Sa peine ne comptera que du jour de la condamnation devenue définitive.

M. de Podenas avait demandé que, pour plus de clarté, on dit dans le premier alinéa, *si le condamné n'a pas interjeté appel, ou ne s'est pas pourvu*; mais M. Parant a expliqué, au nom de la commission, que par l'expression *pourvu*, on avait entendu désigner également l'appel et le pourvoi. *V.* art. 206 Cod. inst. crim. et les notes.

(1) *V.* art. 376, Cod. Instr. crim.

(2) *V.* la loi du 23 germ. an 3, portant qu'aucune femme prévenue de crime emportant peine de mort ne serait mise en jugement qu'après vérification qu'elle n'était pas enceinte.—Cette loi est abrogée (Cass. 7 nov. : S. 16, 1, 31).

(a) Ancien article 28, abrogé : « Quiconque aura été condamné à la peine des travaux forcés à temps, du bannissement, de la réclusion ou du carcan, ne pourra jamais être juré, ni expert, ni être employé comme témoin dans les actes, ni déposer en justice autrement que pour y donner de simples renseignemens.

« Il sera incapable de tutelle et de curatelle, si ce n'est de ses enfans, et sur l'avis seulement de sa famille.

« Il sera déchu du droit de port d'armes, et du droit de servir dans les armées du Roi. »

(3) M. le comte de Tournon a demandé si les condamnés à temps seraient à jamais privés des droits dont l'énumération se trouve dans l'art. 34 du Code pénal. M. le comte Portalis a répondu : Ils en seront privés jusqu'à la réhabilitation. La dégradation civique, a ajouté M. le rapporteur, est, de sa nature une peine perpétuelle. Sera-t-elle perpétuelle lorsqu'elle sera prononcée seule ? c'est une question qui semble décidée par l'art. 619 du Code d'instruction criminelle. Il y est dit que le condamné pourra être réhabilité cinq ans après l'expiration de sa peine. Dans ce cas, la peine cesse d'être perpétuelle. Elle n'est perpétuelle que dans le cas où l'on n'obtiendrait pas des lettres de réhabilitation. Enfin, M. le duc Decazes a dit : Si tel n'était pas le sens de l'article, cet article ne dirait rien du tout, car il est évident que ce n'est pas pendant que le condamné sera au bagne, qu'il pourra être juré, tuteur, etc. C'est donc uniquement pour le temps qui suit la peine que l'article est fait.

Je dois faire remarquer qu'une erreur grave est échappée à M. le rapporteur, lorsqu'il a dit que l'article 619 du Code d'instruction criminelle, en parlant de la dégradation civique, admet la possibilité de la réhabilitation cinq ans après l'expiration de la peine. L'art. 619 ne parle d'expiration de la peine que pour celles qui ont une durée déterminée, comme les travaux forcés à temps, la détention et la réclusion ; lorsqu'il s'agit au contraire de la dégradation civique, dont la durée n'a pas de limites fixées par la loi, l'art. 619 dispose que la réhabilitation pourra être demandée après cinq ans, à compter non de l'expiration de la peine ; mais du jour où la condamnation est devenue irrévocable ; ainsi c'est à tort que M. le rapporteur suppose que la dégradation civique, prononcée seule, n'est pas perpétuelle ; il a raison, cependant lorsqu'il ajoute que les effets de la dégradation cesseront par la réhabilitation.

(b) Ancien article 29, abrogé : « Quiconque aura été condamné à la peine des travaux forcés à temps ou de la réclusion, sera, de plus, pendant la durée de sa peine, en état d'interdiction légale ; il lui sera nommé un curateur pour gérer et administrer ses biens, dans les formes prescrites pour la nomination des tuteurs aux interdits. »

(4) Le condamné est incapable d'aliéner (Cass. 25 janv. 1825 : S. 25, 1, 345 ; D. 23, 1, 147) ; mais il est capable de tester (28 décembre 1822, Rouen : S. 23, 2, 179 ; D. 21, 2, 65 ; P. 65 . 370).

M. Poulle avait proposé d'ajouter à l'article une disposition portant que le tuteur pourrait faire remise à la famille du condamné d'une partie de ses revenus, à titre de secours, en vertu d'une délibération du conseil de famille homologuée.

Il a dit que le droit commun ne lui paraissait pas établir d'une manière suffisante le droit pour les enfans et la femme du condamné d'obtenir des secours, il a fait remarquer que l'article 475 du Code d'instruction criminelle suppose précisément que ce droit n'existe pas, en vertu des règles générales, puisqu'il a cru nécessaire de l'établir en termes exprès pour le cas d'une condamnation par contumace, et qu'il a voulu que l'autorité administrative fût consultée.

M. Dumon, rapporteur, a répondu :

« Ce que demande l'auteur de l'amendement est établi, et beaucoup plus complètement par le Code civil. Le Code civil renferme les règles d'après lesquelles les biens d'un interdit et d'un mineur doivent être administrés, et l'article 29 du Code pénal assimile le condamné à certaines peines à un interdit. Si la famille du condamné se trouve dans le besoin, elle doit s'adresser au tuteur, et elle en reçoit les secours dont elle a besoin, avec l'autorisation du conseil de famille et l'homologation du tribunal. Ce que propose M. Poulle ayant été déjà établi par le Code civil, et d'une manière précise, il est donc inutile de s'occuper d'une question qui se trouve résolue dans la loi ; on a fait une objection tirée de l'article 475 du Code d'instruction criminelle. Si le préopinant avait examiné l'article 471 du même Code, il aurait vu pourquoi le législateur a cru devoir faire une disposition particulière, dans l'intérêt de la famille du condamné par contumace ; ses biens ne sont pas régis par un tuteur, ils sont régis par le domaine, et suivant les formes habituelles de l'administration domaniale. Il fallait donc déterminer de quelle manière la famille du condamné par contumace obtiendrait de la régie domaniale ce que la famille du condamné contradictoirement obtient du tuteur et du conseil de famille. La proposition de M. Poulle a été repoussée. *V.* Cod. civ., art. 505. — Cod. du 25 septembre 1791, tit. 4, art. 2 et suiv.

30. (a) Les biens du condamné lui seront remis après qu'il aura subi sa peine, et le tuteur lui rendra compte de son administration.

31. Pendant la durée de la peine, il ne pourra lui être remis aucune somme, aucune provision, aucune portion de ses revenus.

32. Quiconque aura été condamné au bannissement sera transporté, par ordre du Gouvernement, hors du territoire du royaume.

La durée du bannissement sera au moins de cinq années, et de dix ans au plus.

33 (b). Si le banni, avant l'expiration de sa peine rentre sur le territoire du royaume, il sera, sur la seule preuve de son identité, condamné à la détention pour un temps au moins égal à celui qui restait à courir jusqu'à l'expiration du bannissement, et qui ne pourra excéder le double de ce temps.

34 (c). La dégradation civique consiste :

1° Dans la destitution et l'exclusion des condamnés de toutes fonctions, emplois ou offices publics;

2° Dans la privation du droit de vote, d'élection, d'éligibilité, et en général de tous les droits civiques et politiques, et du droit de porter aucune décoration;

3° Dans l'incapacité d'être juré-expert, d'être employé comme témoin dans des actes, et de déposer en justice autrement que pour y donner de simples renseignemens;

4° Dans l'incapacité de faire partie d'aucun conseil de famille, et d'être tuteur, curateur, subrogé-tuteur ou conseil judiciaire, si ce n'est de ses propres enfans et sur l'avis conforme de la famille;

5° Dans la privation du droit de port d'armes, du droit de faire partie de la garde nationale, de servir dans les armées françaises, de tenir école, ou d'enseigner et d'être employé dans aucun établissement d'instruction, à titre de professeur, maître ou surveillant (1).

35. (d) Toutes les fois que la dégradation civique sera prononcée comme peine principale, elle pourra être accompagnée d'un emprisonnement dont la durée, fixée par l'arrêt de condamnation, n'excédera pas cinq ans.

Si le coupable est un étranger ou un Français ayant perdu la qualité de citoyen, la peine de l'emprisonnement devra toujours être prononcée.

36 (e). Tous arrêts qui porteront la peine de mort, des travaux forcés à perpétuité et à temps, la déportation, la détention, la réclusion, la dégradation civique et le bannissement, seront imprimés par extrait (2).

Ils seront affichés dans la ville centrale du département, dans celle où l'arrêt aura été rendu, dans la commune du lieu où le délit aura été commis, dans celle où se fera l'exécution, et dans celle du domicile du condamné.

37 (f). *Abrogé.*

38 (g). *Abrogé.*

39 (h). *Abrogé.*

CHAP. II. *Des peines en matière correctionnelle.*

40. Quiconque aura été condamné à la peine d'emprisonnement sera renfermé dans une maison de correction : il y sera

---

(a) Ancien art. 30, abrogé : « Les biens du condamné lui seront remis après qu'il aura subi sa peine, et le curateur lui rendra compte de son administration. »

(b) Ancien art. 33, abrogé : « Si le banni, durant le temps de son bannissement, rentre sur le territoire du royaume, il sera, sur la seule preuve de son identité, condamné à la peine de la déportation. »

(c) Ancien art. 34, abrogé : « La dégradation civique consiste dans la destitution et l'exclusion du condamné de toutes fonctions ou emplois publics, et dans la privation de tous les droits énoncés en l'article 28. »

(1) L'audition de l'individu condamné, avec prestation de serment et en qualité de témoin devant une cour d'assises, n'emporte pas la nullité des débats, lorsque ni le ministère public ni l'accusé ne se sont opposés à l'audition (Cass. 22 janvier 1825 : S. 25, 1, 313 ; D. 23, 1, 177).

Le condamné ne devient incapable de déposer qu'autant qu'il a été procédé à l'exécution de sa condamnation; ainsi le condamné à la réclusion qui n'a pas encore subi l'exécution peut être entendu comme témoin surtout si l'accusé ne s'oppose pas à son audition (Cass. 8 avril 1826 : S. 27, 1, 10). V. Cod. inst. crim. art. 518.

(d) Ancien art. 35, abrogé : « La durée du bannissement se complera du jour où l'arrêt sera devenu irrévocable. »

(e) Ancien art. 36, abrogé : « Tous arrêts qui porteront la peine de mort, des travaux forcés à perpétuité ou à temps, la déportation, la réclusion, la peine du carcan, le bannissement et la dégradation civique, seront imprimés par extrait.

« Ils seront affichés dans la ville centrale du département, dans celle où l'arrêt aura été rendu, dans la commune du lieu où le délit aura été commis, dans celle où se fera l'exécution, et dans celle du domicile du condamné. »

(2) V. le décret du 18 juin 1811, art. 104 et suiv.

(f) Ancien article 37, abrogé par l'article 57 de la Charte : « La confiscation générale est l'attribution des biens d'un condamné au domaine de l'État.

« Elle ne sera la suite nécessaire d'aucune condamnation : elle n'aura lieu que dans les cas où la loi la prononce expressément. »

(g) Ancien article 38, abrogé par l'article 57 de la Charte : « La confiscation générale demeure grevée de toutes les dettes légitimes jusqu'à concurrence de la valeur des biens confisqués, de l'obligation de fournir aux enfans ou autres descendans une moitié de la portion dont le père n'aurait pu les priver.

« De plus, la confiscation générale demeure grevée de la prestation des alimens à qui il en est dû de droit. »

(h) Ancien article 39, abrogé par l'article 57 de la Charte : « Le Roi pourra disposer des biens confisqués, en faveur, soit des père, mère ou autres ascendans, soit de la veuve, soit des enfans ou autres descendans légitimes, naturels ou adoptifs, soit des autres parens du condamné. » V. la note relative à la confiscation sur l'art. 7.

employé à l'un des travaux établis dans cette maison, selon son choix.

La durée de cette peine sera au moins de six jours, et de cinq années au plus ; sauf le cas de récidive ou autres où la loi aura déterminé d'autres limites.

La peine à un jour d'emprisonnement est de vingt-quatre heures ;

Celle à un mois est de trente jours (1).

41. Les produits du travail de chaque détenu pour délit correctionnel seront appliqués partie aux dépenses communes de la maison, partie à lui procurer quelques adoucissemens, s'il les mérite, partie à former pour lui, au temps de sa sortie, un fonds de réserve ; le tout ainsi qu'il sera ordonné par des réglemens d'administration publique.

42. Les tribunaux jugeant correctionnellement pourront, dans certains cas, interdire, en tout ou en partie, l'exercice des droits civiques, civils et de famille suivans :

1° De vote et d'élection ;

2° D'éligibilité ;

3° D'être appelé ou nommé aux fonctions de juré ou autres fonctions publiques, ou aux emplois de l'administration, ou d'exercer ces fonctions ou emplois ;

4° Du port d'armes ;

5° De vote et de suffrage dans les délibérations de famille ;

6° D'être tuteur, curateur, si ce n'est de ses enfans et sur l'avis seulement de la famille ;

7° D'être expert ou employé comme témoin dans les actes ;

8° De témoignage en justice, autrement que pour y faire de simples déclarations.

43. Les tribunaux ne prononceront l'interdiction mentionnée dans l'article précédent, que lorsqu'elle aura été autorisée ou ordonnée par une disposition particulière de la loi.

CHAPITRE III. *Des peines et des autres condamnations qui peuvent être prononcées pour crimes ou délits.*

44 (a). L'effet du renvoi sous la surveillance de la haute police sera de donner au Gouvernement le droit de déterminer certains lieux dans lesquels il sera interdit au condamné de paraître après qu'il aura subi sa peine. En outre, le condamné devra déclarer, avant sa mise en liberté, le lieu où il veut fixer sa résidence ; il recevra une feuille de route réglant l'itinéraire dont il ne pourra s'écarter, et la durée de son séjour dans chaque lieu de passage. Il sera tenu de se présenter, dans les vingt-quatre heures de son arrivée, devant le maire de la commune ; il ne pourra changer de résidence sans avoir indiqué, trois jours à l'avance, à ce fonctionnaire, le lieu où il se propose d'aller habiter, et sans avoir reçu de lui une nouvelle feuille de route (a).

45 (b). En cas de désobéissance aux dispositions prescrites par l'article précédent, l'individu mis sous la surveillance de la haute police sera condamné, par les tribunaux correctionnels, à un emprisonnement qui ne pourra excéder cinq ans.

46 (c). *Abrogé.*

---

(1) Avant la loi du 28 avril 1832, il y avait incertitude sur le moment à compter duquel courait la peine. Maintenant la question est résolue. *V.* les articles 23 et 24.

(a) Ancien article 44, abrogé : « L'effet du renvoi sous la surveillance de la haute police de l'Etat sera de donner au Gouvernement, ainsi qu'à la partie intéressée, le droit d'exiger, soit de l'individu placé dans cet état, après qu'il aura subi sa peine, soit de ses père et mère, tuteur ou curateur, s'il est en âge de minorité, une caution solvable de bonne conduite, jusqu'à la somme qui sera fixée par l'arrêt ou le jugement : toute personne pourra être admise à fournir cette caution.

« Faute de fournir ce cautionnement, le condamné demeure à la disposition du Gouvernement, qui a le droit d'ordonner, soit l'éloignement de l'individu d'un certain lieu, soit sa résidence continue dans un lieu déterminé de l'un des départemens du royaume. »

(a) M. le rapporteur à la Chambre des pairs, sur la loi du 28 avril 1832, a dit :

« Nous n'avons pas conservé la mise à la disposition du Gouvernement, peine indéfinie et arbitraire qui ne peut plus aujourd'hui être maintenue dans le Code pénal.

« Vainement on en chercherait dans nos lois la définition ; vous ne la trouverez, Messieurs, que dans le discours de l'orateur du Gouvernement au Corps-Législatif ; il établit que le Gouvernement peut, dans sa prudence, admettre à caution l'individu mis à sa disposition ou le placer dans une maison de travail, ou enfin le détenir comme être nuisible et dangereux. Le terme de ce servage n'est fixé par aucune loi, nous avons remplacé une peine si exorbitante, par le renvoi sous la surveillance de la haute police de l'Etat, réglée et définie par l'article du projet de votre commission qui doit prendre la place de l'art. 44 du Code pénal. »

On a cru devoir aussi supprimer la disposition relative au cautionnement, parce que ce cautionnement étant ordinairement fixé à une somme très-faible, il arrivait que souvent les condamnés précisément les plus dangereux en fournissant le cautionnement avaient une liberté absolue.

On a demandé si un individu placé sous la surveillance de la haute police serait obligé de remplir les formalités établies par cet article, toutes les fois qu'il voudrait aller d'une commune dans une autre. M. le garde-des-sceaux et M. le rapporteur de la Chambre des pairs ont reconnu qu'une excursion de quelques jours dans une commune voisine ne serait pas considérée comme un changement de résidence. « L'article ne veut pas dire non plus, a ajouté M. le rapporteur, que tout le département leur sera abandonné et que pourvu qu'ils ne quittent pas ce département, ils pourront sans déclaration et sans autorisation préalable, transporter leur résidence dans le lieu qu'il leur plaira. »

Ce sera donc à l'administration à apprécier d'après les circonstances s'il y a ou s'il n'y a pas changement de résidence.

(b) Ancien art. 45, abrogé : « En cas de désobéissance à cet ordre, le Gouvernement aura le droit de faire arrêter et détenir le condamné, durant un intervalle de temps qui pourra s'étendre jusqu'à l'expiration du temps fixé pour l'état de la surveillance spéciale. »

(c) Ancien art. 46, abrogé : « Lorsque la personne mise sous la surveillance spéciale du Gouvernement, et ayant obtenu sa liberté sous caution, aura été condamnée par un arrêt ou jugement devenu irrévocable, pour un

47 (a). Les coupables condamnés aux travaux forcés à temps, à la détention et à la réclusion, seront, de plein droit, après qu'ils auront subi leur peine, et pendant toute la vie, sous la surveillance de la haute police.

48. Les coupables condamnés au bannissement seront, de plein droit, sous la même surveillance pendant un temps égal à la durée de la peine qu'ils auront subie.

49. Devront être renvoyés sous la même surveillance ceux qui auront été condamnés pour crimes ou délits qui intéressent la sûreté intérieure ou extérieure de l'État.

50. Hors les cas déterminés par les articles précédens, les condamnés ne seront placés sous la surveillance de la haute police de l'État que dans le cas où une disposition particulière de la loi l'aura permis.

51 (b). Quand il y aura lieu à restitution, le coupable pourra être condamné, en outre, envers la partie lésée, si elle le requiert, à des indemnités dont la détermination est laissée à la justice de la cour ou du tribunal, lorsque la loi ne les aura pas réglées, sans que la cour ou le tribunal puisse, du consentement même de ladite partie, en prononcer l'application à une œuvre quelconque (1).

52. L'exécution des condamnations à l'amende, aux restitutions, aux dommages-intérêts et aux frais, pourra être poursuivie par la voie de la contrainte par corps (2).

53 (c). Lorsque des amendes et des frais seront prononcés au profit de l'État, si, après l'expiration de la peine afflictive ou infamante, l'emprisonnement du condamné, pour l'acquit de ces condamnations pécuniaires, a duré une année complète, il pourra, sur la preuve acquise par les voies de droit, de son absolue insolvabilité, obtenir sa liberté provisoire.

La durée de l'emprisonnement sera réduite à six mois s'il s'agit d'un délit; sauf, dans tous les cas, à reprendre la contrainte par corps, s'il survient au condamné quelque moyen de solvabilité (3).

54. En cas de concurrence de l'amende (d) avec les restitutions et les dommages-intérêts, sur les biens insuffisans du condamné, ces dernières condamnations obtiendront la préférence.

55. Tous les individus condamnés pour un même crime ou pour un même délit, seront tenus solidairement des amendes, des restitutions, des dommages-intérêts et des frais (4).

CHAP. IV. *Des peines de la récidive pour crimes et délits.*

56 (e). Quiconque, ayant été condamné à une peine afflictive ou infamante, aura

---

ou plusieurs crimes ou pour un ou plusieurs délits commis dans l'intervalle déterminé par l'acte de cautionnement, les cautions seront contraintes, même par corps, au paiement des sommes portées dans cet acte.

« Les sommes recouvrées seront affectées de préférence aux restitutions, aux dommages-intérêts et frais adjugés aux parties lésées par ces crimes ou ces délits. »

(a) Ancien art. 47, abrogé : « Les coupables condamnés aux travaux forcés à temps et à la réclusion seront de plein droit, après qu'ils auront subi leurs peines, et pendant toute la vie, sous la surveillance de la haute police de l'État. »

(b) Ancien art. 51, abrogé : « Quand il y aura lieu à restitution, le coupable sera condamné en outre, envers la partie, à des indemnités, dont la détermination est laissée à la justice de la cour ou du tribunal, lorsque la loi ne les aura pas réglées; sans qu'elles puissent jamais être au-dessous du quart des restitutions, et sans que la cour ou le tribunal puisse, du consentement même de la partie, en prononcer l'application à une œuvre quelconque.

(1) Les règles du droit civil en matière de dommages-intérêts (art. 1146 et suiv., Cod. civ.), ne sont point applicables au criminel, la loi laissant aux magistrats le pouvoir d'arbitrer les dommages résultant du délit qui leur est dénoncé (Cass. 19 mars 1825 : S. 25, 1, 323; D. 25, 1, 266.) V. art. 10 et 117.

(2) La contrainte par corps peut être prononcée en appel, quoiqu'elle ne l'ait pas été en première instance dans les cas où elle doit avoir lieu de plein droit; ainsi pour la condamnation à l'amende et aux frais (Cass. 14 juillet 1827 : S. 27, 1, 530).

Elle peut l'être, lorsque l'accusé est acquitté et que le dénonciateur e vaincu de calomnie est condamné à des dommages-intérêts (Cass. 31 mai 1816 : S. 16, 1, 271; D. 14, 1, 613 1, P. 46, 449). Elle peut l'être par les tribunaux civils pour assurer une condamnation à restitution de sommes détournées; encore que le condamné soit septuagénaire (Cass. 16 juillet 1817 : S. 19, 1, 15; P. 65, 123).

(c) Cet article a été modifié par le titre V de la loi du 17 avril 1832, sur la contrainte par corps.

(3) La loi du 5 septembre 1807 attribue à l'État un privilège pour le paiement des frais.

Le condamné peut réclamer son élargissement six mois après l'expiration de la peine; bien que l'amende soit applicable aux hôpitaux, notamment dans le cas où elle est prononcée contre celui qui a tenu des loteries non autorisées (Cass. 7 juill. 1818 : S. 19, 1, 31; P. 5L, 46). V. tit. 5, loi du 17 avril 1832.

(d) Ancien art. 54, modifié en vertu de l'art. 57 de la Charte : « Ou de la confiscation. »

(4) La solidarité ne peut être prononcée que contre des individus qui ont concouru au même fait de contravention, et nullement contre des individus qui ont commis isolément des contraventions de même nature (Cass. 22 avril 1813 : S. 16, 1, 530).

Elle doit être prononcée contre les auteurs du même délit, qu'ils se soient ou non concertés pour le commettre, bien qu'il y ait entre eux divers degrés de culpabilité, et enfin que les peines prononcées ne soient pas les mêmes contre tous (Cass. 2 mars 1814 : S. 14, 1, 114; D. 14, 1, 292; P. 40, 823).

Elle s'étend à l'amende comme aux frais (Cass. 3 nov. 1827 : S. 28, 1, 104).

Tous les complices d'un délit, poursuivis à fins civiles, doivent être condamnés solidairement aux dommages-intérêts (Cass. 25 décembre 1818; S. 19, 1, 178; Id. Quant aux dépens (Cass. 6 décembre 1813 : S. 14, 1, 57; D. 11, 1, 529; P. 39, 284).

La solidarité a lieu envers le fisc ou la partie lésée, mais la répartition des condamnations doit être faite entre les condamnés suivant le degré de culpabilité, ainsi la totalité des condamnations peut être laissée à la charge de l'auteur principal (5 janvier 1821, Lyon; S. 25, 1, 45).

(e) Ancien art. 56 abrogé : « Quiconque, ayant été condamné pour crime, aura commis un second crime emportant la dégradation civique, sera condamné à la peine du carcan. »

commis un second crime emportant, comme peine principale, la dégradation civique, sera condamné à la peine du bannissement.

Si le second crime emporte la peine du bannissement, il sera condamné à la peine de la détention.

Si le second crime emporte la peine de la réclusion, il sera condamné à la peine des travaux forcés à temps.

Si le second crime emporte la peine de la détention, il sera condamné au *maximum* de la même peine, laquelle pourra être élevée jusqu'au double.

Si le second crime emporte la peine des travaux forcés à temps, il sera condamné au *maximum* de la même peine, laquelle pourra être élevée jusqu'au double.

Si le second crime emporte la peine de la déportation, il sera condamné aux travaux forcés à perpétuité.

Quiconque, ayant été condamné aux travaux forcés à perpétuité, aura commis un second crime emportant la même peine, sera condamné à la peine de mort.

Toutefois, l'individu condamné par un tribunal militaire ou maritime, ne sera, en cas de crime ou délit postérieur, passible des peines de la récidive qu'autant que la première condamnation aurait été prononcée pour des crimes ou délits punissables d'après les lois pénales ordinaires (1).

57. Quiconque, ayant été condamné pour un crime, aura commis un délit de nature à être puni correctionnellement, sera condamné au *maximum* de la peine portée par la loi, et cette peine pourra être élevée jusqu'au double (2).

58. Les coupables condamnés correctionnellement à un emprisonnement de plus d'une année, seront aussi, en cas de nouveau délit, condamnés au *maximum* de la peine portée par la loi, et cette peine pourra être élevée jusqu'au double : ils seront de plus mis sous la surveillance spéciale du Gouvernement pendant au moins cinq années, et dix ans au plus (3).

« Si le second crime emporte la peine du carcan ou le bannissement, il sera condamné à la peine de la réclusion.

« Si le second crime entraîne la peine de la réclusion, il sera condamné à la peine des travaux forcés à temps et à la marque.

« Si le second crime entraîne la peine des travaux forcés à temps ou la déportation, il sera condamné à la peine des travaux forcés à perpétuité.

« Si le second crime entraîne la peine des travaux forcés à perpétuité, il sera condamné à la peine de mort. »

(1) Les délits militaires, a dit M. le rapporteur à la Chambre des pairs dans la discussion sur la loi du 28 avril 1832, n'entraîneront pas la peine de récidive lorsque le crime pour lequel le militaire aura été condamné ne se trouve pas placé au nombre des crimes énoncés dans le Code pénal ordinaire. Ainsi un petit vol dans la chambrée est puni et doit être puni d'une peine très-grave par les lois militaires, et cependant dans le Code pénal ordinaire ce ne serait qu'un simple délit. Il n'en serait pas de même, si le crime puni par le tribunal militaire était du nombre de ceux réputés également crimes par le Code pénal ordinaire, nous n'avons fait qu'écrire dans l'article ce qui était consacré par l'esprit de la jurisprudence. *Voy.* arrêt de la Cour de Cassation rendu, sections réunies, le 9 octobre 1829 (S. 29, 1, 417).

La question de récidive doit être décidée par la cour d'assises, sans le concours des jurés (Cass. 11 juin 1811 : S. 17, 1, 316).

Est coupable de récidive celui qui commet un second crime, après avoir obtenu grâce du premier (Cass. 5 décembre 1811, rép. jurisprud., 1° récidive, n° 87 ; *idem*, nonobstant la réhabilitation (Cass. 6 février 1823 : S. 23, 1, 176 ; P. 66, 176) ; *idem*, nonobstant la prescription de la peine prononcée contre le premier crime, (Cass. 10 février 1830 : S. 20, 1, 235 ; D. 18, 1, 121 ; S. 87, 527).

La peine de récidive est applicable ou condamné, encore qu'à raison de la faiblesse de son âge il n'ait précédemment subi qu'une peine correctionnelle (Cass. 10 avril 1818 : S. 24, 1, 159).

Lorsqu'on individu est mis en accusation pour un crime principal, avec la circonstance de récidive, l'identité ou la récidive doit être déclarée, ou indiquée par la chambre d'accusation elle-même, sans renvoyer aux juges qui ont prononcé la condamnation première (Cass. 30 juillet 1822 : S. 23, 1, 75).

L'individu qui, pour un même fait, a été puni d'abord d'une peine correctionnelle, et en récidive d'une peine criminelle, s'il récidive encore, doit être puni, comme pour récidive de crime (Cass. 28 mars 1822 : S. 23, 1, 123).

Il y a récidive même dans le cas où la première condamnation a été prononcée, à raison de faits qui n'ont été punis que par une loi spéciale et postérieure au Code, notamment par la loi du 20 avril 1825 sur le sacrilége (21 décembre 1827.—14 mars 1828.—29 novembre 1828. —2 juillet 1829 : S. 28, 1, 169 et 320 ; S. 29, 1, 288, 290 et 291 ; D. 26, 1, 173 ; 27, 1, 42, 44 et 280). L'abrogation de la loi du 20 avril 1825, par la loi du 11 octobre 1830, ne permet plus que la question spéciale se présente ; mais le principe général qui est consacré par ces arrêts subsiste.

Les dispositions du Code s'appliquent aux délits de la presse, sauf les modifications établies par les lois de la matière (Cass. 22 janvier 1824 : S. 24, 1, 282).

L'individu qui a déjà subi l'exposition en vertu d'une première condamnation, doit pour le fait de récidive, et indépendamment de l'aggravation de peine, subir une nouvelle exposition (Cass. 5 mai 1826 : S. 27, 1, 38).

La preuve d'une première condamnation ne résulte pas suffisamment de l'aveu de l'accusé ou d'un certificat du directeur de la maison de détention (Cass. 11 sept. 1828 : S. 23, 1, 352).

La peine de la récidive s'applique, même alors que le premier crime est antérieur à la loi nouvelle, et bien que les accusés aient entièrement subi leur première condamnation (Cass. 10 juin 1811 : S. 13, 1, 66 ; *Id.* — 13 novembre 1812 ; S. 13, 1, 199 ; *Id.* — 16 novembre 1815 : S. 19, 1, 33).

La criminalité du premier fait doit être appréciée par la loi en vigueur à l'époque où il a été commis (Cass. 19 août 1830 : S. 31, 1, 186).

On ne peut punir comme coupable de récidive celui qui a été déjà condamné pour crime ; si le fait pour lequel il a été condamné ne constituait pas réellement un crime (Cass. 16 septembre 1830 : S. 31, 1, 186).

(2) Le double de l'amende doit être calculé, non sur le taux affaibli de l'amende déjà prononcée, mais sur le *maximum* de la première amende qu'on était autorisé à prononcer (Cass. 30 décembre 1813 : S. 14, 1, 77 ; P. 39, 169). *Voy.* art. 58.

La récidive suppose une condamnation antérieure pour les mêmes faits ; pour qu'il y ait récidive, il ne suffit pas qu'il y ait habitude antérieure du délit reproché, il faut qu'il y ait condamnation antérieure (Cass. 27 février 1818 : S. 18, 1, 135 ; D. 16, 1, 243).

Celui qui, déjà condamné pour délit correctionnel, se rend de nouveau coupable d'un crime, n'est pas pour cela dans le cas de la récidive (Cass. 2 octobre 1818 : S. 19, 1, 171).

(3) *Voy.* les notes sur l'art. 57.

LIVRE II. Des personnes punissables, excusables ou responsables, pour crimes ou pour délits.

(Loi décrétée le 13 février 1810; promulguée le 23 du même mois.)

CHAPITRE UNIQUE.

59. Les complices d'un crime ou d'un délit seront punis de la même peine que les auteurs mêmes de ce crime ou de ce délit, sauf les cas où la loi en aurait disposé autrement (1).

60. Seront punis comme complices d'une action qualifiée crime ou délit, ceux qui, par dons, promesses, menaces, abus d'autorité ou de pouvoir, machinations ou artifices coupables, auront provoqué à cette action, ou donné des instructions pour la commettre (2);

---

(1) La peine est la même si le complice et l'auteur sont punis du même genre de peine, bien que la durée soit différente, pourvu que la différence dans la durée ne change pas la nature de la peine (Cass. 2 février 1815 : S. 15, 1, 149; D. 13, 1, 160; P. 43, 43).

L'application aux complices de la même peine qu'aux auteurs d'un crime présente des difficultés lorsqu'il y a quelques circonstances particulières relatives à l'auteur ou au complice qui peuvent déterminer une aggravation ou une atténuation de peine. Plusieurs questions de ce genre ont été résolues par la Cour de Cassation ; elle a jugé que le complice du parricide est punissable comme le parricide même (Cass. 3 déc. 1812 : S. 13, 1, 208).

MM. Legraverend, Bourguignon et Carnot, sont opposés à cette jurisprudence. Voy. Legraverend, tome 1er, page 137 et suiv.

Elle a décidé que le fils qui était complice de l'assassinat de son père, non qu'il eût concouru au fait même de l'assassinat, mais en ce qu'il y avait excité et l'avait préparé, n'était pas punissable comme parricide (Cass. 27 avril 1815 : S. 15, 1, 414; D. 13, 1, 480; P. 46, 159).

Les complices doivent être punis de la même peine, bien qu'ils aient ignoré les circonstances aggravantes ou qu'ils n'y aient point pris part (Cass. 16 déc. 1812 : S. 13, 1, 197. — 25 octobre 1811; S. 12, 1, 114).

On doit même appliquer aux complices la peine à raison des circonstances aggravantes, quoique l'auteur se trouve dans une position spéciale qui l'empêche d'être condamné (6 octobre 1815 : Bull. offi. crim., 1818, p. 445).

La peine doit être la même, bien que l'auteur principal fût seul officier public et plus sévèrement punissable en cette qualité (Cass. 15 oct. 1813 : S. 14, 1, 4), bien que dans le cas d'attentat aux mœurs, l'auteur principal fût père de l'enfant (Cass. 22 novembre 1816 : S. 17, 1, 83).

Cependant on a décidé que le complice par recélé n'était pas punissable de la même peine que l'auteur principal, notamment lorsqu'il s'agit d'un vol domestique (Cass. 16 avril 1815 : Bull. crim. p. 136 — 22 août 1817; S. 15, 1, 360; D. 16, 1, 75; P. 52, 94).

De ce que le jury déclare que le principal accusé n'est pas coupable du crime qui lui est imputé, il ne s'ensuit pas qu'il ne puisse prononcer la culpabilité du complice, sans qu'il y ait pour cela contradiction dans la déclaration (Cass. 17 août 1811 : S. 12, 1, 36).

Pour qu'il y ait complicité punissable, il n'est pas nécessaire que l'auteur principal puisse être lui-même condamné ou poursuivi, la mort même du principal auteur n'éteint pas l'action publique (Cass. 24 avr. 1812 : S. 12, 1, 399; id. — 23 avril 1813; S. 13, 1, 349. — 22 avril 1815; S. 15, 1, 311; D. 13, 1, 313; P. 43, 293; id. — 6 mai 1815; S. 15, 1, 333; id. — 19 août 1819; S. 20, 1, 32; id. — 8 juin 1850; S. 30, 1, 349).

Lorsque l'auteur d'un crime n'est condamné, à raison de son âge, qu'à une peine moindre, la même faveur ne s'étend pas aux complices (Cass. 22 avril 1815 : S. 15, 1, 311; D. 13, 1, 315; P. 43, 293; id. — 19 août 1815; S. 17, 1, 92. — 18 novembre 1824; S. 25, 1, 146).

Encore que le principal auteur d'un crime soit dans le cas, à raison d'une récidive, de subir une aggravation de peine, son complice n'est point, par cela seul, passible d'une autre peine que de la peine ordinaire (Cass. 3 juillet 1806 : S. 7, 1, 840).

En règle générale, l'auteur et les complices d'un même crime doivent être jugés par le même tribunal. Cependant, comme il y a des exceptions au principe qui établit l'identité de peine, comme il peut résulter de la différence dans les peines, que les tribunaux différens soient compétens pour juger l'auteur et les complices, comme la qualité des prévenus peut aussi quel-

quefois déterminer une compétence différente, il s'est présenté souvent des questions graves et difficiles ; mais il faut tenir pour constant, en général, que l'accusé qui est justiciable des tribunaux ordinaires, entraîne devant ces tribunaux les complices qui seraient justiciables des tribunaux exceptionnels. La juridiction la plus favorable doit être préférée. V. M. Legraverend, t. 1, p. 135 et suiv.

Cependant, lorsque de deux prévenus d'un même crime ou délit, l'un, à raison de son âge, peut être considéré comme délinquant, et l'autre réputé criminel, la cour d'assises doit être saisie, parce qu'elle seule peut prononcer les peines applicables aux deux (Cass. 18 nov. 1824 : S. 25, 1, 146).

Une cour d'assises usant de la faculté de réduire la peine, suivant la loi du 25 juin 1824, à raison de circonstances atténuantes, peut ne la réduire qu'en faveur de l'auteur principal du crime, tout en l'appliquant dans son entier à l'égard du complice, lorsque ces circonstances atténuantes, étrangères à la nature du crime, sont personnelles à l'accusé principal (Cass. 7 mai 1829 : S. 30, 1, 347; id. — S. 29, 1, 76).

La loi du 25 juin 1824 est abrogée par la loi du 28 avril 1832, mais comme celle-ci étend la faculté de réduire la peine à raison des circonstances atténuantes, la doctrine consacrée par ces arrêts pourra recevoir son application. V. les articles 463, Code pén.; et 341, 345 et 347, Code d'inst. crim.

Le fait d'avoir volontairement donné la mort à autrui, même sur son ordre ou de son consentement, constitue un homicide volontaire, ce n'est pas seulement un acte de complicité de suicide (Cass. 16 novembre 1827 : S. 28, 1, 135; D. 26, 1, 24).

En cas de vol par un époux à son épouse, le complice n'est punissable qu'autant qu'il aurait recelé ou appliqué à son profit tout ou partie des objets volés ; il ne suffit pas qu'il ait seulement aidé ou assisté l'auteur du vol (Cass. avril 1825 : S. 26, 1, 252). V. art. 335 et 338.

(2) Ne doivent être réputés complices, et punis comme tels, que les accusés à l'égard desquels le jury a déclaré constans des faits de complicité, tels qu'ils sont déterminés par l'art. 60 du Code pénal. — Il ne suffit pas que, d'après une question de complicité par abstraction, le jury ait déclaré que l'accusé était complice (Cass. 2 juill. 1813 : S. 13, 1, 293; id. — 3 mars 1814; S. 14, 1, 113; P. 39, 455; id. — 15 décembre 1814; S. 15, 1, 87; D. 13, 1, 107; P. 42, 379; id. — 14 janv. 1819; S. 18, 1, 131; id. — 5 février 1824; S. 24, 1, 288; id. — 14 oct. 1825; S. 27, 1, 43).

Cependant lorsque le crime de complicité se rapporte à la coopération comme auteur, et non à des faits extrinsèques au crime, tendant à le faciliter, il n'est pas nécessaire que la déclaration du jury énonce formellement les élémens de complicité (Cass. 31 juill. 1818 : S. 19, 1, 116).

Le fait simple d'engager à commettre un crime, sans qu'il ait été employé des promesses, ordres, dons ou menaces, ne constitue par la complicité (Cass. 24 nov. 1809 : S. 10, 1, 142; id. — 3 septembre 1812; S. 13, 1, 183; P. 36, 575).

Le fait seul de n'avoir point empêché un meurtre qu'on pouvait empêcher ne constitue pas la complicité (Cass. 13 mars 1821 : S. 12, 1, 376).

La peine peut être légalement appliquée à un complice de viol duquel on n'a pas dit que c'était avec connaissance ; ici la connaissance ne peut pas ne pas exister (Cass. 18 mai 1825 : S. 15, 1, 398; P. 44, 185).

Le mot machinations présente par lui-même une prévention de culpabilité, sans qu'il soit besoin d'y ajouter le mot coupables qui se réfère seulement au mot artifices, (Cass. 15 mars 1816 : D. 14, 1, 423). V. Cod. du 25 sept.

Ceux qui auront procuré des armes, des instrumens, ou tout autre moyen qui aura servi à l'action, sachant qu'ils devaient y servir;

Ceux qui auront, avec connaissance, aidé ou assisté l'auteur ou les auteurs de l'action, dans les faits qui l'auront préparée ou facilitée, ou dans ceux qui l'auront consommée; sans préjudice des peines qui seront spécialement portées par le présent code contre les auteurs de complots ou de provocations attentatoires à la sûreté intérieure ou extérieure de l'État, même dans le cas où le crime qui était l'objet des conspirateurs ou des provocateurs n'aurait pas été commis.

61. Ceux qui, connaissant la conduite criminelle des malfaiteurs exerçant des brigandages ou des violences contre la sûreté de l'État, la paix publique, les personnes ou les propriétés, leur fournissent habituellement logement, lieu de retraite ou de réunion, seront punis comme leurs complices.

62. Ceux qui sciemment auront recélé, en tout ou en partie, des choses enlevées, détournées ou obtenues à l'aide d'un crime ou d'un délit, seront aussi punis comme complices de ce crime ou délit (1).

63 (a). Néanmoins, la peine de mort, lorsqu'elle sera applicable aux auteurs des crimes, sera remplacée, à l'égard des receleurs, par celle des travaux forcés à perpétuité (2).

Dans tous les cas, les peines des travaux forcés à perpétuité ou de la déportation, lorsqu'il y aura lieu, ne pourront être prononcées contre les receleurs qu'autant qu'ils seront convaincus d'avoir eu, au temps du recélé, connaissance des circonstances auxquelles la loi attache les peines de mort, des travaux forcés à perpétuité et de la déportation; sinon ils ne subiront que la peine des travaux forcés à temps (3).

64. Il n'y a ni crime ni délit, lorsque le prévenu était en état de démence au temps de l'action, ou lorsqu'il a été contraint par une force à laquelle il n'a pu résister (4).

65. Nul crime ou délit ne peut être excusé, ni la peine mitigée, que dans les cas et dans les circonstances où la loi déclare le fait excusable, ou permet de lui appliquer une peine moins rigoureuse.

66. Lorsque l'accusé aura moins de seize ans, s'il est décidé qu'il a agi sans discernement, il sera acquitté; mais il sera, selon les circonstances, remis à ses parens, ou conduit dans une maison de correction, pour y être élevé et détenu pendant tel nombre d'années que le jugement déterminera, et qui toutefois ne pourra excéder l'époque où il aura accompli sa vingtième année (5).

= 6 oct. 1791, 2ᵉ part., tit. 3, art. 1ᵉʳ et suiv.; Cod. com., art. 655 et 597.

(1) Le fait d'avoir recélé des effets volés n'est punissable qu'autant que les effets ont été recélés sciemment. — Si donc l'acte d'accusation ne fait pas mention de cette circonstance, et se borne à dire que les effets ont été recélés, cet acte est nul, ainsi que toute la procédure, et notamment l'arrêt de condamnation (Cass. 12 septembre 1812 : S. 13, 1, 156; id. — 26 septembre 1817; Bull. crim. 1617, p. 226).

Le domestique convaincu d'avoir recélé des effets soustraits à son maître, n'encourt point d'aggravation de peine à raison de la circonstance de domesticité, si d'ailleurs il n'a point coopéré au vol (Cass. 16 avril 1818; Bull. crim. p. 136).

(a) Ancien art. 63, abrogé : « Néanmoins, à l'égard des receleurs désignés dans l'article précédent, la peine de mort, des travaux forcés à perpétuité, ou de la déportation, lorsqu'il y a lieu, ne leur sera appliquée qu'autant qu'ils seront convaincus d'avoir eu, au temps du recélé, connaissance des circonstances auxquelles la loi attache les peines de ces trois genres; sinon, il ne subiront que la peine des travaux forcés à temps.

(2) Ce premier alinéa abroge l'avis du Conseil-d'État du 18 décembre 1813, qui appliquait la peine de mort au recéleur d'un vol commis après un meurtre.

(3) V. art. 304.

(4) La démence n'est pas une simple excuse admise par la loi. En conséquence, il n'y a pas lieu à cassation, par ce que la cour d'assises refuse de statuer sur l'exception de démence (Cass. 16 octobre 1815 : S. 17, 1, 17; D. 14, 1, 343; P. 47, 511; id. — 11 mars 1813; S. 17, 1, 92). V. art. 339 du Code d'Inst. crim.

Les juges criminels sont compétens pour juger la question de démence. — On ne doit pas faire examiner préjudiciellement par un tribunal civil, s'il y a lieu à interdiction (Cass. 9 décembre 1814 : S. 15, 1, 154; D. 16, 1, 118; P. 42, 489).

La déclaration du jury portant que l'accusé est coupable d'avoir commis volontairement le crime, et qu'il était en démence, doit être entendue en ce sens, que l'accusé est matériellement auteur du fait, mais qu'il n'y a apporté qu'une volonté d'homme en démence, volonté exclusive de toute culpabilité légale (Cass. 4 janv. 1817; S. 17, 1, 399).

L'état d'ivresse ne peut excuser le vol, ni la rébellion ou résistance illégale (Cass. 3 avril 1824 : S. 24, 1, 323. — 15 octobre 1807; S. 8, 1, 24; id. — 18 mai 1815; S. 15, 1, 398; P. 44, 185).

Les tribunaux ne peuvent acquitter les coupables d'un délit, sous prétexte de bonne foi, ou d'ignorance des lois (Cass. 15 février 1811 : Bull. crim., p. 55).

Dans les contraventions en matière de contributions indirectes, les juges n'ont qu'à considérer le matériel des faits, et ils ne peuvent examiner l'intention du contrevenant (Cass. 31 mai 1822 : S. 23, 1, 38).

Ils doivent appliquer aux contrevenans les peines prononcées par la loi. Ils ne peuvent modérer ni remettre ces peines : un tel droit appartient à l'administration (Cass. 22 février 1806 : Bull. crim. p. 53; id. — 5 novembre 1807; Bull. crim. p. 450; id. — 2 mars 1809; Bull. crim. p. 93; id. — 3 mars 1809; Bull. crim. p. 100; id. — 31 janvier 1812; Bull. crim. p. 25).

(5) Si la cour d'assises juge qu'il y a lieu à détention, elle ne peut la réduire à six mois. — La durée de cette détention doit être au moins d'une année entière (Cass. 10 octobre 1811 : S. 12, 1, 55).

Aucune peine, pas même celle de renvoi sous la surveillance de la haute police, ne peut être prononcée contre l'accusé âgé de moins de seize ans, qui a agi sans discernement (Cass. 16 août 1822 : S. 23, 1, 162; D. 21, 1, 22).

L'accusé qui se prétend âgé de moins de seize ans ne peut exiger que l'on pose à son égard la question s'il a agi avec discernement, à moins qu'il ne produise son acte de naissance (Cass. 29 avril 1821 : Bull. crim. p. 167).

67 (a). S'il est décidé qu'il a agi *avec discernement*, les peines seront prononcées ainsi qu'il suit :

S'il a encouru la peine de mort, des travaux forcés à perpétuité, de la déportation, il sera condamné à la peine de dix à vingt ans d'emprisonnement dans une maison de correction.

S'il a encouru la peine des travaux forcés à temps, de la détention ou de la réclusion, il sera condamné à être renfermé dans une maison de correction, pour un temps égal au tiers au moins et à la moitié au plus de celui pour lequel il aurait pu être condamné à l'une de ces peines (1).

Dans tous les cas, il pourra être mis, par l'arrêt ou le jugement, sous la surveillance de la haute police pendant cinq ans au moins et dix ans au plus.

S'il a encouru la peine de la dégradation civique ou du bannissement, il sera condamné à être enfermé, d'un an à cinq ans, dans une maison de correction.

68 (b). L'individu, âgé de moins de seize ans, qui n'aura pas de complices présens au-dessus de cet âge, et qui sera prévenu de crimes autres que ceux que la loi punit de la peine de mort, de celle des travaux forcés à perpétuité, de la peine de la déportation ou de celle de la détention, sera jugé par les tribunaux correctionnels, qui se conformeront aux deux articles ci-dessus (2).

L'arrêt de condamnation prononcé contre un individu âgé de moins de seize ans, doit être annulé, lorsque la question s'il avait agi avec discernement n'a pas été posée (Cass. 17 septembre 1818 : Bull. crim. p. 380).

Un individu acquitté comme n'ayant pas commis le crime avec discernement, est passible de la condamnation aux frais (Cass. 19 mai 1815 ; S. 15, 1, 230 ; P. 43, 238 ; Id. — 27 mars 1823 ; S. 23, 1, 253).

Le bénéfice des articles 66 et 67 ne peut être appliqué dans les matières régies par des lois spéciales, notamment dans le cas de contravention aux lois sur les douanes (Cass. 15 avril 1819 ; S. 19, 1, 311).

La détention dans une maison de correction peut être ordonnée au cas de simple délit comme au cas de crime (Cass. 17 avril 1824 ; S. 24, 1, 327.) *V.* Cod. du 25 sept. 1791, 1re part., tit. 5 ; Cod. inst. crim. art. 340 et 346).

(a) Ancien article 67, abrogé : « S'il est décidé qu'il a agi avec discernement, les peines seront prononcées ainsi qu'il suit :

« S'il a encouru la peine de mort, des travaux forcés à perpétuité, ou de la déportation, il sera condamné à la peine de dix à vingt ans d'emprisonnement dans une maison de correction ;

« S'il a encouru la peine des travaux forcés à temps, ou de la réclusion, il sera condamné à être renfermé dans une maison de correction pour un temps égal au tiers au moins et à la moitié au plus de celui auquel il aurait pu être condamné à l'une de ces peines.

« Dans tous ces cas, il pourra être mis, par l'arrêt ou le jugement, sous la surveillance de la haute police pendant cinq ans au moins et dix ans au plus.

« S'il a encouru la peine du carcan ou du bannissement, il sera condamné à être enfermé, d'un an à cinq ans, dans une maison de correction. »

(1) La détention peut être prononcée pour le tiers de la peine la plus courte, comme de la peine la plus longue (Cass. 14 janvier 1825 ; S. 25, 1, 269).

(b) Ancien article 68, abrogé : « Dans aucun des cas prévus par l'article précédent, le condamné ne subira l'exposition publique. »

(2) L'art. 1er de la loi du 25 juin 1814 contenait une disposition semblable. On sait que cette loi est abrogée par l'art. 103 de la loi du 28 avril 1832.

On lit dans le *Moniteur* du 20 mars 1832, pag. 795, que la commission de la Chambre des pairs a proposé d'ajouter à l'art. 36 (devenu article 37) de la loi du 28 avril 1832, une disposition ainsi conçue : « Si l'individu est âgé de moins de douze ans, le tribunal pourra ordonner, sur la réquisition du ministère public, que le jugement aura lieu en la Chambre du conseil, les parens du prévenu dûment appelés, et en présence de son conseil. »

Le *Moniteur* ajoute que M. Renouard, commissaire du Roi, ne s'est point opposé à la proposition, qu'il en a trouvé les motifs honorables, mais qu'il a cru devoir demander le renvoi à la commission, afin qu'une nouvelle rédaction mît l'article en harmonie avec ce principe qui veut que même lorsque les débats ont lieu à huis clos, le jugement soit prononcé publiquement.

Le *Moniteur* du 21 mars, pages 807 et 808, dit que M. le rapporteur a en effet présenté le résultat de l'examen de la commission, voici ses paroles : « L'amendement porte que si l'enfant a moins de douze ans, il ne subira pas un jugement public, mais qu'il sera jugé dans l'intérieur de la chambre du conseil, afin de ne pas flétrir sa jeunesse, et afin qu'on ne pût lui reprocher toute sa vie le jugement qu'il a subi. Cette rédaction était assez délicate. Nous nous sommes concertés avec M. le garde-des-sceaux et avec M. le commissaire du Gouvernement, et nous nous sommes arrêtés à la rédaction suivante :

« Si l'individu est âgé de moins de douze ans, la chambre du conseil pourra ordonner, sur le rapport du juge d'instruction, le ministère public entendu, que les débats auront lieu à huis clos, les parens du prévenu appelés. S'il n'est pas assisté d'un conseil, il lui en sera donné un d'office. Le jugement sera prononcé à l'audience publique, hors de la présence du prévenu. »

« Nous n'avons pas voulu que cet enfant fût présent au moment où le jugement sera prononcé, afin qu'il n'éprouvât pas une humiliation qui rejaillirait sur le reste de sa vie.

« M. *le garde-des-sceaux.* La disposition primitive faisait comparaître l'enfant devant le tribunal, et alors le tribunal pouvait ordonner le huis clos. Dans ce cas, l'enfant devait encore se montrer en public. C'est pour lui épargner cette comparution, qui pouvait compromettre son avenir en le flétrissant, que la commission a proposé que la délibération eût lieu dans la chambre du conseil. J'adhère entièrement à cette proposition.

« M. *le président.* Je vais donner lecture de l'article 36 (devenu 37), amendé de nouveau par la commission.

« Article 36, l'individu âgé de moins de seize ans qui n'aura pas de complices présens (ce premier paragraphe est comme dans la loi).

« Si l'individu est âgé de moins de douze ans, la chambre du conseil pourra ordonner, sur le rapport du juge d'instruction, le ministère public entendu, que les débats auront lieu à huis clos, les parens du prévenu appelés. S'il n'est pas assisté d'un conseil, il lui en sera donné un d'office. Le jugement sera prononcé à l'audience publique, hors de la présence du prévenu. »

(L'article amendé est adopté).

La Chambre des députés n'a fait aucun amendement, dès lors il paraîtrait que c'est par erreur que cette dernière disposition ne se trouve pas dans la loi, mais je n'ai pas voulu admettre légèrement l'existence d'une erreur aussi grave ; j'ai consulté les procès-verbaux officiels de la Chambre des pairs, et j'ai vu que le *Moniteur* s'était trompé, en disant que la disposition avait été adoptée : au contraire, elle a été renvoyée de nouveau à la commission, sur l'observation faite par plusieurs pairs, que l'article 55 de la Charte qui autorise le huis clos dans certains cas, offrait aux tribunaux le moyen de prévenir tous les inconvéniens. Dans la séance du 21 mars, la commission a déclaré qu'elle se rangeait à cette opinion, et la disposition qui aurait formé un second alinéa dans l'art. 68 du Code pénal, a été rejetée. C'est aux magistrats à se

69 (a). Dans tous les cas où le mineur de seize ans n'aura commis qu'un simple délit, la peine qui sera prononcée contre lui ne pourra s'élever au-dessus de la moitié de celle à laquelle il aurait pu être condamné s'il avait eu seize ans.

70. Les peines des travaux forcés à perpétuité, de la déportation et des travaux forcés à temps, ne seront prononcées contre aucun individu âgé de soixante-dix ans accomplis au moment du jugement.

71 (b). Ces peines seront remplacées, à leur égard, savoir : celle de la déportation, par la détention à perpétuité ; et les autres par celle de la réclusion, soit à perpétuité, soit à temps, selon la durée de la peine qu'elle remplacera.

72. Tout condamné à la peine des travaux forcés à perpétuité ou à temps, dès qu'il aura atteint l'âge de soixante-dix ans accomplis, en sera relevé, et sera renfermé dans la maison de force pour tout le temps à expirer de sa peine, comme s'il n'eût été condamné qu'à la réclusion.

73. Les aubergistes et hôteliers convaincus d'avoir logé, pendant plus de vingt-quatre heures, quelqu'un qui, pendant son séjour, aurait commis un crime ou un délit, seront civilement responsables des restitutions, des indemnités et des frais adjugés à ceux à qui ce crime ou ce délit aurait causé quelque dommage, faute par eux d'avoir inscrit sur leur registre le nom, la profession et le domicile du coupable ; sans préjudice de leur responsabilité dans le cas des articles 1952 et 1953 du Code civil (1).

74. Dans les autres cas de responsabilité civile qui pourront se présenter dans les affaires criminelles, correctionnelles ou de police, les cours et tribunaux devant qui ces affaires seront portées se conformeront aux dispositions du Code civil, livre III, titre IV, chapitre II (2).

LIVRE III. Des crimes, des délits et de leurs punitions.

Titre Ier. Crimes et délits contre la chose publique.

(Chap. Ier—II. Loi décrétée le 15 février 1810, promulguée le 25 du même mois. — Chap. III. Loi décrétée le 16, promulguée le 26.)

Chapitre Ier. Crimes et délits contre la sûreté de l'État.

Section Ire. Des crimes et délits contre la sûreté extérieure de l'État.

75. Tout Français qui aura porté les armes contre la France sera puni de mort (c) (3).

76 (d). Quiconque aura pratiqué des machinations ou entretenu des intelligences avec les puissances étrangères ou leurs agens, pour les engager à commettre des hostilités ou à entreprendre la guerre contre la France, ou pour leur en procurer les moyens, sera puni de mort.

Cette disposition aura lieu dans le cas même où lesdites machinations ou intelligences n'auraient pas été suivies d'hostilités.

77. Sera également puni de mort (e), quiconque aura pratiqué des manœuvres ou entretenu des intelligences avec les ennemis de l'État, à l'effet de faciliter leur entrée sur le territoire et dépendances du royaume, ou de leur livrer des villes, forteresses, places, postes, ports, magasins, arsenaux, vaisseaux ou bâtimens appartenant à la France, ou de fournir aux ennemis des secours en soldats, hommes, argent, vivres, armes ou munitions, ou de seconder les progrès de leurs armes sur les possessions ou contre les forces fran-

---

rappeler l'usage qu'ils peuvent faire de l'art. 55 de la Charte, dans le cas qu'avait voulu régler la commission de la Chambre des pairs.

L'article 1er de la loi du 25 juin 1824 est reproduit ici. Comme je l'ai dit dans mes notes sur cette loi, t. 24 de la Collection des Lois, p. 516, je pense qu'on doit entendre par *individu âgé de moins de seize ans* celui qui n'a pas encore accompli *sa seizième année*, *Voy.* notes sur l'art. 351 Cod. pén.

(a) Ancien art. 69, abrogé : « Si le coupable n'a encouru qu'une peine correctionnelle, il pourra être condamné à telle peine correctionnelle qui sera jugée convenable, pourvu qu'elle soit au-dessous de la moitié de celle qu'il aurait subie s'il avait eu seize ans. »

(b) Ancien art. 71, abrogé : « Ces peines seront remplacées, à leur égard, par celle de la réclusion, soit à perpétuité, soit à temps, et selon la durée de la peine qu'elle remplacera. »

(1) *V.* art. 475, n° 2.

(2) La responsabilité à laquelle sont soumis des tiers étrangers aux délits ne s'étend pas aux amendes qui, appliquées à des délits, ont essentiellement le caractère de peines, mais elle s'étend aux dépens (Cass. 14 juillet 1814 : S. 14, 1, 275 ; D, 12, 1, 544).

Le mari n'est pas responsable de l'amende et des dépens prononcés pour cause d'injures proférées par sa femme, hors de sa présence, surtout alors qu'il les désavoue (Cass. 13 mai 1813 : S. 13, 1, 365).

Il en est de même à l'égard de ses domestiques (Cass. 6 juin 1811 : S. 12, 1, 70).

Le maître n'est responsable des dommages causés par son domestique, que dans le cas où ils ont lieu dans les fonctions auxquelles il l'a employé (Cass. 9 juillet 1817 : S. 7, 1, 461).

Le maître est responsable des délits de ses domestiques, encore qu'il prouve qu'il n'a pu empêcher le fait (Cass. 25 octobre 1813 : S. 14, 1, 26).

Le chef d'atelier est responsable du délit commis par les ouvriers, du moins en ce sens que les ustensiles dont les ouvriers se sont servis pour nuire sont affectés au paiement des dommages causés (Cass. 8 mars 1811 : S. 11, 1, 374).

(c) 2e alinéa de l'ancien article 75, abrogé en vertu de l'art. 57 de la Charte : « Ses biens seront confisqués. »

(3) *Voy.* décret du 6 avril 1809, 24 avril 1810, 9 déc. 1810, 28 juillet 1811 ; 16 août 1811, 9 décembre 1811, Ordonnances du 29 juin 1814.

(d) Ancien art. 76, modifié en vertu de l'article 57 de la Charte : « Ses biens seront confisqués. »

(e) Ancien art. 77, modifié en vertu de l'article 57 de la Charte : « Et de la confiscation de ses biens. »

çaises de terre ou de mer, soit en ébranlant la fidélité des officiers, soldats, matelots ou autres, envers le Roi et l'Etat, soit de toute autre manière.

78 (a). Si la correspondance avec les sujets d'une puissance ennemie, sans avoir pour objet l'un des crimes énoncés en l'article précédent, a néanmoins eu pour résultat de fournir aux ennemis des instructions nuisibles à la situation militaire ou politique de la France ou de ses alliés, ceux qui auront entretenu cette correspondance seront punis de la détention, sans préjudice de plus forte peine, dans le cas où ces instructions auraient été la suite d'un concert constituant un fait d'espionnage.

79. Les peines exprimées aux articles 76 et 77 seront les mêmes, soit que les machinations ou manœuvres énoncées en ces articles aient été commises envers la France, soit qu'elles l'aient été envers les alliés de la France, agissant contre l'ennemi commun.

80. Sera puni des peines exprimées en l'article 76, tout fonctionnaire public, tout agent du Gouvernement, ou toute autre personne qui, chargée ou instruite officiellement ou à raison de son état, du secret d'une négociation ou d'une expédition, l'aura livré aux agens d'une puissance étrangère ou de l'ennemi.

81 (b). Tout fonctionnaire public, tout agent, tout préposé du Gouvernement, chargé, à raison de ses fonctions, du dépôt des plans de fortifications, arsenaux, ports ou rades, qui aura livré ces plans ou l'un de ces plans à l'ennemi ou aux agens de l'ennemi, sera puni de mort.

Il sera puni de la détention, s'il a livré ces plans aux agens d'une puissance étrangère neutre ou alliée.

82. Toute autre personne qui étant parvenue, par corruption, fraude ou violence, à soustraire lesdits plans, les aura livrés ou à l'ennemi ou aux agens d'une puissance étrangère, sera punie comme le fonctionnaire ou agent mentionné dans l'article précédent, et selon les distinctions qui y sont établies.

Si lesdits plans se trouvaient, sans le préalable emploi de mauvaises voies, entre les mains de la personne qui les a livrés, la peine sera, au premier cas mentionné dans l'article 81, la déportation ;

Et au second cas du même article, un emprisonnement de deux à cinq ans (1).

83. Quiconque aura recelé ou aurait fait receler les espions ou les soldats ennemis envoyés à la découverte et qu'il aura connus pour tels, sera condamné à la peine de mort.

84. Quiconque aura, par des actions hostiles non approuvées par le gouvernement, exposé l'Etat à une déclaration de guerre, sera puni du bannissement ; et si la guerre s'en est suivie, de la déportation (2).

85. Quiconque aura, par des actes non approuvés par le Gouvernement, exposé des Francais à éprouver des représailles, sera puni du bannissement.

SECTION II. *Des crimes contre la sûreté intérieure de l'Etat.*

§ 1er. Des attentats et complots dirigés contre le Roi et sa famille.

86 (c). L'attentat contre la vie ou contre la personne du Roi est puni de la peine du parricide.

L'attentat contre la vie ou contre la personne des membres de la famille royale, est puni de la peine de mort.

Toute offense commise publiquement envers la personne du Roi sera punie d'un emprisonnement de six mois à cinq ans et d'une amende de cinq cents francs à dix mille francs. Le coupable pourra en outre être interdit de tout ou partie des droits mentionnés en l'art. 42, pendant un temps égal à celui de l'emprisonnement auquel il aura été condamné. Ce temps courra à compter du jour où le coupable aura subi sa peine (3).

(a) Ancien article 78, abrogé : « Si la correspondance avec les sujets d'une puissance ennemie, sans avoir pour objet l'un des crimes énoncés en l'article précédent, a néanmoins eu pour résultat de fournir aux ennemis des instructions nuisibles à la situation militaire ou politique de la France ou de ses alliés, ceux qui auront entretenu cette correspondance seront punis du bannissement, sans préjudice de plus fortes peines dans le cas où ces instructions auraient été la suite d'un concert constituant un fait d'espionnage.

(b) Ancien article 81, abrogé : « Tout fonctionnaire, tout agent, tout préposé du Gouvernement, chargé, à raison de ses fonctions, du dépôt des plans de fortifications, arsenaux, ports ou rades, qui aura livré ces plans ou l'un de ces plans à l'ennemi ou aux agens de l'ennemi, sera puni de mort, et ses biens seront confisqués.

« Il sera puni du bannissement, s'il a livré ces plans aux agens d'une puissance étrangère neutre ou alliée. »

(1 et 2). V. les notes sur l'art. 17.

(c) Ancien article 86, abrogé : « L'attentat ou le complot contre la vie ou contre la personne du Roi est crime de lèse-majesté ; ce crime est puni comme parricide, et emporte de plus la confiscation des biens. »

(3) Des doutes se sont élevés sur le sens de cette expression : *membres de la famille royale*. M. Bavoux a rappelé qu'elle avait une grande étendue, aux termes du sénatus-consulte du 30 mars 1806 ; que, d'ailleurs, elle serait applicable aux parens du Roi qui sont en pays étranger. M. le rapporteur a répondu que dans l'usage, un prince du sang n'est pas considéré comme membre de la famille royale.

M. Bavoux avait demandé que la peine de mort ne fût prononcée que pour attentat contre le Roi, ou contre l'héritier présomptif, et que la peine du degré inférieur fût appliquée au cas d'attentat contre les autres membres de la famille royale. Mais M. le rapporteur a répondu que « dans ce système, l'assassin d'un simple citoyen serait puni de mort, et que l'assassin d'un mem-

87 (a). L'attentat dont le but sera, soit de détruire, soit de changer le Gouvernement ou l'ordre de successibilité au trône, soit d'exciter les citoyens ou habitans à s'armer contre l'autorité royale, sera puni de mort.

88 (b). L'exécution ou la tentative constitueront seules l'attentat.

89 (c) (1). Le complot ayant pour but les crimes mentionnés aux articles 86 et 87, s'il a été suivi d'un acte commis ou commencé pour en préparer l'exécution, sera

---

bre de la famille royale, ne serait puni que des travaux forcés à perpétuité. Je n'examine pas ici si l'on devait adopter la proposition de M. Bavoux; mais il est certain qu'on ne doit pas entendre l'observation de M. le rapporteur en ce sens, que le mot attentat soit synonyme d'assassinat. Je crois que le simple meurtre, que même dans quelques circonstances, des blessures graves, devraient être considérées comme un attentat dans le sens de cet article; que les crimes alors étant commis contre des membres de la famille royale, seraient punis de mort, tandis que commis envers des citoyens, ils ne donneraient lieu qu'à une peine moindre.

La loi du 17 mai 1819 punit les offenses publiques envers la personne du Roi, mais seulement lorsqu'elles sont commises par les voies indiquées dans cette loi. Le but de l'article est de punir ces offenses *publiques*, par quelque voie qu'elles aient lieu. M. le rapporteur a dit qu'il y avait publicité, lorsque les offenses étaient commises dans des lieux publics; je pense qu'il faut entendre la publicité comme l'explique l'article 1er de la loi du 17 mai 1819. *V.* cette loi à sa date, dans ma Collection des Lois.

La faculté de l'interdiction des droits mentionnés en l'art. 42, ne s'applique qu'à celui qui est coupable du fait prévu par le dernier alinéa de l'article. M. le duc Decazes l'a fait remarquer; et, d'ailleurs, cela est évident, puisque la déportation et la détention emportent de droit une incapacité au moins aussi étendue.

(a) Ancien article 87, abrogé : « L'attentat ou le complot contre la vie ou la personne des membres de la famille royale;

« L'attentat ou le complot dont le but sera :

« Soit de détruire ou de changer le Gouvernement ou l'ordre de successibilité au trône,

« Soit d'exciter les citoyens ou habitans à s'armer contre l'autorité royale,

« Seront punis de la peine de mort et de la confiscation des biens. »

(b) Ancien art. 88, abrogé : « Il y a attentat dès qu'un acte est commis ou commencé pour parvenir à l'exécution de ces crimes, quoiqu'ils n'aient pas été consommés. »

(c) Ancien art. 89, abrogé : « Il y a complot dès que la résolution d'agir est concertée et arrêtée entre deux conspirateurs ou un plus grand nombre, quoiqu'il n'y ait pas eu d'attentat. »

(1) M. le rapporteur, à la Chambre des députés, a fort nettement expliqué en quoi consistent les modifications introduites par la loi du 28 avril 1832.

« Dans toutes les législations, a-t-il dit, les crimes contre la sûreté de l'État sont définis avec plus de précision et de rigueur que les crimes ordinaires. Pour les derniers, la loi ne punit que la consommation ou la tentative. Quelque sûre que la volonté criminelle pense être elle-même, il y a un intervalle immense entre le moment où elle se forme, et celui où elle s'accomplit; elle peut se laisser décourager par un obstacle, intimider par un danger, vaincre par un repentir. Il suffit qu'une rétractation soit possible, pour que la loi la suppose et l'attende. Les pensées, les désirs, les résolutions échappent à sa juridiction, comme elles échapperaient à ses preuves; ce n'est que lorsque l'exécution ou la tentative leur donne un caractère de certitude irrévocable, et de dommage positif, qu'elle peut proclamer un crime et le punir.

« Dans les crimes contre la sûreté de l'État, une telle longanimité de la loi aurait d'immenses périls; un crime ordinaire ne met pas en danger la puissance qui doit le réprimer; l'État survit à la victime; le succès le plus complet ne donne au coupable aucune chance d'impunité. Le criminel d'État est dans une condition bien différente : son ennemi est aussi son juge; la victoire lui donne le pouvoir et lui rend les droits de l'innocence; ici la répression ne peut plus attendre la tentative; car une tentative

heureuse rendrait la répression impossible; et l'existence seule du complot est un incalculable danger.

« C'est donc pour l'État un droit de légitime défense, que d'incriminer et de punir un complot avant son entière exécution; mais quelles sont les règles de cette incrimination. On connaît, à cet égard, les égaremens et les excès du despotisme romain : tout devient crime de lèse-majesté, les écrits, les paroles, le silence même, et jusqu'aux indiscrétions involontaires d'un songe. Quelques reproches qu'on puisse faire à cette partie de notre Code pénal, il faut pourtant reconnaître que c'est bien moins par l'arbitraire des incriminations, que par le défaut de proportion dans les peines, qu'il blesse la raison et la justice. Du moment que le complot est formé, la loi le punit, comme s'il avait atteint le plus haut degré de perversité et de danger : peu importent des préparatifs menaçans, des tentatives audacieuses; le crime s'élève, mais la peine ne peut plus croître; dès l'abord, la loi a épuisé toutes ses rigueurs, et, contre des dangers devenus plus graves, elle n'a plus que des châtimens qui ont déjà été bravés.

« Ce système est à la fois contraire à la morale et à la politique. La conscience ne peut admettre cette égalité de peine entre le complot et l'attentat. La simple résolution du crime peut-elle se comparer à son accomplissement? Combien d'incertitudes ou de remords, entre le projet et l'exécution! Combien d'avertissemens salutaires apportent avec eux les préparatifs, les précautions, les difficultés, et cet aspect du crime prochain, presque inévitable, qui fait pâlir les plus intrépides, désarme les plus résolus! Est-il possible de placer sur le même rang, de punir de la même peine, l'inexpérience qui n'a subi aucune de ces épreuves, et la persévérance qui leur a résisté?

« Sous le point de vue de l'utilité, cette assimilation du complot à l'attentat peut devenir funeste. Le complot formé, l'intérêt évident des conspirateurs est d'en précipiter l'exécution; déjà menacés de la mort, ils n'ont plus rien à craindre; placés entre le succès et le supplice, l'hésitation est dangereuse, le repentir impuissant, et ils sont souvent poussés au crime par le besoin et l'espérance d'échapper au châtiment.

« Le système du projet de loi concilie les intérêts de la politique et de la justice. Après avoir écarté les peines de la non révélation qui donnaient à un devoir de patriotisme les apparences d'une obligation de police, il place au premier degré la proposition non agréée du complot contre la vie ou la personne du Roi, ou des membres de sa famille. La distinction établie dans cette incrimination a paru à votre commission conforme à la réalité des faits et à l'équité. La proposition non agréée d'un complot contre la constitution ou l'établissement politique, n'a rien de bien alarmant; c'est le rêve d'une mauvaise passion; c'est l'espérance d'un factieux, le propos d'un mécontent, une provocation peut-être que dissuade ou décourage le premier refus. La proposition non agréée d'un complot contre la vie du Roi ou des membres de sa famille, a un caractère bien plus grave : ici l'exécution est plus facile, le but plus net et plus circonscrit; les moyens plus sûrs et plus prompts, les occasions plus fréquentes et plus décisives. Le projet établit une peine correctionnelle, pour prévenir ce danger évident.

« Si la proposition est agréée, si le complot se forme et s'organise, le projet prononce une peine plus sévère, la détention à temps; si des actes préparatoires ont eu lieu, si des moyens d'exécution ont été combinés, la peine de la détention à perpétuité est appliquée (lisez *déportation*). Ainsi le projet de loi suit pas à pas les progrès de la résolution criminelle, accroît proportionnellement la peine, et jusqu'au dernier moment réserve les droits du repentir. Aucune législation n'a posé, sur la répression des crimes d'État, des règles plus simples et plus

puni de la déportation.

S'il n'a été suivi d'aucun acte commis ou commencé pour en préparer l'exécution, la peine sera celle de la détention.

Il y a complot dès que la résolution d'agir est concertée et arrêtée entre deux ou plusieurs personnes.

S'il y a eu proposition faite et non agréée de former un complot pour arriver aux crimes mentionnés dans les articles 86 et 87, celui qui aura fait une telle proposition sera puni d'un emprisonnement d'un an à cinq ans. Le coupable pourra de plus être interdit, en tout ou en partie, des droits mentionnés en l'art. 42 (1).

90 (a). Lorsqu'un individu aura formé seul la résolution de commettre l'un des crimes prévus par l'article 86, et qu'un acte pour en préparer l'exécution aura été commis ou commencé par lui seul et sans assistance, la peine sera celle de la détention.

§ II. Des crimes tendant à troubler l'État par la guerre civile, l'illégal emploi de la force armée, la dévastation et le pillage publics.

91 (b). L'attentat dont le but sera, soit d'exciter la guerre civile en armant ou en portant les citoyens ou habitans à s'armer les uns contre les autres, soit de porter la dévastation, le massacre et le pillage dans une ou plusieurs communes, sera puni de mort (2).

Le complot ayant pour but l'un des crimes prévus au présent article, et la proposition de former ce complot, seront punis des peines portées en l'article 89, suivant les distinctions qui y sont établies.

92. Seront punis de mort (c), ceux qui auront levé ou fait lever des troupes armées, engagé ou enrôlé, fait engager ou enrôler des soldats, ou leur auront fourni ou procuré des armes ou munitions, sans ordre ou autorisation du pouvoir légitime.

93. Ceux qui, sans droit ou motif légitime, auront pris le commandement d'un corps d'armée, d'une troupe, d'une flotte, d'une escadre, d'un bâtiment de guerre, d'une place forte, d'un poste, d'un port, d'une ville ;

Ceux qui auront retenu, contre l'ordre du Gouvernement, un commandement militaire quelconque ;

Les commandans qui auront tenu leur armée ou troupe rassemblée, après que le licenciement ou la séparation en auront été ordonnés,

Seront punis de la peine de mort (d).

94. Toute personne qui, pouvant disposer de la force publique, en aura requis ou ordonné, fait requérir ou ordonner l'action ou l'emploi contre la levée des gens de guerre légalement établie, sera punie de la déportation.

Si cette réquisition ou cet ordre ont été suivis de leur effet, le coupable sera puni de mort (e).

95. Tout individu qui aura incendié ou détruit, par l'explosion d'une mine, des édifices, magasins, arsenaux, vaisseaux, ou autres propriétés appartenant à l'État, sera puni de mort (f) (3).

96. Quiconque, soit pour envahir des domaines, propriétés ou deniers publics, places, villes, forteresses, postes, magasins, arsenaux, ports, vaisseaux ou bâtimens appartenant à l'État, soit pour piller ou partager des propriétés publiques ou nationales, ou celle d'une généralité de citoyens, soit enfin pour faire attaqué ou

---

équitables. Chose digne d'être remarquée ! tandis que les gouvernemens nouveaux multiplient autour d'eux les précautions, et se fortifient par les lois, comme par les armes, celui que la France a fondé rejète les garanties exceptionnelles ; et, se fiant à la sauve-garde du droit commun, donne ainsi la plus éclatante preuve de sa nationalité, et le gage le plus certain de sa durée. »

Il n'est pas nécessaire, aux termes du premier paragraphe, qu'il y ait *tentative* dans le sens rigoureux et légal, pour que la peine soit applicable ; il suffit que le complot *ait été suivi d'un acte commis ou commencé pour en préparer l'exécution*, ce qui est différent. En effet, la tentative, aux termes de l'article 2 du Code pénal, n'a lieu que lorsqu'il y a commencement d'exécution, et lorsque cette exécution n'a été suspendue, ou n'a manqué son effet que par des circonstances indépendantes de la volonté de son auteur. Ici tout acte commis ou commencé, *pour préparer l'exécution du complot*, rend le fait punissable ; au surplus, voici comment s'est exprimé M. Caumartin, dont la rédaction a été adoptée :

« Je voudrais que le complot, ayant pour but les crimes prévus par les articles 86, 87 et 91, suivis d'un acte commis ou commencé, pour parvenir à l'exécution de ces crimes (il ne s'agit que d'une préparation, et non encore d'une tentative d'exécution), je voudrais, dis-je, que ces préparations de crimes fussent punies. »

(1) V. notes sur l'art. 17.

(2) Ancien art. 96, abrogé : « S'il n'y a pas eu de complot arrêté, mais une proposition faite et non agréée d'en former un pour arriver au crime mentionné dans l'article 86, celui qui aura fait une telle proposition sera puni de la réclusion.

« L'auteur de toute proposition non agréée tendant à l'un des crimes énoncés dans l'article 87, sera puni du bannissement. »

(b) Ancien art. 91, abrogé : « L'attentat ou le complot dont le but sera, soit d'exciter la guerre civile en armant ou en portant les citoyens ou habitans à s'armer les uns contre les autres,

« Soit de porter la dévastation, le massacre et le pillage dans une ou plusieurs communes,

« Seront punis de la peine de mort, et les biens des coupables seront confisqués. »

(a) Le mot *habitans* a été ajouté. M. Dupin a demandé quelle différence il y a entre *habitans* et *citoyens*. Cela regarde, a répondu M. le rapporteur, les étrangers, la légion étrangère même, par exemple.

(c) Ancien art. 92, modifié en vertu de l'article 57 de la Charte : « Et de la confiscation de leurs biens. »

(d) Ancien article 93, modifié en vertu de l'art. 57 de la Charte : « Et leurs biens seront confisqués. »

(e) Ancien article 94, modifié en vertu de l'art. 57 de la Charte : « Et ses biens seront confisqués. »

(f) Ancien article 95, modifié en vertu de l'art. 57 de la Charte : « Et ses biens seront confisqués. »

(3) V. art. 434.

résistance envers la force publique agissant contre les auteurs de ces crimes, se sera mis à la tête de bandes armées, ou y aura exercé une fonction ou commandement quelconque, sera puni de mort (a).

Les mêmes peines seront appliquées à ceux qui auront dirigé l'association, levé ou fait lever, organisé ou fait organiser les bandes, ou leur auront, sciemment et volontairement, fourni ou procuré des armes, munitions et instrumens de crime, ou envoyé des convois de subsistances, ou qui auront de toute autre manière pratiqué des intelligences avec les directeurs ou commandans des bandes (1).

97. Dans le cas où l'un ou plusieurs des crimes mentionnés aux articles 86, 87 et 91 auront été exécutés ou simplement tentés par une bande, la peine de mort (b) sera appliquée, sans distinction de grades, à tous les individus faisant partie de la bande et qui auront été saisis sur le lieu de la réunion séditieuse.

Sera puni des mêmes peines, quoique non saisi sur le lieu, quiconque aura dirigé la sédition, ou aura exercé dans la bande un emploi ou commandement quelconque.

98. Hors le cas où la réunion séditieuse aurait eu pour objet ou résultat l'un ou plusieurs des crimes énoncés aux articles 86, 87 et 91, les individus faisant partie des bandes dont il est parlé ci-dessus, sans y exercer aucun commandement ni emploi, et qui auront été saisis sur les lieux, seront punis de la déportation (2).

99. Ceux qui, connaissant le but et le caractère desdites bandes, leur auront, sans contrainte, fourni des logemens, lieux de retraite ou de réunion, seront condamnés à la peine des travaux forcés à temps.

100. Il ne sera prononcé aucune peine, pour le fait de sédition, contre ceux qui, ayant fait partie de ces bandes sans y exercer aucun commandement et sans y remplir aucun emploi ni fonctions, se seront retirés au premier avertissement des autorités civiles ou militaires, ou même depuis, lorsqu'ils n'auront été saisis que hors des lieux de la réunion séditieuse, sans opposer de résistance et sans armes.

Ils ne seront punis, dans ces cas, que des crimes particuliers qu'ils auraient personnellement commis; et néanmoins ils pourront être renvoyés, pour cinq ans ou au plus jusqu'à dix, sous la surveillance spéciale de la haute police.

101. Sont compris dans le mot *armes*, toutes machines, tous instrumens ou ustensiles tranchans, perçans ou contondans.

Les couteaux et ciseaux de poche, les cannes simples, ne seront réputés armes qu'autant qu'il en aura été fait usage pour tuer, blesser ou frapper (3).

Disposition commune aux deux paragraphes de la présente section.

102 (c). Seront punis comme coupables des crimes et complots mentionnés dans la présente section, tous ceux qui, soit par discours tenus dans des lieux ou réunions publics, soit par placards affichés, soit par des écrits imprimés, auront excité directement les citoyens ou habitans à les commettre.

Néanmoins, dans le cas où lesdites provocations n'auraient été suivies d'aucun effet, leurs auteurs seront simplement punis du bannissement (4).

SECTION III. *De la révélation et de la non-révélation des crimes qui compromettent la sûreté intérieure ou extérieure de l'État.*

103 (d). *Abrogé.*
104 (e). *Abrogé.*
105 (f). *Abrogé.*

(a) Ancien art. 96, modifié en vertu de l'article 57 de la Charte : « Et ses biens seront confisqués. »

(1) V. art. 440, Cod. 3 brum. an 4, art. 613.

(b) Ancien art. 97, modifié en vertu de l'article 57 de la Charte : « Avec confiscation des biens. »

(2) V. notes sur l'art. 17.

(3) V. l'article 213.

Sont réputées armes les pierres, par cela seul qu'on s'en saisit pour appuyer une attaque ou une résistance (Cass. 30 avril 1824 : S. 24, 1, 332).

Notamment des pierres que des gens attroupés ont lancées contre des gendarmes chargés de l'arrestation d'un conscrit réfractaire (20 août 1812, Cass. sections réunies : S. 13, 1, 14 ; D. 11, 1, 162 ; P. 37, 525 ; id. — 3 octobre 1817 : S. 18, 1, 71).

Sont réputés armes, les bâtons avec lesquels des gens attroupés pour la contrebande ont frappé les préposés (Cass. 9 juin 1808 : S. 9, 1, 416).

Est réputé arme un couteau de poche s'il en a été fait usage pour tuer, frapper ou blesser, non s'il n'en a été fait usage que pour effrayer sans intention de tuer (Cass. 23 juillet 1813 : S. 17, 1, 93).

(c) Abrogé par la loi du 17 mai 1819.

(4) V. Dans la Collect. des Lois la loi du 17 mai 1819, art. 1er et suiv., et l'art. 26. V. aussi loi du 25 mars 1822, art. 2, 3, 4 et 6, et Cod. pén. art. 285 et 293.

(d) Ancien art. 103, abrogé : « Toutes personnes qui, ayant eu connaissance de complots formés ou de crimes projetés contre la sûreté intérieure ou extérieure de l'État, n'auront pas fait la déclaration de ces complots ou crimes, et n'auront pas révélé au Gouvernement, ou aux autorités administratives ou de police judiciaire, les circonstances qui en seront venues à leur connaissance, le tout dans les vingt-quatre heures qui auront suivi ladite connaissance, seront, lors même qu'elles seront reconnues exemptes de toute complicité, punies, pour le seul fait de non-révélation, de la manière et selon les distinctions qui suivent. »

(e) Ancien art. 104, abrogé : « S'il s'agit du crime de lèse-majesté, tout individu qui, au cas de l'article précédent, n'aura point fait les déclarations qui y sont prescrites, sera puni de la réclusion. »

(f) Ancien art. 105, abrogé : « A l'égard des autres crimes ou complots mentionnés au présent chapitre, toute personne qui en étant instruite n'aura pas fait les déclarations prescrites par l'article 103, sera punie d'un emprisonnement de deux à cinq ans, et d'une amende de cinq cents francs à deux mille francs. »

106 (*a*). *Abrogé.*

107 (*b*). *Abrogé* (1).

108 (*c*). Seront exemptés des peines prononcées contre les auteurs de complots ou d'autres crimes attentatoires à la sûreté intérieure ou extérieure de l'Etat, ceux des coupables qui, avant toute exécution ou tentative de ces complots ou de ces crimes, et avant toutes poursuites commencées, auront les premiers donné au Gouvernement ou aux autorités administratives ou de police judiciaire, connaissance de ces complots ou crimes, et de leurs auteurs ou complices, ou qui, même depuis le commencement des poursuites, auront procuré l'arrestation desdits auteurs ou complices.

Les coupables qui auront donné ces connaissances ou procuré ces arrestations, pourront néanmoins être condamnés à rester pour la vie ou à temps sous la surveillance de la haute police.

CHAPITRE II. *Crimes et délits contre la Charte constitutionnelle.*

SECTION Iʳᵉ. *Des crimes et délits relatifs à l'exercice des droits civiques.*

109. Lorsque, par attroupement, voies de fait ou menaces, on aura empêché un ou plusieurs citoyens d'exercer leurs droits civiques, chacun des coupables sera puni d'un emprisonnement de six mois au moins et de deux ans au plus, et de l'interdiction du droit de voter et d'être éligible pendant cinq ans au moins et dix ans au plus (2).

110. Si ce crime à été commis par suite d'un plan concerté pour être exécuté soit dans tout le royaume, soit dans un ou plusieurs départemens, soit dans un ou plusieurs arrondissemens communaux, la peine sera le bannissement.

111 (*d*). Tout citoyen qui, étant chargé, dans un scrutin, du dépouillement des billets contenant les suffrages des citoyens, sera surpris falsifiant ces billets, ou en soustrayant de la masse, ou y en ajoutant, ou inscrivant sur les billets des votans non lettrés des noms autres que ceux qui lui auraient été déclarés, sera puni de la peine de la dégradation civique (3).

112. Toutes autres personnes coupables des faits énoncés dans l'article précédent, seront punis d'un emprisonnement de six mois au moins et de deux ans au plus, et de l'interdiction du droit de voter et d'être éligibles pendant cinq ans au moins et dix ans au plus.

113. Tout citoyen qui aura, dans les élections, acheté ou vendu un suffrage à un prix quelconque, sera puni d'interdiction des droits de citoyen et de toute fonction ou emploi public pendant cinq ans au moins et dix ans au plus.

Seront en outre, le vendeur et l'acheteur du suffrage, condamnés chacun à une amende double de la valeur des choses reçues ou promises.

SECTION II. *Attentats à la liberté.*

114. Lorsqu'un fonctionnaire public, un agent ou un préposé du Gouvernement, aura ordonné ou fait quelque acte arbitraire, ou attentatoire soit à la liberté individuelle, soit au droits civiques d'un ou de plusieurs citoyens, soit à la Charte, il sera condamné à la peine de la dégradation civique.

Si néanmoins il justifie qu'il a agi par ordre de ses supérieurs pour des objets du ressort de ceux-ci, sur lesquels il leur était dû obéissance hiérarchique, il sera exempt de la peine, laquelle sera, dans ce cas, appliquée seulement aux supérieurs qui auront donné l'ordre (4).

115. Si c'est un ministre qui a ordonné ou fait les actes ou l'un des actes mentionnés en l'article précédent, et si, après les

---

(*a*) Ancien article 106, abrogé : « Celui qui aura eu connaissance desdits crimes ou complots non révélés, ne sera point admis à excuse sur le fondement qu'il ne les aurait point approuvés, ou même qu'il s'y serait opposé, et aurait cherché à en dissuader leurs auteurs. »

(*b*) Ancien article 107, abrogé : « Néanmoins, si l'auteur du crime ou complot est époux, même divorcé, ascendant ou descendant, frère ou sœur, ou allié aux mêmes degrés, de la personne prévenue de réticence, celle-ci ne sera point sujette aux peines portées par les articles précédens ; mais elle pourra être mise, par l'arrêt ou le jugement, sous la surveillance spéciale de la haute police pendant un temps qui n'excédera pas dix ans. »

(1) Les articles 103, 104, 105, 106, 107 sont abrogés par l'art. 463 de la loi du 28 avril 1832.

(*c*) Ancien article 108, abrogé : « Seront exemptés des peines prononcées contre les auteurs des complots ou d'autres crimes attentatoires à la sûreté intérieure ou extérieure de l'Etat, ceux des coupables qui, avant toute exécution ou tentative de ces complots ou de ces crimes, et avant toutes poursuites commencées, auront les premiers donné, aux autorités mentionnées en l'article 103, connaissance de ces complots ou crimes et de leurs auteurs ou complices, ou qui, même depuis le commencement des poursuites, auront procuré l'arrestation desdits auteurs ou complices.

« Les coupables qui auront donné ces connaissances ou procuré ces arrestations, pourront néanmoins être condamnés à rester pour la vie ou à temps sous la surveillance spéciale de la haute police. »

(2) *V.* Cod. 3 brum. an 4, art. 616.

(*d*) Ancien article 111, abrogé : « Tout citoyen qui, étant chargé, dans un scrutin, du dépouillement des billets contenant les suffrages des citoyens, sera surpris falsifiant ces billets ou en soustrayant de la masse, ou y en ajoutant, ou inscrivant sur les billets des votans non lettrés des noms autres que ceux qui lui auraient été déclarés, sera puni de la peine du carcan. »

(3) M. le comte de Tournon a demandé ce qu'on devait entendre par le mot *masse* ; M. le duc Decazes a pensé qu'il vaudrait mieux dire l'*urne*. Effectivement, le mot *masse* indique la réunion des billets contenant les suffrages.

La falsification ou soustraction des billets n'est punissable que dans le cas de flagrant délit, elles ne donnent lieu à aucune peine si elles ne sont découvertes qu'ultérieurement (Cass. 28 février 1811 : S. 12, 1, 343).

(4) Les huissiers sont compris dans cette disposition (Cass. 16 juill. 1811 : S. 17, 1, 93), *V.* art. 117, 190, 341.

invitations mentionnées dans les art. 63 et 67 du sénatus-consulte du 28 floréal an 12, il a refusé ou négligé de faire réparer ces actes dans les délais fixés par ledit acte, il sera puni du bannissement (a) (1).

116. Si les ministres prévenus d'avoir ordonné ou autorisé l'acte contraire à la Charte, prétendent que la signature à eux imputée leur a été surprise, ils seront tenus, en faisant cesser l'acte, de dénoncer celui qu'ils déclareront auteur de la surprise, sinon ils seront poursuivis personnellement.

117. Les dommages-intérêts qui pourraient être prononcés à raison des attentats exprimés dans l'article 114, seront demandés, soit sur la poursuite criminelle, soit par la voie civile, et seront réglés, eu égard aux personnes, aux circonstances et au préjudice souffert, sans qu'en aucun cas, et quel que soit l'individu lésé, lesdits dommages-intérêts puissent être au-dessous de vingt-cinq francs pour chaque jour de détention illégale et arbitraire et pour chaque individu.

118. Si l'acte contraire à la Charte a été fait d'après une fausse signature du nom d'un ministre ou d'un fonctionnaire public, les auteurs du faux et ceux qui en auront sciemment fait usage, seront punis des travaux forcés à temps, dont le maximum sera toujours appliqué dans ce cas.

119. Les fonctionnaires publics chargés de la police administrative ou judiciaire, qui auront refusé ou négligé de déférer à une réclamation légale tendante à constater les détentions illégales et arbitraires, soit dans les maisons destinées à la garde des détenus, soit partout ailleurs, et qui ne justifieront pas les avoir dénoncées à l'autorité supérieure, seront punis de la dégradation civique, et tenus des dommages-intérêts, lesquels seront réglés comme il est dit dans l'article 117 (2).

120. Les gardiens et concierges des maisons de dépôt, d'arrêt, de justice ou de peine, qui auront reçu un prisonnier sans mandat ou jugement, ou sans ordre provisoire du Gouvernement; ceux qui l'auront retenu, ou auront refusé de le représenter à l'officier de police ou au porteur de ses ordres, sans justifier de la défense du procu-

reur du Roi ou du juge; ceux qui auront refusé d'exhiber leurs registres à l'officier de police, seront, comme coupables de détention arbitraire, punis de six mois à deux ans d'emprisonnement, et d'une amende de seize francs à deux cents francs (3).

121. Seront, comme coupables de forfaiture, punis de la dégradation civique, tout officier de police judiciaire, tous procureurs-généraux ou du Roi, tous substituts, tous juges, qui auront provoqué, donné ou signé un jugement, une ordonnance ou un mandat tendant à la poursuite personnelle ou accusation, soit d'un ministre, soit d'un membre de la Chambre des pairs, de la Chambre des députés ou du Conseil-d'Etat, sans les autorisations prescrites par les lois de l'Etat, ou qui, hors les cas de flagrant délit ou de clameur publique auront, sans les mêmes autorisations, donné ou signé l'ordre ou le mandat de saisir ou arrêter un ou plusieurs ministres ou membres de la Chambre des pairs, de la Chambre des députés ou du Conseil-d'Etat.

122. Seront aussi punis de la dégradation civique les procureurs généraux ou du Roi, les substituts, les juges ou les officiers publics qui auront retenu ou fait retenir un individu hors des lieux déterminés par le Gouvernement ou par l'administration publique, ou qui auront traduit un citoyen devant une cour d'assises (b), sans qu'il ait été préalablement mis légalement en accusation. (4).

SECTION III. Coalition des fonctionnaires.

123. Tout concert de mesures contraires aux lois, pratiqué soit par la réunion d'individus ou de corps dépositaires de quelque partie de l'autorité publique, soit par députation ou correspondance entre eux, sera puni d'un emprisonnement de deux mois au moins et de six mois au plus, contre chaque coupable, qui pourra de plus être condamné à l'interdiction des droits civiques, et de tout emploi public, pendant dix ans au plus.

124. Si, par l'un des moyens exprimés ci-dessus, il a été concerté des mesures contre l'exécution des lois ou contre les ordres du Gouvernement, la peine sera le bannissement.

Si ce concert a eu lieu entre les autorités

<hr>

(a) « Les articles 63 et 67 du Sénatus Consulte du 28 floréal an 12 se rattachaient à l'institution aujourd'hui abolie d'une *commission sénatoriale de la liberté individuelle* et d'une *commission sénatoriale de la liberté de la presse.* »

(1) Il est bien difficile de poursuivre un ministre. Si l'on s'adresse aux tribunaux, ils répondent que l'autorité administrative est indépendante de l'autorité judiciaire; qu'ils ne peuvent connaître des actes du ministre, sans qu'il y ait autorisation par qui de droit. Si l'on demande l'autorisation au Conseil-d'Etat, il répond qu'il ne peut la donner que pour les agens du Gouvernement autres que les ministres (Constitution du 22 frim. an 8, art. 75).

Si enfin on s'adresse aux Chambres, elles déclarent qu'elles n'ont juridiction que pour les faits de trahison et de concussion (Charte, art. 47). On est réduit à soutenir que l'atteinte aux droits civiques ou à la liberté individuelle constitue la trahison : or, il faut que les faits aient bien de la gravité, pour qu'on puisse espérer de faire accueillir ce système, qui cependant est vrai, suivant la nature des faits.

(2) V. art. 341 et suiv.; Cod. ins. cr. art. 8, 609 et 615.

(3) V. C. inst. cr. art. 618; Cod. 3 brum. an 4, art. 636.

(b) Ancien art. 122, modifié en vertu de l'article 54 de la Charte : « Ou une cour spéciale. »

(4) V. Cod. inst. crim. art. 271.

civiles et les corps militaires ou leurs chefs, ceux qui en seront les auteurs ou provocateurs seront punis de la déportation; les autres coupables seront bannis.

125. Dans les cas où ce concert aurait eu pour objet ou résultat un complot attentatoire à la sûreté intérieure de l'Etat, les coupables seront punis de mort (a).

126. Seront coupables de forfaiture, et punis de la dégradation civique,

Les fonctionnaires publics qui auront, par délibération, arrêté de donner des démissions dont l'objet ou l'effet serait d'empêcher ou de suspendre soit l'administration de la justice, soit l'accomplissement d'un service quelconque.

Section IV. Empiétement des autorités administratives et judiciaires.

127. Seront coupables de forfaiture, et punis de la dégradation civique,

1° Les juges, les procureurs généraux ou du Roi, ou leurs substituts, les officiers de police, qui se seront immiscés dans l'exercice du pouvoir législatif, soit par des réglemens contenant des dispositions législatives, soit en arrêtant ou en suspendant l'exécution d'une ou de plusieurs lois, soit en délibérant sur le point de savoir si les lois seront publiées ou exécutées;

2° Les juges, les procureurs généraux ou du Roi, ou leurs substituts, les officiers de police judiciaire, qui auraient excédé leur pouvoir, en s'immisçant dans les matières attribuées aux autorités administratives, soit en faisant des réglemens sur ces matières, soit en défendant d'exécuter les ordres émanés de l'administration, ou qui, ayant permis ou ordonné de citer des administrateurs pour raison de l'exercice de leurs fonctions, auraient persisté dans l'exécution de leurs jugemens ou ordonnances, nonobstant l'annulation qui en aurait été prononcée ou le conflit qui leur aurait été notifié (1).

128. Les juges qui, sur la revendication formellement faite par l'autorité administrative d'une affaire portée devant eux, auront néanmoins procédé au jugement avant la décision de l'autorité supérieure, seront punis chacun d'une amende de seize francs au moins, et de cent cinquante francs au plus (a).

Les officiers du ministère public qui auront fait des réquisitions ou donné des conclusions pour ledit jugement, seront punis de la même peine.

129. La peine sera d'une amende de cent francs au moins et de cinq cents francs au plus contre chacun des juges qui, après une réclamation légale des parties intéressées ou de l'autorité administrative, auront, sans autorisation du Gouvernement, rendu des ordonnances ou décerné des mandats contre ses agens ou préposés, prévenus de crimes ou délits commis dans l'exercice de leurs fonctions.

La même peine sera appliquée aux officiers du ministère public ou de police qui auront requis lesdites ordonnances ou mandats.

130. Les préfets, sous-préfets, maires et autres administrateurs qui se seront immiscés dans l'exercice du pouvoir législatif, comme il est dit au n° 1er de l'article 127, ou qui se seront ingérés de prendre des arrêtés généraux tendant à intimer des ordres ou des défenses quelconques à des cours ou tribunaux, seront punis de la dégradation civique.

131. Lorsque ces administrateurs entreprendront sur les fonctions judiciaires en s'ingérant de connaître de droits et intérêts privés du ressort des tribunaux, et qu'après la réclamation des parties ou de l'une d'elles, ils auront néanmoins décidé l'affaire avant que l'autorité supérieure ait prononcé, ils seront punis d'une amende de seize francs au moins et de cent cinquante francs au plus.

CHAP. III. *Crimes et délits contre la paix publique.*

SECTION Ire. *Du faux.*

§ Ier. Fausse monnaie.

132 (b). Quiconque aura contrefait ou altéré les monnaies d'or ou d'argent ayant cours légal en France, ou participé à l'émission ou exposition desdites monnaies contrefaites ou altérées, ou à leur introduction sur le territoire français, sera puni des travaux forcés à perpétuité (3).

(a) Ancien art. 125, modifié en vertu de l'article 57 de la Charte : « Et leurs biens seront confisqués. »

(1 et 2) *Voy.* dans la Collection des Lois, l'ordonn. du 1er juin 1828 sur les conflits. J'ai soutenu dans les notes sur cette ordonnance, que les tribunaux devaient s'abstenir dès que le conflit était élevé, que les magistrats seraient punissables, s'ils passaient outre; encore qu'au fond l'autorité administrative fût incompétente : mais j'ai établi que les tribunaux pourraient juger, nonobstant le conflit, s'il était élevé dans les cas où il est formellement prohibé, après l'expiration des délais, ou sans l'observation des formes que prescrit l'ordonnance (*V.* t. 28, p. 185 et 186).

(b) Ancien art. 132, abrogé : « Quiconque aura contrefait ou altéré les monnaies d'or ou d'argent, ayant cours légal en France, ou participé à l'émission ou exposition desdites monnaies contrefaites ou altérées, ou à leur introduction sur le territoire français, sera puni de mort, et ses biens seront confisqués. »

(3) *V.* loi du 14 germ. an 11; avis du Cons.-d'Et. du 6=13 fruct. an 13. C., 25 sept. 1791, 2e part. tit. 1, s. 6, art. 1. Il y a crime de fausse monnaie, lorsqu'on enduit frauduleusement d'un minéral blanc des monnaies de cuivre, auxquelles, par ce procédé, on donne à peu près la ressemblance d'une monnaie d'argent de valeur supérieure (Cass. 4 juillet 1811 : S. 12, 2, 109).

On ne peut prétendre qu'une condamnation n'est pas fondée, parce que les monnaies mises en circulation étaient si grossièrement contrefaites, qu'il était impossible de les prendre pour bonnes (Cass. 5 octobre 1821 : Bull. crim. p. 484).

133 (*a*). Celui qui aura contrefait ou altéré des monnaies de billon ou de cuivre ayant cours légal en France, ou participé à l'émission ou exposition desdites monnaies contrefaites ou altérées, ou à leur introduction sur le territoire français, sera puni des travaux forcés à temps (1).

134. Tout individu qui aura, en France, contrefait ou altéré des monnaies étrangères, ou participé à l'émission, exposition ou introduction en France de monnaies étrangères contrefaites ou altérées, sera puni des travaux forcés à temps (2).

135. La participation énoncée aux précédens articles ne s'applique point à ceux qui, ayant reçu pour bonnes des pièces de monnaie contrefaites ou altérées, les ont remises en circulation.

Toutefois, celui qui aura fait usage desdites pièces après en avoir vérifié ou fait vérifier les vices, sera puni d'une amende triple au moins et sextuple au plus de la somme représentée par les pièces qu'il aura rendues à la circulation, sans que cette amende puisse, en aucun cas, être inférieure à seize francs (3);

136 (*b*). *Abrogé* (4).

137 (*c*). *Abrogé* (5).

138. Les personnes coupables des crimes mentionnés aux articles 132 et 133 seront exemptes de peine, si, avant la consommation de ces crimes ou avant toutes poursuites, elles en ont donné connaissance et révélé les auteurs aux autorités constituées, ou si, même après les poursuites commencées, elles ont procuré l'arrestation des autres coupables.

Elles pourront néanmoins être mises, pour la vie ou à temps, sous la surveillance spéciale de la haute police.

§ II. *Contrefaçon des sceaux de l'État, des billets de banque, des effets publics et des poinçons, timbres et marques.*

139 (*d*). Ceux qui auront contrefait le sceau de l'État ou fait usage du sceau contrefait ;

Ceux qui auront contrefait ou falsifié, soit des effets émis par le trésor public avec son timbre, soit des billets de banques autorisées par la loi, ou qui auront fait usage de ces effets et billets contrefaits ou falsifiés, ou qui les auront introduits dans l'enceinte du territoire français,

Seront punis des travaux forcés à perpétuité (6).

140. Ceux qui auront contrefait ou falsifié, soit un ou plusieurs timbres nationaux, soit les marteaux de l'État servant aux marques forestières, soit le poinçon ou les poinçons servant à marquer les matières d'or ou d'argent, ou qui auront fait usage des papiers, effets, timbres, marteaux ou poinçons falsifiés ou contrefaits, seront punis des travaux forcés à temps, dont le *maximum* sera toujours appliqué dans ce cas (7).

141. Sera puni de la réclusion, quicon-

Roguer la monnaie dans l'intention de la remettre en circulation sous une fausse valeur, c'est la contrefaire (Cass. 19 brumaire an 10 : S. 2, 1, 132).

La peine est applicable à l'émission de fausses monnaies, qui, à l'époque de la fabrication, appartenaient à un pays étranger, mais qui depuis ont eu cours légal dans une partie de la France, par suite d'une réunion de territoire (Cass. 21 mai 1813 : S. 21, 1, 260.) *V.* notes sur les art. 134 et 135.

(*a*) Ancien article 133, abrogé : « Celui qui aura contrefait ou altéré des monnaies de billon ou de cuivre ayant cours légal en France, ou participé à l'émission ou exposition desdites monnaies contrefaites ou altérées, ou à leur introduction sur le territoire français, sera puni des travaux forcés à perpétuité.

(1) Une monnaie n'est monnaie de billon qu'autant que le cuivre entre pour la plus grande partie dans sa composition.

Des pièces d'un franc cinquante centimes, qui, d'après le titre de leur création, sont fabriquées à plus de deux tiers d'argent fin, ne peuvent être réputées monnaie de billon (Cass. 28 novembre 1811 : S. 13, 1, 198).

(2) L'individu déclaré coupable d'avoir émis, pour bonne monnaie, des espèces monnayées d'argent qu'il connaissait être fausses, doit être condamné aux peines portées par l'article 132, et non à celle que prononce l'art. 134, si les monnaies ne sont réputées étrangères qu'à l'égard d'une certaine partie de la France, et ont un cours légal dans une autre partie (Cass. 21 mai 1813 : Bull. crim. p. 276).

(3) L'art. 132 est applicable à l'individu qui a remis en circulation des monnaies légales altérées qu'il avait reçues avec connaissance de ce vice (Cass. 5 octobre 1821 : Bull. crim. p. 484).

L'émission de pièces de monnaies que l'on sait être fausses, mais que l'on a reçues pour bonnes, n'étant qu'un délit et non un crime, la simple tentative de cette émis-sion n'est pas punissable, puisque la loi n'a pas expressément dit que cette espèce de tentative serait punie (Cass. 15 avril 1826 : S. 27, 1, 197).

(*b*) Ancien art. 136, abrogé : « Ceux qui auront eu connaissance d'une fabrique ou d'un dépôt de monnaies d'or, d'argent, de billon ou de cuivre ayant cours légal en France, contrefaites ou altérées, et qui n'auront pas, dans les vingt-quatre heures, révélé ce qu'ils savent aux autorités administratives ou de police judiciaire, seront, pour le seul fait de non-révélation, et lors même qu'ils seraient reconnus exempts de toute complicité, punis d'un emprisonnement d'un mois à deux ans. »

(*c*) Ancien art. 137, abrogé : « Sont néanmoins exceptés de la disposition précédente les ascendans et descendans, époux même divorcés, et les frères et sœurs des coupables, ou les alliés de ceux-ci aux mêmes degrés. »

(4 et 5) *V.* article 103 de la loi du 28 avril 1832.

(*d*) Ancien art. 139, abrogé : « Ceux qui auront contrefait le sceau de l'État ou fait usage du sceau contrefait ;

« Ceux qui auront contrefait ou falsifié, soit des effets émis par le trésor royal avec son timbre, soit des billets de banques autorisées par la loi, ou qui auront fait usage de ces effets ou billets contrefaits ou falsifiés, ou qui les auront introduits dans l'enceinte du territoire français,

« Seront punis de mort, et leurs biens seront confisqués. »

(6) On a demandé à la Chambre des pairs qu'après le mot *introduits* on ajoutât *sciemment*, M. le rapporteur a répondu : Il y a un article dans la même section sous le n° 163, qui porte qu'il faut l'avoir fait sciemment pour tous ces cas-là (Cod. 25 sept. 1791, 2e part., tit. 1, sect. 6, art. 3 et suiv.

Les lois du 2 floréal an 11 et 23 ventose an 12, attribuaient exclusivement au tribunal criminel de la Seine la connaissance des crimes de faux.

(7) La contrefaçon du marteau national sur des arbres

que s'étant indûment procuré les vrais timbres, marteaux ou poinçons ayant l'une des destinations exprimées en l'article 140, en aura fait une application ou usage préjudiciable aux droits ou intérêts de l'État.

142. Ceux qui auront contrefait les marques destinées à être apposées, au nom du Gouvernement, sur les diverses espèces de denrées ou de marchandises, ou qui auront fait usage de ces fausses marques;

Ceux qui auront contrefait le sceau, timbre ou marque d'une autorité quelconque, ou d'un établissement particulier de banque ou de commerce, ou qui auront fait usage des sceaux, timbres ou marques contrefaits,

Seront punis de la réclusion (1).

143 (a). Sera puni de la dégradation civique, quiconque, s'étant indûment procuré les vrais sceaux, timbres ou marques ayant l'une des destinations exprimées en l'article 142, en aura fait une application ou usage préjudiciable aux droits ou intérêts de l'État, d'une autorité quelconque, ou même d'un établissement particulier.

144 (b). Les dispositions de l'article 138 sont applicables aux crimes mentionnés dans l'article 139.

§ III. *Des faux en écritures publiques ou authentiques, et de commerce ou de banque* (2).

145. Tout fonctionnaire ou officier public qui, dans l'exercice de ses fonctions, aura commis un faux,

Soit par fausses signatures,

Soit par altération des actes, écritures ou signatures,

Soit par supposition de personnes,

Soit par des écritures faites ou intercalées sur des registres ou d'autres actes publics, depuis leur confection ou clôture,

Sera puni des travaux forcés à perpétuité (3).

---

constitue un crime de faux caractérisé (Cass. 2 octobre 1806 : S. 6, 2, 900).

Enlever d'un arbre l'écorce sur laquelle est empreint le marteau de l'autorité, et la transporter sur un autre arbre, est un faux (Cass. 1er mai 1807 : S. 17, 1, 92 ; *id.* 4 mai 1822 ; Bull. crim. p. 199).

Le plus ou moins d'imitation de l'empreinte du marteau falsifié est indifférent pour l'application de la loi pénale (Cass. 21 octobre 1813 : S. 17, 1, 65).

On ne peut assimiler les timbres de la poste aux timbres nationaux portant les armoiries de l'État (Cass. 28 novembre 1811 : S. 13, 2, 212).

L'emploi frauduleux d'une pince servant à marquer les tabacs constitue un crime de faux (décret du 15 octobre 1810).

(2) La fabrication ou l'usage d'un faux poinçon imitant celui établi par l'administration pour marquer ou poinçonner les bouteilles des débitans, constitue le crime de faux (Cass. 20 janvier 1825 : S. 25. 1, 279).

Il n'y a pas délit de contrefaçon des marchandises d'une fabrique, s'il n'y a imitation de la marque distinctive adoptée par le fabricant, et application de la marque imitée à des objets sortis d'une manufacture étrangère (Cass. 22 janvier 1807 : S. 7, 1, 552).

Ainsi, le fabricant franç. qui apposerait la marque d'une fabrique étrangère sur ses marchandises, pour en augmenter le débit dans l'étranger, n'acquerrait point la propriété exclusive de cette marque, par le dépôt au greffe du tribunal de commerce et du conseil des pru- d'hommes (16 mars 1822 : S. 23, 2, 56 ; P. 64, 301).

Un fabriquant ne peut adopter une marque composée des lettres initiales de son nom, lorsqu'une pareille marque est déjà adoptée par un fabricant de même genre et de la même ville, de telle sorte qu'il puisse y voir méprise et confusion entre les deux fabriques (Cass. 28 mai 1822 : S. 22, 1, 337 ; D. 10, 1, 317 ; P. 64, 401).

Sur la contrefaçon des marques des manufactures V. la loi du 22 germinal an 11 ; décret du 11 juin 1809 ; loi du 28 juillet 1824. V. aussi l'article 425 du Code pénal.

(a). Ancien art. 143, abrogé : « Sera puni du carcan, quiconque, s'étant indûment procuré les vrais sceaux, timbres ou marques ayant l'une des destinations expri- mées en l'article 142, en aura fait une application ou usage préjudiciable aux droits ou intérêts de l'État, d'une autorité quelconque, ou même d'un établisse- ment particulier. »

(b). Ancien art. 144, abrogé : « Les dispositions des articles 136, 137 et 138 sont applicables aux crimes mentionnés dans l'article 139. »

Voy. la note sur les art. 136 et 137.

(2) Toutes les dispositions de ce paragraphe et des deux paragraphes suivans ont entre elles une relation si intime, qu'il convient de parcourir toutes les notes pla- cées sous les différens articles qui les composent. V. l'or- donnance de 1670, tit. 9, l'ordonnance de juillet 1737, la loi du 23 floréal an 10.

M. Legraverend explique en termes fort clairs ce qu'on doit entendre par faux *matériel* et faux *intellectuel*. Le faux *matériel*, dit-il, résulte d'une fabrication ou altéra- tion en tout ou en partie, commise sur la pièce arguée, et susceptible d'être reconnue, constatée et démontrée physiquement par une opération ou par un procédé quel- conque. Le faux *intellectuel* résulte seulement de l'altéra- tion dans la substance d'un acte non falsifié matérielle- ment ; c'est-à-dire dans les circonstances constitutives de cet acte ; il ne peut être reconnu à aucun signe palpable, physique et matériel.

M. Legraverend cite ensuite des exemples des deux espèces de faux (t. 1er, p. 555).

(3) Celui qui n'ayant plus la qualité de fonctionnaire public, signe un acte, et le reporte, par une antidate, à l'époque où il était encore en fonctions, est coupable du crime de faux (Cass. 30 juin 1808 : S. 10, 1, 238).

Un officier de l'état civil qui inscrit sur les registres un acte sous une date autre que celle du jour où il a été passé, commet un faux dans l'exercice de ses fonctions (Cass. 4 mai 1810 : S. 11, 1, 289).

La peine prononcée contre toute surcharge n'empêche point que la surcharge ne soit qualifiée de faux (Cass. 20 février 1809 : S. 11, 1, 175 ; *id.* — 20 février 1809 ; S. 17, 2, 161).

Un notaire acquitté d'une accusation de faux, peut encore être poursuivi et destitué pour le même fait par les tribunaux civils (Cass. 6 avril 1808 : S. 17, 2, 161).

Encore que la pièce arguée de faux n'existe plus, on peut poursuivre les auteurs du faux (Cass. 7 thermidor an 8 : S. 1, 2, 266 ; *id.* — 28 oct. 1813 : S. 14, 1, 10).

Il n'est pas nécessaire que le faux puisse nuire immé- diatement à la fortune, il suffit qu'il doive porter atteinte à l'honneur ou à la réputation (Cass. 12 novembre 1813 : S. 14, 2, 25 ; P. 40, 1371).

Le particulier, complice d'un faux commis par l'offi- cier public dans l'exercice de ses fonctions, est passible de la même peine que l'officier public (Cass. 15 octobre 1813 : S. 14, 1, 4 ; D. 11, 1, 535).

Toutefois, si une circonstance quelconque fait dispa- raître la culpabilité de l'officier public, il n'y aura plus qu'un faux commis en écriture publique par un non fonctionnaire, punissable d'après l'art. 147 (Cass. 22 juill.

146. Sera aussi puni des travaux forcés à perpétuité, tout fonctionnaire ou officier public qui, en rédigeant des actes de son ministère, en aura frauduleusement dénaturé la substance ou les circonstances, soit en écrivant des conventions autres que celles qui auraient été tracées ou dictées par les parties, soit en constatant comme vrais des faits faux, ou comme avoués des faits qui ne l'étaient pas (1).

147. Seront punies des travaux forcés à temps, toutes autres personnes qui auront commis un faux en écriture authentique et publique, ou en écriture de commerce ou de banque,

Soit par contrefaçon ou altération d'écritures ou de signatures,

Soit par fabrication de conventions, dispositions, obligations ou décharges, ou par leur insertion après coup dans ces actes,

Soit par addition ou altération de clauses, de déclarations ou de faits que ces actes avaient pour objet de recevoir et de constater (2).

1830: S. 30, 1, 378; id. — 21 juillet 1814: Bull. crim. p. 77. — 4 avril 1810: Bull. crim. p. 140).

En sens contraire (Cass. 25 avril 1813: Bull. crim. p. 207).

Pour qu'il y ait faux dans la supposition d'un acte authentique, il n'est pas nécessaire que l'acte supposé ait toute la forme extérieure d'un acte vrai (Cass. 11 déc. 1806: S. 7, 2, 979).

Un faux, commis avec mauvaise intention, est punissable, bien que l'acte dans lequel on l'a commis soit nul (Cass. 20 novembre 1807: S. 8, 1, 193).

En matière de faux en écriture, la preuve testimoniale est admissible (Cass. 1er avril 1808: S. 7, 2, 987; id. — 18 janvier 1820, Metz: S. 20, 2, 335).

Il y a faux en pièces de comptabilité intéressant le trésor public, lorsqu'un receveur d'arrondissement altère et surcharge son registre de recette, en substituant aux valeurs qu'il a reçues des valeurs moindres (Cass. 10 juillet 1806: S. 6, 2, 677).

Un receveur commet un faux, lorsque, pour masquer ses malversations, il donne aux récépissés qu'il délivre, des numéros qui paraissent correspondre avec ceux de son livre, et qui réellement n'y correspondent pas (Cass. 26 février 1808: S. 9, 1, 77).

Un faux intéressant les droits réunis, n'est pas réputé intéresser le trésor public, dans le sens de la loi du 2 floréal an 11 (Cass. 18 novembre 1808: S. 9, 2, 398). V. art. 164 et Cod. inst. crim. art. 468.

(1) Lorsqu'un notaire rédige d'autres conventions que celle des parties, il y a faux caractérisé (Cass. 17 janvier 1808: S. 9, 2, 85).

L'énonciation mensongère d'un notaire ayant pour objet de dissimuler qu'un acte a été passé hors de son arrondissement, est un faux caractérisé (Cass. 11 août 1809: S. 10, 1, 87 et 392; id. — 15 juillet 1819: S. 19, 1, 380).

Il y a faux lorsqu'un notaire atteste la présence de deux témoins, bien qu'il n'ait été assisté que d'un seul, ou qu'il date l'acte d'un jour autre que celui où il a été passé (Cass. 15 juillet 1819: S. 19, 1, 390).

A moins qu'il ne soit établi que le faux a été commis sans intention de frauder ou de nuire (Cass. 19 nov. 1819: S. 23, 1, 157; id. — 7 mars 1825: S. 25, 1, 340).

Le faux par lequel un notaire aurait déclaré s'être transporté là où il n'aurait fait qu'envoyer son clerc, n'est pas frauduleux, par cela seul qu'il s'est fait payer honoraires et vacations (Cass. 19 fév. 1805: S. 16, 1, 26).

Les énonciations qui déclarent faussement, dans les actes publics, l'observation des formalités prescrites par la loi pour leur validité, constituent un faux (Cass. 16 juillet 1809: Bull. crim. p. 257; id. — 21 avril 1827, S. 27, 1, 335).

L'huissier qui ne remet pas lui-même les exploits ou copies de pièces qu'il se charge de signifier, n'encourt point, par cela seul, les peines du faux; il n'encourt ces peines qu'autant qu'il aurait agi dans une intention criminelle. S'il n'a pas agi frauduleusement, il n'est passible que d'une amende de 200 francs, et d'une suspension de trois mois (Arg. de l'art. 45 du décret du 14 juin 1813, art. 46; Cass. 18 avril 1828: S. 28, 1, 385).

(2) Il n'est pas nécessaire, pour qu'un faux soit réputé commis en acte authentique, que l'acte faux ait acquis le complément des formes exigées par la loi pour l'authenticité des actes; il suffit que les parties aient eu l'intention de faire un acte authentique, si d'ailleurs l'acte a les élémens essentiels d'un acte authentique (Cass. 12 février 1813: S. 17, 1, 94).

Il y a crime de faux, lorsqu'on signe des lettres de noms supposés de fonctionnaires publics, et qu'on les adresse à d'autres fonctionnaires publics, dans le dessein de porter atteinte à l'honneur et à la fortune de quelqu'un (Cass. 2 janvier 1809: S. 17, 1, 94).

Si la signature d'un témoin a été omise à la passation de l'acte, l'addition de la signature du témoin est un faux caractérisé, si la signature n'est apposée que postérieurement au décès de l'un des contractans, au décès du notaire qui a reçu l'acte, et postérieurement à la litispendance établie sur l'action en nullité de l'acte, surtout si l'acte public n'est pas dans le cas de valoir comme acte sous seing-privé (Cass. 7 novembre 1812: S. 13, 1, 192).

Un acte de naissance, quelques énonciations qu'il contienne, ne fait aucune foi relativement à la légitimité des enfans.

Ainsi une fausse déclaration de légitimité n'étant pas dommageable de sa nature n'offre pas le caractère d'un faux (Cass. 20 juillet 1809: S. 10, 2, 216; id. — germinal an 13, sections réunies; S. 5, 1, 257).

La déclaration faite dans un acte de naissance que l'enfant d'une concubine est celui de l'épouse légitime, constitue le crime de faux (Cass. 10 messidor an 12: Bull. crim. p. 147; id. — 22 décembre 1808: Bull. p. 516).

Celui qui, en présentant à l'officier de l'état civil un enfant dont il est le père, prend faussement et signe le nom du mari de la mère, commet un faux caractérisé (Cass. 28 décembre 1809: S. 11, 2, 14).

Il y a faux de la part de celui qui fait écrire sur un extrait de naissance, originairement délivré sous son nom, des noms substitués à ceux qui existaient primitivement (Cass. 8 juillet 1813: Bull., p. 370).

Lorsque le père d'un enfant le présente à l'officier de l'état civil, en indiquant une fausse mère, il commet un faux caractérisé (Cass. 9 février 1810: S. 11, 1, 157).

Il y a faux de la part de celui qui, dans un acte de naissance de son fils naturel, signe méchamment et à dessein de nuire, le prénom de son frère.

Il n'y a pas faux si le père a déclaré dans l'acte que sa concubine, mère de l'enfant, était sa femme, quoique sa véritable épouse existe encore (Cass. 5 février 1808: S. 9, 1, 88).

L'altération de la date, dans les actes de l'état civil constitue le faux caractérisé.

Il n'y a pas faux dans la fausse énonciation (dans un acte de décès) des noms et prénoms des père et mère du décédé (Cass. 28 juillet 1808: S. 12, 1, 176).

Surtout si la fausse déclaration est faite à l'officier de l'état civil hors de l'exercice de ses fonctions et insérite sur les registres après la rédaction de l'acte (Cass. 28 juillet 1808: S. 20, 1, 493).

Il n'y a pas faux, quand la pièce fabriquée est un acte de décès d'un militaire français, supposé rédigé par un prêtre espagnol desservant un hôpital militaire; les actes de décès des militaires français, hors du territoire, devant être reçus par des officiers français préposés à cet effet par la loi (80, Cod. civil). Le visa d'un commissaire des guerres français ne change point la nature de cet acte

(Cass. 17 août 1813 : S. 13, 1, 197 ; D. 13, 1, 540 ; P. 44, 81).

Le ministère public n'est pas recevable à exercer des poursuites contre un faux commis dans des actes ayant pour but de créer une filiation à une personne, avant qu'il y ait décision définitive par les juges civils sur la question d'état. Peu importe que la question d'état ne puisse être jugée que tard et même après le décès du prévenu (Cass. 8 mars 1813 : S. 13, 1, 239. — 9 février 1810 : S. 11, 1, 57).

La fabrication d'un faux acte de décès, faite pour se soustraire à la conscription, est un faux (Cass. 24 mars 1806 : Bull. p. 71).

Le conscrit réfractaire qui, pour se mettre à l'abri des recherches, fabrique un extrait de mariage, commet un faux (Cass. 24 mars 1806 : S. 6, 2, 562).

En général, les faux commis pour libérer du service militaire sont nuisibles à autrui et par conséquent punissables (Cass. 14 janvier 1830 : S. 30, 1, 146).

Celui qui, dans un acte de l'état civil, prend faussement la qualité de père d'un individu, pour consentir à son mariage, commet un crime de faux caractérisé, ou une tentative de faux, selon que l'acte public a reçu ou n'a pas reçu sa perfection (Cass. 11 juin 1807 : S. 7, 2, 255 ; id. — 6 août 1807 : S. 9, 1, 86. — 7 juillet 1814 : S. 14, 1, 274).

La fabrication d'un acte constatant qu'un prêtre a donné la bénédiction nuptiale, n'est pas un faux (depuis que les prêtres ne sont plus officiers de l'état civil) (Cass. 13 octobre 1809 : S. 10, 1, 306 ; id. — 28 avril 1809 : S. 9, 1, 428).

Contrefaire des brefs du pape est commettre un faux (Cass. 26 avril 1810 : S. 17, 1, 95).

Le fait d'avoir déposé comme témoin dans un acte de notoriété, d'après lequel serait intervenu un jugement ordonnant une rectification des registres de l'état civil, n'est pas un faux proprement dit, mais seulement un faux témoignage (Cass. 24 novembre 1808 : S. 9, 1, 398).

Il y a faux de la part de celui qui, ayant en dépôt une lettre de change protestée faute de paiement, et quand les parties intéressées étaient convenues de regarder comme nulle, en supprime le pour acquit et met en la place un endossement au moyen duquel il la fait revivre (Cass. 6 juin 1807 : S. 8, 1, 455).

De la part de celui qui, pour faire revivre des billets de banque retirés de la circulation et frappés d'un timbre indiquant qu'ils sont annulés, en fait disparaître ce timbre par des procédés chimiques (Cass. 19 décembre 1807 : S. 8, 1, 166).

De la part de l'agent de change ou du courtier qui, de manière dommageable à un tiers, antidate sur son registre une vente faite ou supposée faite, par son intermédiaire (Cass. 11 fructidor an 13 : S. 6, 2, 610).

De la part de celui qui, dans l'intention de porter préjudice à autrui, remplit et antidate sur une lettre de change des endossemens en blanc, alors même qu'il ne doit pas en profiter personnellement (Cass. 6 avril 1809 : S. 9, 1, 429).

De la part de celui qui tire des lettres de change sous un nom supposé, et qui les fait circuler avec son acceptation ou son endossement (Cass. 19 septembre 1807 : S. 8, 1, 170. — 1er octobre 1815 : S. 16, 1, 103).

Il n'y a pas faux de la part de celui à qui un effet de commerce a été cédé, au moyen d'un endossement en blanc, si lui-même remplit l'ordre à son profit (Cass. 10 février 1809 : S. 9, 1, 400).

Il y a tentative de faux en écriture, de la part de celui qui, dans le dessein de faire circuler de pareilles lettres de change, a fait graver les modèles sur des lettres originales des banquiers dont il se propose d'emprunter les noms et de contrefaire les signatures (Cass. 4 septembre 1807 : S. 9, 1, 90).

Peu importe que le fabricateur de la lettre de change n'ait pas endossé la lettre de change, et que le jury, dans sa déclaration, ait dit que l'accusé n'a pas cherché à imiter la signature des faux noms apposés à la lettre de change (Cass. 10 août 1814 : S. 16, 1, 136).

Le crime de faux n'est point atténué par cette circonstance, que le billet pourrait être annulé pour cause de la minorité de l'accepteur (Cass. 10 avril 1811 : S. 13, 1, 79).

L'associé qui, *durant la société*, emploie la signature de la raison sociale pour ses affaires personnelles, ne commet pas en cela un faux caractérisé. Les porteurs de ces traites ne sont pas complices d'un faussaire (Cass. 29 germinal an 13 : S. 5, 1, 513 ; id. — 16 octobre 1806 : S. 6, 2, 583).

Celui qui fabrique un faux billet et le remet, au lieu du véritable, à son débiteur, lorsque celui-ci acquitte sa dette, commet un faux (Cass. 18 novembre 1815 : S. 16, 1, 308).

L'endossement commercial d'un faux billet à ordre qui en soi n'est pas un effet de commerce, n'est pas réputé usage de faux en écriture de commerce (Cass. 23 mars 1817 : S. 17, 1, 479 ; id. — 17 janv. 1818 : S. 18, 240).

L'insertion après coup du mot *ordre* faite pour transformer une simple promesse en un billet à ordre, ne constitue pas un faux en écriture de commerce ; la transmission par endossement n'étant point en soi un acte de commerce, lorsqu'elle ne constitue qu'une obligation civile (Cass. 16 janvier 1827 : S. 28, 1, 37).

A moins que l'endossement ne soit accompagné de faits propres à le faire considérer comme ayant pour cause une opération de commerce, ou que l'individu auquel il est attribué n'exerce la profession de commerçant (Cass. 16 mai 1828 : S. 28, 1, 332).

En matière de faux en écriture publique et authentique, c'est au jury à constater si la signature est fausse, et si la signature fausse est celle d'un notaire, la Cour seule peut décider si l'acte notarié doit être réputé *public et authentique* (Cass. 10 avril 1827 : S. 28, 1, 40).

En matière de faux pour écriture de commerce, c'est au jury qu'il appartient de constater tous les élémens du fait principal et ses circonstances matérielles et morales, par exemple, si les signatures fausses apposées sur un billet à ordre sont des signatures de négocians ou si le billet à ordre a pour cause un achat de marchandises pour les revendre. C'est à la Cour d'assises à qualifier ensuite ces faits et circonstances et à juger si le faux est légalement réputé un faux en écriture de commerce ou en écriture privée. (Cass. 23 janvier 1827 : S. 28, 1, 37. — 9 mars 1827 : S. 27, 1, 478. — 25 mai 1827 : S. 27, 1, 541. — 24 janvier 1828 : S. 28, 1, 271. — 10 avril 1828 : S. 28, 1, 388).

Cependant l'usage de billets causés valeur reçue en marchandises faussement attribués à un fabricant doit être puni de la peine de faux en écriture de commerce, encore que le jury se soit borné à une réponse affirmative sur la question de culpabilité, et n'ait pas déclaré expressément si les signatures falsifiées appartenaient à de véritables négocians (Cass. 7 déc. 1827 : S. 28, 1, 186).

Celui qui fabrique un billet à ordre sous le nom d'un marchand commet un faux en écriture de commerce, encore que le billet ne soit pas daté (Cass. 17 août 1827 : S. 28, 1, 113).

Les particuliers tout comme les officiers publics sont punissables en cas de faux par supposition de personnes. La différence ne consiste que dans la gravité de la peine (Cass. 20 janvier 1810 : S. 17, 1, 240).

Lorsqu'un acte faux par supposition de personne a été signé par les parties, et qu'il y a eu ainsi signature de faux nom, si l'officier public refuse de signer cet acte et de lui donner ainsi le caractère d'acte authentique, alors le crime se réduit à un faux en écriture privée passible seulement de la réclusion, d'après l'article 150 (Cass. 8 août 1811 : S. 17, 1, 95).

Celui qui délivre un faux certificat en usurpant le nom et la qualité d'un fonctionnaire public, commet un faux caractérisé, si un tel certificat est de nature à n'être délivré que par l'autorité publique (notamment en matière de conscription). On ne peut assimiler ce délit à la fabrication d'un faux certificat d'indigence ou de bonne conduite (Cass. 22 janvier 1815 : S. 15, 1, 130).

Celui qui se présente devant un conseil de recrutement, sous un faux nom, ne commet pas par cela seul le crime de faux caractérisé. Il n'y a faux qu'autant qu'il signe le faux nom qu'il a pris, ou si, interpelé de signer ce nom, il déclare ne le savoir (Cass. 27 juillet 1809 : S. 10, 1, 528).

Jugé en sens contraire (Cass. 14 av. 1827 : S. 28, 1, 186).

148. Dans tous les cas exprimés au présent paragraphe, celui qui aura fait usage des actes faux sera puni des travaux forcés à temps (1).

149. Sont exceptés des dispositions ci-dessus, les faux commis dans les passe-ports et feuilles de route, sur lesquels il sera particulièrement statué ci-après (2).

§ IV. Du faux en écriture privée.

150. Tout individu qui aura, de l'une des manières exprimées en l'article 147, commis un faux en écriture privée, sera puni de la réclusion (3).

Celui qui s'engage sous de faux noms pour remplacer un conscrit commet un véritable crime de faux, encore qu'il ne signe pas le contrat public de remplacement, pourvu qu'il déclare ne savoir signer (Cass. 24 avril 1812 : S. 12, 1, 399).

Il y a faux de la part de celui qui se présente chez un notaire et y fait souscrire un acte à son profit par un individu qui s'oblige faussement sous le nom d'un tiers. Si l'acte n'est pas rendu parfait par la signature du notaire, c'est alors une tentative de faux (Cass. 9 juillet 1807 : S. 9, 1, 86).

De la part de celui qui signe un faux nom dans une obligation, encore qu'il n'y ait pas imitation de la signature vraie, ou même que le nom faussement pris n'appartienne à aucune personne connue (Cass. 18 février 1813 : S. 13, 1, 258 ; id. — 1er mai 1812 ; S. 13, 1, 79).

Aussi bien en signant le nom d'une personne qui ne sait pas écrire, qu'en signant celui d'une personne qui sait écrire (Cass. 4 août 1808 ; S. 17, 1, 95).

Le faux commis sur un certificat de capacité, pour remplacement militaire, délivré par un maire, et sur un congé absolu délivré par le conseil d'administration d'un régiment, est un faux en écriture publique et authentique (Cass. 29 avril 1820 : S. 27, 1, 173).

Il y a faux de la part de celui qui se fait écrouer dans les prisons sous le nom du véritable condamné pour y subir sa peine (Cass. 10 février 1817 : S. 27, 1, 486).

Il n'y a pas faux dans le sens des articles 145 et 146 ; mais il y a faux, dans le sens de l'art. 147, lorsqu'un notaire mentionne faussement l'enregistrement qui n'existe pas. Ce faux est sans rapport avec les fonctions du notaire ; il n'altère ni le contexte, ni les dispositions de l'acte (Cass. 20 avril 1809 : S. 17, 1, 94 — 27 janvier 1815 ; S. 15, 1, 214 ; P. 43, 210).

Il n'y a pas crime de faux dans la fabrication d'un billet à ordre souscrit d'une croix qui est énoncée dans l'acte être la marque du prétendu débiteur (Cass. 1er juin 1827 : S. 28, 1, 543).

Il n'y a pas faux de la part de celui qui tient et dirige la main d'un individu pour l'écriture d'un testament ou d'un acte révocatoire de testament, s'il est certain que l'acte écrit est bien la constatation de la volonté de celui dont la main a été ainsi tenue et dirigée (Cass. 18 mars 1830 : S. 30, 1, 300).

Il n'y a pas faux dans le mensonge employé par un prévenu dans le cercle de sa défense, lors même que le prévenu aurait pris et signé un faux nom dans ses interrogatoires (Cass. 1er septembre 1826 : S. 27, 1, 216).

Le faux commis sur des billets de la loterie royale est un faux en écriture authentique (Cass. 2 juin 1825 : S. 26, 1, 88).

L'amnistie qui couvre un crime (ou délit) couvre aussi le crime accessoire, lorsque le crime accessoire ne forme pas un crime à part, lorsque ce n'est qu'un élément constitutif du crime principal. Ainsi, l'amnistie accordée au délit de désertion doit être étendue à un crime de faux qui n'avait pour objet et ne pouvait avoir pour effet que de soustraire le faussaire au service militaire (Cass. 10 octobre 1822 : S. 23, 1, 232 ; D. 21, 1, 40). V. art. 118, 164 et 358.

(1) L'usage d'une pièce ne peut être punissable, lorsque le faux n'a porté ni sur la minute, ni sur une expédition d'acte public, mais simplement sur la copie récente d'un original existant ; une copie ne faisant aucune foi par elle-même (Cass. 2 septembre 1813 : S. 13, 1, 437).

N'est pas coupable de crime de faux celui qui fait usage d'un passeport et d'un acte de naissance qui ne sont pas les siens, mais qui ne sont pas faux (Cass. 26 vendémiaire an 14 : S. 6, 1, 754).

Celui qui fait sciemment usage d'une pièce fausse est passible des mêmes peines que s'il l'avait fabriquée. En conséquence, les tribunaux doivent lui appliquer non-seulement la peine des travaux forcés, mais encore celle de la marque et de l'amende (Cass. 8 février 1812 : S. 12, 1, 319).

La marque est abolie ; mais l'exposition étant prononcée par l'art. 165, il faut dire de l'exposition ce que cet arrêt disait de la marque.

Les cours d'assises peuvent poser une question sur l'usage fait sciemment des pièces fausses, quoique la fabrication de ces pièces ait été seulement le sujet de l'acte d'accusation (Cass. 17 octobre 1811 : S. 17, 1, 95).

Pour que l'usage des pièces fausses soit punissable, il suffit que le jury ait déclaré que cet usage a été fait avec connaissance de la fausseté de la pièce ; il n'est pas nécessaire que le jury déclare en outre que cet usage a été fait méchamment et dans le dessein de nuire (Cass. 2 juillet 1813 : Bull. crim. p. 357).

La question de connaissance doit être posée, quand il s'agit de l'usage d'une pièce fausse (Cass. 5 octobre 1815 : S. 16, 1, 80).

Lorsque pour se faire recevoir en remplacement d'un conscrit tombé au sort, une personne fait sciemment usage d'un certificat régulier de bonne conduite, dans lequel ces mots, *et a satisfait à la réquisition*, ont été faussement ajoutés par une main étrangère, c'est là un faux et non un simple délit correctionnel (Cass. 15 février 1811 : S. 12, 1, 327).

La fabrication d'une pièce fausse, et l'usage fait sciemment de cette pièce, sont deux crimes distincts ; ainsi il n'y a pas contradiction dans la réponse du jury qui déclare l'existence de la fabrication du faux et qui n'admet pas qu'il en ait été fait usage (Cass. 25 novembre 1825 : S. 26, 1, 376).

(2) *Voy.* art. 148, 153, 158.

(3) La fabrication de fausses conventions dans la rédaction d'un acte avant sa consommation constitue le faux en écriture privée (Cass. 18 août 1814 : S. 17, 1, 95).

Lorsque l'escroquerie est commise à l'aide d'un faux nom pris par écrit, l'escroc n'est pas seulement soumis à la peine de l'escroquerie, il doit être, poursuivi comme faussaire en écriture (Cass. 17 mai 1811 : S. 12, 1, 68 ; id. — 4 septembre 1813 ; S. 14, 1, 28 ; id. — 23 avril 1807 ; S. 7, 2, 959 ; id. — 12 janvier 1815 ; D. 14, 1, 413 ; id. — 16 juillet 1813 ; S. 13, 1, 452 ; id. — 8 juillet 1808 ; S. 9, 1, 94 ; id. — 27 mars 1806 ; S. 6, 1, 312).

Signer une lettre d'un nom imaginaire, afin de persuader que c'est pour un riche actionnaire qu'on prend des mises à *crédit*, n'est pas un faux caractérisé (Cass. 2 juin 1809 : S. 9, 2, 284).

En thèse générale, la signature sous un nom supposé ayant pour objet un moyen de crime, constitue un faux punissable des peines portées par les articles 147 et 150, sauf les cas d'exception prévus par le Code. En ce cas, il n'y a pas à examiner si la fausse signature est préjudiciable à des tiers (Cass. 5 mars 1819 : S. 19, 1, 297).

Un voiturier qui prend des marchandises sous un faux nom, qui les vend ensuite, en signant les factures du faux nom qu'il a pris, commet le crime de faux (Cass. 17 novembre 1808 : S. 17, 1, 94).

Lorsqu'un voiturier se charge, sous un faux nom qu'il prend verbalement, de marchandises à transporter dans un lieu, et qu'il rend ensuite à son profit, c'est là une escroquerie ou un simple vol, ce n'est pas un faux caractérisé (Cass. 14 germinal an 13 : S. 7, 2, 965).

Celui qui fabrique des titres prétendus émanés de personnages pieux, ne commet pas un faux caractérisé, si ces titres sont sans autre effet que de surprendre la crédulité publique, et d'exciter à l'aumône (Cass. 25 novembre 1815 : S. 16, 1, 94 ; D. 14, 1, 271).

151. Sera puni de la même peine celui qui aura fait usage de la pièce fausse (1).

152. Sont exceptés des dispositions ci-dessus, les faux certificats de l'espèce dont il sera ci-après parlé (2).

§ V. Des faux commis dans les passeports, feuilles de route et certificats.

153. Quiconque fabriquera un faux passeport, ou falsifiera un passeport originairement véritable, ou fera usage d'un passeport fabriqué ou falsifié, sera puni d'un emprisonnement d'une année au moins et de cinq ans au plus (3).

154. Quiconque prendra, dans un passeport, un nom supposé, ou aura concouru comme témoin à faire délivrer le passeport sous le nom supposé sera puni d'un emprisonnement de trois mois à un an.

Les logeurs et aubergistes qui sciemment inscriront sur leurs registres, sous des noms faux ou supposés, les personnes logées chez eux, seront punis d'un emprisonnement de six jours au moins et d'un mois au plus.

155. Les officiers publics qui délivreront un passeport à une personne qu'ils ne connaîtront pas personnellement, sans avoir fait attester ses noms et qualités par deux citoyens à eux connus, seront punis d'un emprisonnement d'un mois à six mois.

Si l'officier public, instruit de la supposition du nom, a néanmoins délivré le passeport sous le nom supposé, il sera puni du bannissement.

156. Quiconque fabriquera une fausse feuille de route, ou falsifiera une feuille de route originairement véritable, ou fera usage d'une feuille de route fabriquée ou falsifiée, sera puni, savoir :

D'un emprisonnement d'une année au moins et de cinq ans au plus, si la fausse feuille de route n'a eu pour objet que de tromper la surveillance de l'autorité publique ;

Du bannissement, si le trésor royal a payé au porteur de la fausse feuille des frais de route qui ne lui étaient pas dus ou qui excédaient ceux auxquels il pouvait avoir droit, le tout néanmoins au-dessous de cent francs ;

Et de la réclusion, si les sommes indûment reçues par le porteur de la feuille s'élèvent à cent francs ou au-delà (4).

157. Les peines portées en l'article précédent seront appliquées, selon les distinctions qui y sont posées, à toute personne qui se sera fait délivrer, par l'officier public, une feuille de route sous un nom supposé.

158. Si l'officier public était instruit de la supposition de nom lorsqu'il a délivré la feuille, il sera puni, savoir :

Dans le premier cas posé par l'article 156, du bannissement ;

Dans le second cas du même article, de la réclusion ;

Et dans le troisième cas, des travaux forcés à temps.

159. Toute personne qui, pour se rédimer elle-même ou en affranchir une autre d'un service public quelconque, fabriquera, sous le nom d'un médecin, chirurgien ou autre officier de santé, un certificat de maladie ou d'infirmité, sera punie d'un emprisonnement de deux à cinq ans (5).

Celui qui reçoit de confiance un écrit signé de son auteur, mais avec du blanc entre la signature et l'écrit, s'il remplit cet intervalle blanc d'une obligation, en faisant disparaître le corps du premier écrit, fait plus que commettre un abus de blanc seing ; il commet un faux caractérisé (Cass. 22 oct. 1812 : S. 13, 1. 184 ; P. 38, 212).

Celui qui ne prend que verbalement un nom qui n'est pas le sien, ne commet pas un crime de faux proprement dit (Cass. 16 germinal an 12 : S. 4, 2, 691).

La falsification des registres domestiques d'un particulier étranger à tout négoce n'est pas essentiellement un faux en écriture privée (Cass. 27 janvier 1827 : S. 27, 1, 486).

La déclaration écrite de deux individus attestant comme témoins, un fait de paiement entre des tiers, fût-elle fausse, ne constitue pas le crime de faux (Cass. 19 février 1825 : S. 25, 1, 350).

Fabriquer et faire signer frauduleusement un acte au lieu d'un autre est un faux (dit intellectuel), même de la part d'un particulier (Cass. 18 août 1814 : S. 15, 2, 36 ; id. — 18 novembre 1825 ; S. 26, 1, 308. — 21 décembre 1827 ; S. 28, 1, 171).

En sens contraire (17 mars 1808 ; S. 9, 2, 85 ; id. — 11 décembre 1812, Cass. : S. 17, 1, 93).

Le faux commis par un fils, ayant pour objet de voler sa mère, doit être puni, bien que le vol en soi ne soit pas punissable, aux termes de l'art. 380 (Cass. 15 oct. 1818 : S. 19, 2, 157 ; D. 17, 1, 47.) V. art. 407 et 408.

(1) L'individu convaincu d'avoir fait usage d'une pièce fausse en écriture privée doit être condamné, non seulement à la peine de la réclusion, mais encore à la marque, comme s'il avait lui-même fabriqué la pièce (Cass. 13 octobre 1815 : S. 16, 1, 68 ; D. 14, 1, 273 ; P. 46, 223).

Maintenant la marque est abolie, mais il faut dire de l'exposition, maintenue par l'art. 163, ce que l'arrêt disait de la marque.

(2) Voy. art. 159 à 162.

(3) L'altération ou la fabrication d'un passeport constitue un faux, si elle a pour but de consolider un faux nom précédemment pris dans un acte (Cass. 28 déc. 1809 : S. 11, 1, 14). Si elle a pour but de soustraire un conscrit au service, un prévenu à la justice, un condamné à la surveillance de la police (Cass. 16 août 1806. — 10 sept. 1807. — 26 mars 1807 ; S. 7, 2, 701, 713 et 963).

Voy. lois sur les passeports, des 30 juillet = 6 août 1791 ; 1er février = 28 mars 1792 ; 10 vendémiaire ; 17 ventôse an 4 ; 28 vendémiaire an 6 ; décret des 18 septembre 1807 ; 11 juillet 1810 ; avis du Conseil-d'État du 17 mai 1811. V. aussi art. 163 et 161.

(4) Un militaire qui prend faussement par écrit la qualité de capitaine, reçoit les appointemens de ce grade, à cet effet, donne des quittances et signe les feuilles de route comme officier, se rend coupable, non d'une simple escroquerie, mais d'un véritable faux (Cass. 22 avril 1808 : S. 9, 1, 105).

(5) Le maire et les témoins qui ont souscrit un faux

160. Tout médecin, chirurgien ou autre officier de santé qui, pour favoriser quelqu'un, certifiera faussement des maladies ou infirmités propres à dispenser d'un service public, sera puni d'un emprisonnement de deux à cinq ans.

S'il a été mu par dons ou promesses, il sera puni du bannissement : les corrupteurs seront, en ce cas, punis de la même peine.

161. Quiconque fabriquera, sous le nom d'un fonctionnaire ou officier public, un certificat de bonne conduite, indigence ou autres circonstances propres à appeler la bienveillance du Gouvernement ou des particuliers sur la personne y désignée, et à lui procurer places, crédit ou secours, sera puni d'un emprisonnement de six mois à deux ans.

La même peine sera appliquée, 1° à celui qui falsifiera un certificat de cette espèce, originairement véritable, pour l'approprier à une personne autre que celle à laquelle il a été primitivement délivré ; 2° à tout individu qui se sera servi du certificat ainsi fabriqué ou falsifié (1).

162. Les faux certificats de toute autre nature, et d'où il pourrait résulter soit lésion envers des tiers, soit préjudice envers le trésor royal, seront punis, selon qu'il y aura lieu, d'après les dispositions des paragraphes 3 et 4 de la présente section (2).

DISPOSITIONS COMMUNES.

163. L'application des peines portées contre ceux qui ont fait usage de monnaies, billets, sceaux, timbres, marteaux, poinçons, marques et écrits faux, contrefaits, fabriqués ou falsifiés, cessera toutes les fois que le faux n'aura pas été connu de la personne qui aura fait usage de la chose fausse.

164 (a). Il sera prononcé contre les coupables une amende dont le *maximum* pourra être porté jusqu'au quart du bénéfice illégitime que le faux aura procuré ou était destiné à procurer aux auteurs du crime, à leurs complices ou à ceux qui ont fait usage de la pièce fausse. Le *minimum* de cette amende ne pourra être inférieur à cent francs (3).

165 (b). Tout faussaire condamné, soit aux travaux forcés, soit à la réclusion subira l'exposition publique (4).

SECTION II. *De la forfaiture et des crimes et délit des fonctionnaires publics dans l'exercice de leurs fonctions.*

166. Tout crime commis par un fonctionnaire public dans l'exercice de ses fonctions, est une forfaiture.

167. Toute forfaiture pour laquelle la loi ne prononce pas de peines plus graves, est punie de la dégradation civique.

168. Les simples délits ne constituent pas les fonctionnaires en forfaiture.

§ Ier. Des soustractions commises par les dépositaires publics.

169. Tout percepteur, tout commis à une perception, dépositaire ou comptable public, qui aura détourné ou soustrait des deniers publics ou privés, ou effets actifs en tenant lieu, ou des pièces, titres, actes, effets mobiliers qui étaient entre ses mains en vertu de ses fonctions, sera puni des travaux forcés à temps, si les choses dé-

---

certificat tendant à faire mettre un conscrit à la fin du dépôt peuvent être poursuivis comme faussaires (Cass. 14 janvier 1811 : S. 11, 2, 89).

(1) Le particulier qui, en son nom, donne un certificat de bonne conduite à un individu qu'il sait se conduire très-mal, ne commet pas le crime de faux. Il n'est passible d'aucune peine criminelle (Cass. 9 messidor an 12 : S. 4, 2, 217).

La fabrication, sous le nom d'un fonctionnaire ou officier public, d'un certificat de bonne conduite ou de toute autre circonstance propre à procurer des secours à la personne y désignée, n'est punissable que de peines correctionnelles, lors même, qu'indépendamment de la signature supposée du fonctionnaire, le certificat est revêtu du faux timbre de l'autorité, sauf le cas de préjudice envers le trésor ou les tiers (Cass. 25 janvier 1828 : S. 29, 1, 326).

Intercaler, dans un certificat remplaçant une feuille de route militaire, délivré par un officier public, une bande de papier contenant une attestation de bonne vie et mœurs, c'est commettre un faux (Cass. 11 mars 1826 : S. 27, 1, 529).

(2) Le militaire qui, pour accumuler une pension de retraite avec un traitement d'activité de service, signe des déclarations portant qu'il ne jouit point de traitement, commet, non le crime de faux, mais le délit de déclaration mensongère (Cass. 21 avril 1809 : S. 10, 2, 22).

Le faux certificat d'exemption du service militaire est un faux en écriture publique, dans le sens de l'arti-cle 147, ou du moins un faux certificat, opérant *lésion envers les tiers*, dans le sens de l'art. 162 (Cass. 17 juillet 1823 : S. 23, 1, 439; D. 21, 1, 380).

Est coupable de faux celui qui fabrique ou fait fabriquer de faux certificats, afin d'obtenir, pour soi ou pour autrui, la décoration de Saint-Louis ou de la Légion-d'Honneur (Cass. 1er octobre 1824 : S. 25, 1, 10).

Un certificat d'identité et un certificat de bonnes vie et mœurs, délivrés pour attester l'aptitude au service militaire, pouvant être dommageables pour l'État ou pour les tiers, la contrefaçon de signature ou la supposition de personnes dans de tels certificats constitue le crime de faux (Cass. 4 février 1825 : S. 25, 1, 331).

(a) Ancien art. 164, modifié en vertu de l'article 57 de la Charte : « Dans tous les cas où la peine du faux n'est point accompagnée de la confiscation des biens, il sera prononcé, etc. »

(3) Cette disposition est *impérative*, et non facultative; les juges ne peuvent se dispenser d'appliquer la peine (Cass. 1er juillet 1824 : S. 24, 1, 390).

(b) Ancien article 165, abrogé : « La marque sera infligée à tout faussaire condamné soit aux travaux forcés à temps, soit même à la réclusion. »

(4) La rédaction de cet article démontre que, par exception à la disposition de l'article 22, l'exposition cesse d'être facultative; elle est obligée. A la Chambre des pairs, cela a été formellement reconnu. On a reconnu également que si, par l'effet de la déclaration du jury, touchant les circonstances atténuantes, le faussaire n'est condamné qu'à des peines correctionnelles, l'exposition ne pourra plus être prononcée.

tournées ou soustraites sont d'une valeur au-dessus de trois mille francs (1).

170. La peine des travaux forcés à temps aura lieu également, quelle que soit la valeur des deniers ou des effets détournés ou soustraits, si cette valeur égale ou excède soit le tiers de la recette ou du dépôt, s'il s'agit de deniers ou effets une fois reçus ou déposés, soit le cautionnement, s'il s'agit ou d'une recette ou d'un dépôt attaché à une place sujette à cautionnement, soit enfin le tiers du produit commun de la recette pendant un mois, s'il s'agit d'une recette composée de rentrées successives et non sujettes à cautionnement.

171. Si les valeurs détournées ou soustraites sont au-dessous de trois mille francs, et en outre inférieures aux mesures exprimées en l'article précédent, la peine sera un emprisonnement de deux ans au moins et de cinq ans au plus, et le condamné sera de plus déclaré à jamais incapable d'exercer aucune fonction publique.

172. Dans les cas exprimés aux trois articles précédens, il sera toujours prononcé contre le condamné une amende dont le *maximum* sera le quart des restitutions et indemnités; et le *minimum*, le douzième.

173. Tout juge, administrateur, fonctionnaire ou officier public qui aura détruit, supprimé, soustrait ou détourné les actes et titres dont il est dépositaire en cette qualité, ou qui lui auront été remis ou communiqués à raison de ses fonctions, sera puni des travaux forcés à temps.

Tous agens, préposés ou commis, soit du Gouvernement, soit des dépositaires publics, qui se seront rendus coupables des mêmes soustractions, seront soumis à la même peine (2).

§ II. Des concussions commises par des fonctionnaires publics.

174. Tous fonctionnaires, tous officiers publics, leurs commis ou préposés, tous percepteurs des droits, taxes, contributions, deniers, revenus publics ou communaux, et leurs commis ou préposés, qui se seront rendus coupables du crime de concussion, en ordonnant de percevoir ou en exigeant ou en recevant ce qu'ils savaient n'être pas dû, ou excéder ce qui était dû pour droits, taxes, contributions, deniers ou revenus, ou pour salaires ou traitemens, seront punis, savoir, les fonctionnaires ou les officiers publics, de la peine de la réclusion; et leurs commis ou préposés, d'un emprisonnement de deux ans au moins et de cinq ans au plus.

Les coupables seront de plus condamnés à une amende dont le *maximum* sera le quart des restitutions et des dommages-intérêts; et le *minimum*, le douzième (3).

§ III. Des délits de fonctionnaires qui se seront ingérés dans des affaires ou commerce incompatibles avec leur qualité.

175. Tout fonctionnaire, tout officier public, tout agent du Gouvernement, qui, soit ouvertement, soit par actes simulés, soit par interposition de personnes, aura pris ou reçu quelque intérêt que ce soit dans les actes, adjudications, entreprises ou régies dont il a ou avait, au temps de l'acte, en tout ou en partie, l'administration ou la surveillance, sera puni d'un emprisonnement de six mois au moins et de deux ans au plus, et sera condamné à une amende qui ne pourra excéder le quart des restitutions et des indemnités, ni être au-dessous du douzième.

Il sera de plus déclaré à jamais incapable d'exercer aucune fonction publique.

La présente disposition est applicable à tout fonctionnaire ou agent du gouvernement qui aura pris un intérêt quelconque dans une affaire dont il était chargé d'or-

---

(1) Le régisseur d'un octroi ne devient point propriétaire des deniers qu'il reçoit en sa qualité de régisseur; il est tenu de représenter ces deniers à toutes les réquisitions de son commettant; et le défaut de cette représentation suffit pour le constituer en prévention de détournement (Cass. 21 janvier 1813 : S. 17, 1, 96).

Un huissier qui a le droit de faire des ventes volontaires et des ventes forcées de meubles, est un dépositaire public (Cass. 18 décembre 1812 : S. 17, 1, 95).

Ne sont pas dépositaires publics les notaires qui, à raison de leurs fonctions, reçoivent un dépôt volontaire (Cass. 15 avr. 1813 : 17, 1, 24). *Voy.* art. 52 et suiv.; Cod. inst. cr. art. 483; Cod. du 23 sept. 1791, 2e part. tit. 1, s. 5, art. 11.

(2) Un facteur de la poste qui soustrait l'argent renfermé dans une lettre qu'il devait porter à son adresse se rend coupable du crime prévu par l'art. 173 (Cass. 23 avril 1813 : S. 17, 1, 341). *Voy.* art. 250 et suiv.

(3) Il y a crime de concussion ou de corruption de la part du garde champêtre qui, pour une somme d'argent qu'il a exigée, consent à supprimer le procès-verbal rédigé par lui, en sa qualité d'officier de police judiciaire (Cass. 16 septembre 1820 : S. 21, 1, 41; D. 18, 1, 596; L. 60, 78). *V.* art. 177.

Un huissier qui reçoit plus qu'il ne lui est dû, ou qui refuse de donner un reçu de ce qui lui est payé, peut être poursuivi et condamné comme concussionnaire (Cass. 15 juillet 1808 : S. 17, 1, 321).

Il ne peut y avoir concussion dans le sens des lois pénales, de la part d'individus qui ne sont ni fonctionnaires, ni receveurs de deniers publics. Ainsi, celui qui, *pour son compte particulier*, tient une maison de prêt avec l'autorisation de la police, ne commet pas le délit de concussion lorsqu'il perçoit de plus forts intérêts que ceux réglés par l'ordonnance de police (Cass. 4 juin 1812 : S. 13. 1, 50).

La qualification de concussion ne peut donc convenir au fait d'un simple fermier d'octroi qui a perçu des droits excessifs, quand même son bail le lui aurait interdit, à peine de concussion (Cass. 2 janvier 1817 : S. 17, 1, 191; D. 1, 15, 1, 57; P. 47, 193).

Si un geôlier ou concierge de prison fait payer un nombre de journées de garde excédant ce qu'il sait lui être dû, il y a concussion (Cass. 26 août 1824 : S. 25, 1, 77).

Il n'est pas nécessaire que la quotité du tort soit déterminée par le jury, elle peut l'être par les juges (Cass. 26 août 1824 : S. 25, 1, 77).

donnancer le paiement ou de faire la liquidation (1).

176. Tout commandant des divisions militaires, des départemens ou des places et villes, tout préfet ou sous-préfet, qui aura, dans l'étendue des lieux où il a droit d'exercer son autorité, fait ouvertement, ou par des actes simulés, ou par interposition de personnes, le commerce de grains, grenailles, farines, substances farineuses, vins ou boissons, autres que ceux provenant de ses propriétés, sera puni d'une amende de cinq cents francs au moins, de dix mille francs au plus, et de la confiscation des denrées appartenant à ce commerce.

§ IV. De la corruption des fonctionnaires publics.

177 (a). Tout fonctionnaire public de l'ordre administratif ou judiciaire, tout agent ou préposé d'une administration publique, qui aura agréé des offres ou promesses ou reçu des dons ou présens pour faire un acte de sa fonction ou de son emploi, même juste, mais non sujet à salaire, sera puni de la dégradation civique, et condamné à une amende double de la valeur des promesses agréées ou des choses reçues, sans que ladite amende puisse être inférieure à deux cents francs.

La présente disposition est applicable à tout fonctionnaire, agent ou préposé de la qualité ci-dessus exprimée, qui, par offres ou promesses agréées, dons ou présens reçus, se sera abstenu de faire un acte qui entrait dans l'ordre de ses devoirs (2).

178 (b). Dans le cas où la corruption aurait pour objet un fait criminel emportant une peine plus forte que celle de la dégradation civique, cette peine plus forte sera appliquée aux coupables.

179. Quiconque aura contraint ou tenté de contraindre par voies de fait ou menaces, corrompu ou tenté de corrompre par promesses, offres, dons ou présens, un fonctionnaire, agent ou préposé de la qualité exprimée en l'article 177, pour obtenir, soit une opinion favorable, soit des procès-verbaux, états, certificats ou estimations contraires à la vérité, soit des places, emplois, adjudications, entreprises ou autres bénéfices quelconques, soit enfin tout autre acte du ministère du fonctionnaire, agent ou préposé, sera puni des mêmes peines que le fonctionnaire, agent ou préposé corrompu.

Toutefois, si les tentatives de contrainte ou corruption n'ont eu aucun effet, les auteurs de ces tentatives seront simplement punis d'un emprisonnement de trois mois au moins et de six mois au plus, et d'une amende de cent francs à trois cents francs (3).

180. Il ne sera jamais fait au corrupteur restitution des choses par lui livrées, ni de leur valeur : elles seront confisquées au profit des hospices des lieux où la corruption aura été commise.

181. Si c'est un juge prononçant en matière criminelle, ou un juré, qui s'est laissé corrompre, soit en faveur, soit au préju-

---

(1) L'art. 175 s'applique à un notaire commis par la justice pour recevoir l'adjudication d'un immeuble dépendant d'une succession (Cass. 28 déc. 1816 : S. 17, 1, 117 ; P. 60, 257).

L'art. 175 n'est point applicable au notaire qui se rend, sous le nom d'un tiers, cessionnaire de la créance dont il reçoit l'acte de cession (Cass. 18 avril 1817 : S. 17, 1, 257). *Voy.* art. 52 et suiv. Cod. inst. crim. art. 483.

(a) Ancien article 177, abrogé : « Tout fonctionnaire public de l'ordre administratif ou judiciaire, tout agent ou préposé d'une administration publique, qui aura agréé des offres ou promesses, ou reçu des dons ou présens, pour faire un acte de sa fonction ou de son emploi, même juste, mais non sujet à salaire, sera puni du carcan, et condamné à une amende double de la valeur des promesses agréées ou des choses reçues, sans que ladite amende puisse être inférieure à deux cents francs.

« La présente disposition est applicable à tout fonctionnaire, agent ou préposé de la qualité ci-dessus exprimée, qui, par offres ou promesses agréées, dons ou présens reçus, se sera abstenu de faire un acte qui entrait dans l'ordre de ses devoirs. »

(2) Un garde champêtre qui, moyennant argent s'est abstenu de dresser procès-verbal d'un délit rural, n'en est pas moins punissable, quoiqu'au lieu de prêter le serment devant le juge-de-paix, il l'ait prêté devant le maire (Cass. 11 juin 1813 : Bull. crim. page 317 ; *id.*— 22 oct. 1815 ; Bull. crim. p. 556).

L'huissier qui reçoit de l'argent pour s'abstenir d'exécuter une contrainte par corps dont il était chargé, se rend coupable du délit de corruption (Cass. 8 juillet 1815 : S. 17, 1, 521).

Le fonctionnaire public est coupable, encore même que le don lui soit fait pour qu'il s'abstienne d'un acte illégal dont il menace, et par lequel il se rendrait répréhensible (Cass. 1er oct. 1813 : S. 14, 1, 15 ; D. 11, 1, 590 ; P. 38, 405).

Un capitaine de recrutement qui reçoit un présent de parens de conscrit, est présumé recevoir ce don à raison de ses fonctions jusqu'à preuve contraire (Cass. 7 janvier 1808 : Bull. crim. p. 5).

L'art. 177 est applicable bien que la déclaration du jury ne fasse mention *que de rétributions exigées et consenties* (Cass. 2 janvier 1818 : S. 18, 1, 161). *Voy.* articles 52, 161.

L'article est applicable aux secrétaires des maires qui reçoivent des dons pour délivrance de passeport (Cass. 17 juillet 1828 : S. 28, 1, 369).

Aux agens et préposés d'un conseil de révision (Cass. 22 décembre 1829 ; S. 30, 1, 53). L'art. 45 de la loi du 21 mars 1832 prononce la peine d'un mois à deux ans de prison contre les médecins ou chirurgiens appelés aux conseils de révision, qui reçoivent des dons ou agréent des promesses. Un arrêt du 15 février 1828 (S. 28, 1, 271) avait décidé en ce sens. Cod. 3 brum. an 4, art. 644.

(b) Ancien art. 178, abrogé : « Dans le cas où la corruption aurait pour objet un fait criminel emportant une peine plus forte que celle du carcan, cette peine plus forte sera appliquée aux coupables. »

(3) Il y a fausse application de l'art. 179, contre l'individu déclaré coupable *d'avoir tenté de corrompre des agens d'une administration publique*, si le jugement ne déclare pas aussi que *cette tentative a eu pour objet d'obtenir un acte de leur ministère* (Cass. 9 mars 1819 : S. 19, 1, 298; D. 17, 1, 290 ; P. 55, 53). *Voy.* art. 113, 242 ; Cod. pén.

Celui qui fait des dons ou des offres à un fonction-

dice de l'accusé, il sera puni de la réclusion, outre l'amende ordonnée par l'article 177.

182. Si, par l'effet de la corruption, il
y a eu condamnation à une peine supérieure à celle de la réclusion, cette peine,
quelle qu'elle soit, sera appliquée au juge
ou juré coupable de corruption.

183. Tout juge ou administrateur qui se
sera décidé par faveur pour une partie ou
par inimitié contre elle, sera coupable de
forfaiture et puni de la dégradation civique.

§ V. Des abus d'autorité.

1re CLASSE. Des abus d'autorité contre les particuliers.

184 (a). Tout fonctionnaire de l'ordre
administratif ou judiciaire, tout officier de
justice ou de police, tout commandant ou
agent de la force publique, qui, agissant
en sadite qualité, se sera introduit dans
le domicile d'un citoyen contre le gré de
celui-ci, hors les cas prévus par la loi, et
sans les formalités qu'elle a prescrites,
sera puni d'un emprisonnement de six
jours à un an, et d'une amende de seize
francs à cinq cents francs, sans préjudice
de l'application du second paragraphe de
l'article 114.

Tout individu qui se sera introduit à
l'aide de menaces ou de violence dans le
domicile d'un citoyen, sera puni d'un emprisonnement de six jours à trois mois, et
d'une amende de seize francs à deux cents
francs (1).

185. Tout juge ou tribunal, tout administrateur ou autorité administrative, qui,
sous quelque prétexte que ce soit, même
du silence ou de l'obscurité de la loi, aura
dénié de rendre la justice qu'il doit aux
parties, après en avoir été requis, et qui
aura persévéré dans son déni, après avertissement ou injonction de ses supérieurs,
pourra être poursuivi, et sera puni d'une
amende de deux cents francs au moins et
de cinq cents francs au plus, et de l'interdiction de l'exercice des fonctions publiques depuis cinq ans jusqu'à vingt (2).

186. Lorsqu'un fonctionnaire ou un officier public, un administrateur, un agent
ou un préposé du Gouvernement ou de la
police, un exécuteur des mandats de justice ou jugemens, un commandant en
chef ou en sous-ordre de la force publique,
aura, sans motif légitime, usé ou fait user
de violences envers les personnes, dans
l'exercice ou à l'occasion de l'exercice de
ses fonctions, il sera puni selon la nature
et la gravité de ces violences, et en éle-
vant la peine suivant la règle posée par
l'article 198 ci-après.

187 (b). Toute suppression, toute ouverture de lettres confiées à la poste, commise ou facilitée par un fonctionnaire ou un
agent du Gouvernement ou de l'administration des postes, sera punie d'une amende
de seize francs à cinq cents francs, et d'un
emprisonnement de trois mois à cinq ans.
Le coupable sera, de plus, interdit de
toute fonction ou emploi public pendant
cinq ans au moins et dix ans au plus.

IIe CLASSE. Des abus d'autorité contre la chose publique.

188. Tout fonctionnaire public, agent
ou préposé du Gouvernement, de quelque
état et grade qu'il soit, qui aura requis ou
ordonné, fait requérir ou ordonner l'action
ou l'emploi de la force publique contre
l'exécution d'une loi ou contre la perception d'une contribution légale, ou contre
l'exécution soit d'une ordonnance ou mandat de justice, soit de tout autre ordre
émané de l'autorité légitime, sera puni
de la réclusion.

189 (c). Si cette réquisition ou cet ordre
ont été suivis de leur effet, la peine sera
le *maximum* de la réclusion.

190. Les peines énoncées aux articles
188 et 189 ne cesseront d'être applicables
aux fonctionnaires ou préposés qui auraient agi par ordre de leurs supérieurs,
qu'autant que cet ordre aura été donné
par ceux-ci pour des objets de leur ressort,
et sur lesquels il leur était dû obéissance
hiérarchique; dans ce cas, les peines por-

---

naire public pour lui faire faire un acte de sa fonction, encore bien que cet acte ne soit pas illégitime, est
coupable du crime de corruption (Cass. 24 mars 1817 :
S. 27, 1, 481). *V.* art. 242.

(a) Ancien article 184, abrogé : « Tout juge, tout
procureur général ou du Roi, tout substitut, tout administrateur, ou tout autre officier de justice ou de police, qui se sera introduit dans le domicile d'un citoyen
hors les cas prévus par la loi et sans les formalités qu'elle
a prescrites, sera puni d'une amende de seize francs au
moins, et de deux cents francs au plus. »

(1) Les règles protectrices de l'inviolabilité du domicile sont consacrées par plusieurs dispositions.

V.-y, lois du 19 = 22 juillet 1791, tit. 1er, art. 8 et
suiv.; 18 = 16 septembre 1791, art. 4 et 5; du 24 septembre 1791; du 5 septembre 1793; du 28 germinal
an 6, art. 129, 130 et 131, et ordonnance du 29 octobre
1820, art. 182, 183 et 184; constitution du 5 fructidor an 3, art. 359; loi du 26 thermidor an 7; constitution du 22 frimaire an 8, art. 76 et suiv.; décrets
du 4 août 1806, du 15 novembre 1811, art. 157; lois du
28 avril 1816, sur les contributions indirectes, art. 235,
236 et 237; loi du même jour sur les douanes, art. 60,
61 et 62; Code forestier de 1827, art. 161 et 162; loi sur
la pêche fluviale du 15 avril 1829, art. 40. *V.* aussi art.
781, Code procéd. et le décret du 14 mars 1808, art.
15 relatif aux gardes du commerce. *V.* M. Legraverend,
tome 1er, p. 238; Cod. Inst. crim. art. 16, 32, 40,
483.

(2) *V.* Cod. civ. art. 4; Cod. proc. art. 505.

(b) Ancien article 187, abrogé : « Toute suppression,
toute ouverture de lettres confiées à la poste, commise ou
facilitée par un fonctionnaire ou un agent du Gouvernement ou de l'administration des postes, sera punie d'une
amende de seize francs à trois cents francs. Le coupable
sera, de plus, interdit de toute fonction ou emploi public pendant cinq ans au moins, et dix ans au plus. »

(c) Ancien art. 189, abrogé : « Si cette réquisition

tées ci-dessus ne seront appliquées qu'aux supérieurs qui les premiers auront donné cet ordre.

191. Si, par suite desdits ordres ou réquisitions, il survient d'autres crimes punissables de peines plus fortes que celles exprimées aux articles 188 et 189, ces peines plus fortes seront appliquées aux fonctionnaires, agens ou préposés coupables d'avoir donné lesdits ordres ou fait lesdites réquisitions.

§ VI. De quelques délits relatifs à la tenue des actes de l'état civil.

192. Les officiers de l'état civil qui auront inscrit leurs actes sur de simples feuilles volantes, seront punis d'un emprisonnement d'un mois au moins et de trois mois au plus, et d'une amende de seize francs à deux cents francs.

193. Lorsque, pour la validité d'un mariage, la loi prescrit le consentement des père, mère ou autres personnes, et que l'officier de l'état civil ne se sera point assuré de l'existence de ce consentement, il sera puni d'une amende de seize francs à trois cents francs, et d'un emprisonnement de six mois au moins et d'un an au plus.

194. L'officier de l'état civil sera aussi puni de seize francs à trois cents francs d'amende, lorsqu'il aura reçu, avant le temps prescrit par l'article 228 du Code civil, l'acte de mariage d'une femme ayant déjà été mariée.

195. Les peines portées aux articles précédens contre les officiers de l'état civil leur seront appliquées, lors même que la nullité de leurs actes n'aurait pas été demandée ou aurait été couverte ; le tout sans préjudice des peines plus fortes prononcées en cas de collusion, et sans préjudice aussi des autres dispositions pénales du titre V du livre Ier du Code civil.

§ VII. De l'exercice de l'autorité publique illégalement anticipé ou prolongé.

196. Tout fonctionnaire public qui sera entré en exercice de ses fonctions sans avoir prêté le serment, pourra être poursuivi, et sera puni d'une amende de seize francs à cent cinquante francs.

197. Tout fonctionnaire public révoqué, destitué, suspendu ou interdit légalement, qui, après en avoir eu la connaissance officielle, aura continué l'exercice de ses fonctions, ou qui, étant électif ou temporaire, les aura exercées après avoir été remplacé, sera puni d'un emprisonnement de six mois au moins et de deux ans au plus, et d'une amende de cent francs à cinq cents francs. Il sera interdit de l'exercice de toute fonction publique pour cinq ans au moins et dix ans au plus, à compter du jour où il aura subi sa peine : le tout sans préjudice des plus fortes peines portées contre les officiers ou les commandans militaires par l'article 93 du présent Code (1).

DISPOSITIONS PARTICULIÈRES.

198 (a). Hors les cas où la loi règle spécialement les peines encourues pour crimes ou délits commis par les fonctionnaires ou officiers publics, ceux d'entre eux qui auront participé à d'autres crimes ou délits qu'ils étaient chargés de surveiller ou de réprimer, seront punis comme il suit :

S'il s'agit d'un délit de police correctionnelle, ils subiront toujours le *maximum* de la peine attachée à l'espèce de délit,

Et s'il s'agit de crime, ils seront condamnés, savoir : à la réclusion, si le crime emporte contre tout autre coupable la peine du bannissement ou de la dégradation civique ;

Aux travaux forcés à temps, si le crime emporte contre tout autre coupable la peine de la réclusion ou de la détention ;

Et aux travaux forcés à perpétuité, lorsque le crime emportera contre tout autre coupable la peine de la déportation ou celle des travaux forcés à temps.

Au-delà des cas qui viennent d'être exprimés, la peine commune sera appliquée sans aggravation (a).

SECTION III. *Des troubles apportés à l'ordre public par les ministres des cultes dans l'exercice de leur ministère.*

§ Ier. Des contraventions propres à compromettre l'état civil des personnes.

199. Tout ministre d'un culte qui pro-

---

ou cet ordre ont été suivis de leur effet, la peine sera la déportation. »

(a) Ancien art. 198, abrogé : « Hors le cas où la loi règle spécialement les peines encourues pour crimes ou délits commis par les fonctionnaires ou officiers publics, ceux d'entre eux qui auront participé à d'autres crimes ou délits qu'ils étaient chargés de surveiller ou de réprimer, seront punis comme il suit :

« S'il s'agit d'un délit de police correctionnelle, ils subiront toujours le *maximum* de la peine attachée à l'espèce de délit :

« Et s'il s'agit de crimes emportant peine afflictive, ils seront condamnés, savoir :

« A la réclusion, si le crime emporte contre tout au-tre coupable la peine du bannissement ou du carcan ;

« Aux travaux forcés à temps, si le crime emporte contre tout autre coupable la peine de la réclusion ;

« Aux travaux forcés à perpétuité, lorsque le crime emportera contre tout autre coupable la peine de la déportation ou celle des travaux forcés à temps.

« Au-delà des cas qui viennent d'être exprimés, la peine commune sera appliquée sans aggravation. »

(1) V. art. 258.

(2) Les crimes commis par un fonctionnaire public, seul et non dans l'exercice de ses fonctions, sont suscep-tibles de l'aggravation de peine prononcée par l'art. 198 (Cass. 2 mai 1816 : D. 14, 1, 507). V. art. 186, 333 et 462.

cédera aux cérémonies religieuses d'un mariage, sans qu'il lui ait été justifié d'un acte de mariage préalablement reçu par les officiers de l'état civil, sera, pour la première fois, puni d'une amende de seize francs à cent francs.

200 (a). En cas de nouvelles contraventions de l'espèce exprimée en l'article précédent, le ministre du culte qui les aura commises, sera puni, savoir :

Pour la première récidive, d'un emprisonnement de deux à cinq ans ;

Et pour la seconde, de la détention.

§ II. Des critiques, censures ou provocations dirigées contre l'autorité publique dans un discours pastoral prononcé publiquement.

201. Les ministres des cultes qui prononceront, dans l'exercice de leur ministère, et en assemblée publique, un discours contenant la critique ou censure du Gouvernement, d'une loi, d'une ordonnance royale ou de tout autre acte de l'autorité publique, seront punis d'un emprisonnement de trois mois à deux ans.

202. Si le discours contient une provocation directe à la désobéissance aux lois ou autres actes de l'autorité publique, ou s'il tend à soulever ou armer une partie des citoyens contre les autres, le ministre du culte qui l'aura prononcé sera puni d'un emprisonnement de deux à cinq ans, si la provocation n'a été suivie d'aucun effet; et du bannissement, si elle a donné lieu à la désobéissance, autre toutefois que celle qui aurait dégénéré en sédition ou révolte.

203. Lorsque la provocation aura été suivie d'une sédition ou révolte dont la nature donnera lieu contre l'un ou plusieurs des coupables à une peine plus forte que celle du bannissement, cette peine, quelle qu'elle soit, sera appliquée au ministre coupable de la provocation (1).

§ III. Des critiques, censures ou provocations dirigées contre l'autorité publique dans un écrit pastoral.

204. Tout écrit contenant des instructions pastorales, en quelque forme que ce soit, et dans lequel un ministre du culte se sera ingéré de critiquer ou censurer, soit le Gouvernement, soit tout acte de l'autorité publique, emportera la peine du bannissement contre le ministre qui l'aura publié.

205 (b). Si l'écrit mentionné en l'article précédent contient une provocation directe à la désobéissance aux lois ou autres actes de l'autorité publique, ou s'il tend à soulever ou armer une partie des citoyens contre les autres, le ministre qui l'aura publié sera puni de la détention.

206. Lorsque la provocation contenue dans l'écrit pastoral aura été suivie d'une sédition ou révolte dont la nature donnera lieu contre l'un ou plusieurs des coupables à une peine plus forte que celle de la déportation, cette peine, quelle qu'elle soit, sera appliquée au ministre coupable de la provocation.

§ IV. De la correspondance des ministres des cultes avec les cours ou puissances étrangères, sur des matières de religion.

207. Tout ministre d'un culte qui aura, sur des questions ou matières religieuses, entretenu une correspondance avec une cour ou puissance étrangère, sans en avoir préalablement informé le ministre du Roi chargé de la surveillance des cultes, et sans avoir obtenu son autorisation, sera, pour ce seul fait, puni d'une amende de cent francs à cinq cents francs, et d'un emprisonnement d'un mois à deux ans.

208. Si la correspondance mentionnée en l'article précédent a été accompagnée ou suivie d'autres faits contraires aux dispositions formelles d'une loi ou d'une ordonnance du Roi, le coupable sera puni du bannissement, à moins que la peine résultant de la nature de ces faits ne soit plus forte, auquel cas cette peine plus forte sera seule appliquée.

SECTION IV. *Résistance, désobéissance et autres manquemens envers l'autorité publique.*

§ Iᵉʳ. Rébellion.

209. Toute attaque, toute résistance avec violences et voies de fait envers les officiers ministériels, les gardes champêtres ou forestiers, la force publique, les préposés à la perception des taxes et des contributions, les porteurs de contraintes, les préposés des douanes, les séquestres, les officiers ou agens de police administrative ou judiciaire, agissant pour l'exécution des lois, des ordres ou ordonnances de l'autorité publique, des mandats de justice ou jugemens, est qualifiée, selon les circonstances, crime ou délit de rébellion (2).

(a) Ancien article 200, abrogé : « En cas de nouvelles contraventions de l'espèce exprimée en l'article précédent, le ministre du culte qui les aura commises sera puni, savoir :

« Pour la première récidive, d'un emprisonnement de deux à cinq ans :

« Et pour la seconde, de la déportation. »

(1) V. art. 91, 95 et suiv., 191, 206, 265, 313, 440 et suiv.

(b) Ancien art. 205, abrogé : « Si l'écrit mentionné en l'article précédent contient une provocation directe à la désobéissance aux lois ou autres actes de l'autorité publique, ou s'il tend à soulever ou armer une partie des citoyens contre les autres, le ministre qui l'aura publié sera puni de la déportation. »

(2) Les simples voies de fait en général ne sont pas punies par le Code pénal de 1810 comme par le Code du 3 brumaire an 4, art. 605, n° 8 (Cass. 8 janv. 1813 : S. 13, 1, 468).

210. Si elle a été commise par plus de vingt personnes armées, les coupables seront punis des travaux forcés à temps ; et s'il n'y a pas eu port d'armes, ils seront punis de la réclusion (1).

211. Si la rébellion a été commise par une réunion armée de trois personnes ou plus jusqu'à vingt inclusivement, la peine sera la réclusion ; s'il n'y a pas eu port d'armes, la peine sera un emprisonnement de six mois au moins et deux ans au plus.

212. Si la rébellion n'a été commise que par une ou deux personnes, avec armes, elle sera punie d'un emprisonnement de six mois à deux ans, et si elle a eu lieu sans armes, d'un emprisonnement de six jours à six mois.

213. En cas de rébellion avec bande ou attroupement, l'article 100 du présent Code sera applicable aux rebelles sans

---

Celui qui, après avoir été condamné au délaissement d'un fonds, et qui, après avoir exécuté le jugement, exerce sur ce fonds des actes de propriété, peut être poursuivi par la voie criminelle (Cass. 7 juin 1811 : S. 11, 1, 325).

Les violences et voies de fait exercées avec armes contre des douaniers placés dans un poste d'observation constituent un crime de rébellion armée de la compétence des tribunaux spéciaux, encore qu'elles aient été commises par des personnes qui ne portaient ni n'accompagnaient des marchandises de contrebande (Cass. 25 avril 1807 : S. 7, 2, 1160).

La résistance à main armée faite à des préposés aux droits réunis ne constitue pas un crime de rébellion (Cass. 1er mai 1812 : S. 13, 1, 82).

Des injures ou de simples menaces, tout aussi bien que des voies de fait ou des coups, constituent la résistance à l'exercice des préposés, et donnent lieu aux peines d'amende et de confiscation (Cass. 7 mai 1813 : S. 13, 1, 339).

Un garde champêtre fait partie de la force armée en tant qu'il exerce ses fonctions de garde champêtre (décret du 11 juin 1806). Il en est autrement lorsqu'il surveille seulement la conservation des propriétés communales (Cass. 2 novembre 1809 : S. 10, 1, 304).

Les gardes champêtres ou forestiers d'un simple particulier ne sont pas agens de la force publique (Cass. 3 juin 1815 : S. 15, 1, 195).

La loi du 22 floréal an 2, relative aux violences et voies de fait qui interrompent l'exécution des actes émanés de l'autorité publique est abrogée par l'art. 484 du Code pénal (4=5 février 1812 ; Avis du Conseil-d'Etat).

Lorsque la gendarmerie, requise par un huissier de lui prêter main-forte pour l'exécution d'une contrainte par corps, se réunit à cet effet, et investit la maison du débiteur pour l'arrêter, les violences et voies de fait exercées contre la gendarmerie dans ces circonstances, sont réputées exercées contre la gendarmerie dans l'exercice de ses fonctions, encore que les violences ayant eu lieu avant le lever du soleil, elles aient précédé le moment où l'arrestation pouvait être effectuée (Cass. 27 vendém. an 14 : S. 7, 2, 1161).

Sont coupables de rébellion armée ceux qui, en se portant à grands cris sur des gendarmes avec des faux et des fourches qu'ils tenaient levées sur eux, sans néanmoins les en frapper, les ont empêchés de remplir une fonction à laquelle ils étaient appelés par la loi (Cass. 28 mai 1807 : S. 7, 2, 1161).

Egalement celui armé d'un fusil, qui, interpellé par un gendarme de lui exhiber son permis de port d'armes, et cherchant à se débarrasser de lui, le couche en joue, en lui disant que s'il avance il fera feu (Cass. 29 juillet 1808 : S. 7, 2, 1161. — 16 mai 1817 ; S. 17, 1, 248).

La résistance est-elle punissable, si les agens de la force publique agissent illégalement ? Le Code pénal du 25 septembre 1791, 2e part., tit. 1er, sect. 4, art. 1er, paraissait résoudre la question négativement. Un arrêt du 21 prairial an 10 (S. 11, 1, 164) a jugé qu'il n'y a point rébellion dans la résistance à un agent de l'autorité, s'il n'agissait pas légalement dans l'exercice de ses fonctions.

M. Carnot, tome 1er, p. 324, cite deux arrêts de la Cour de Cassation qui auraient jugé qu'il n'y a point rébellion dans la résistance aux agens de la force publique, ou aux porteurs de mandat de justice, s'ils se sont introduits de nuit dans la maison des citoyens, hors des cas autorisés ; si l'officier public n'était pas revêtu des marques distinctives de sa qualité, à moins que les ac-

cusés ne connussent l'officier public pour tel. Mais il a été jugé qu'il y a rébellion dans la résistance à la force publique arrêtant un citoyen sur la réquisition du commissaire de police, hors le cas de flagrant-délit, bien que, hors le cas de flagrant-délit, le commissaire de police et même le procureur du Roi soient sans caractère pour ordonner l'arrestation (Cass. 5 janv. 1821 : S. 21, 1, 132). Voy. observations de Sirey, p. 164, et Carnot, p. 515. Il y a rébellion, bien que des huissiers et des gendarmes agissent illégalement en exécutant la contrainte par corps, sans assistance du juge-de-paix (Cass. 14 avril 1820 : S. 21, 1, 167). Jugé en sens contraire (10 juin 1824, Lyon : S. 25, 2, 54. — 26 janv. 1824, Douai ; S. 25, 2, 54). Egalement le débiteur qui s'oppose de vive force à l'enlèvement de ses meubles, qui ont été saisis, mais qui n'étaient pas saisissables, n'est pas coupable de rébellion (24 août 1826, Lyon ; S. 27, 2, 53). Il y a rébellion bien qu'il y eût irrégularité dans l'ordre qu'exécutent les agens de la force publique, bien qu'il y eût absence totale d'ordre, bien que les agens aient commencé à user de violences et de voies de fait (23 mars 1817 : S. 17, 1, 188). Carnot, p. 537, critique cet arrêt.

La Cour d'Agen a jugé que le meurtre et les actes de violence sur les agens de l'autorité sont excusables au cas de provocation de leur part. V. arrêt de la Cour de Cass. (S. 23, 1, 363). Cet arrêt contient une exposition de principes très-importans sur les cas où la force publique peut agir sans réquisition de l'autorité civile.

Lorsqu'un corps militaire est réuni dans une église pour entendre la messe, la résistance opposée par des citoyens aux militaires exécutant les ordres de leurs chefs, touchant la discipline militaire et le maintien de l'ordre, peut être qualifiée rébellion (Cass. 3 sept. 1824 : S. 24, 1, 289).

Lorsqu'un maire exécute un arrêté du conseil de préfecture obtenu au profit de la commune, il est en général réputé agent de la commune et non fonctionnaire administratif ; mais si les faits d'exécution ont lieu sur un cimetière, dès lors un intérêt d'ordre public se joint à l'intérêt communal, le maire se trouve agir comme fonctionnaire d'ordre public, et la résistance prend le caractère de rébellion (Cass., 15 octobre 1824 : S. 25, 1, 141).

Les gendarmes, même isolément, et les agens de police, dits officiers de paix, ont de leur chef, et sans mandats de justice, dans les cas déterminés par les lois des 21 septembre 1791, 23 floréal an 4, et 28 germinal an 6, auxquels le Code d'instruction criminelle n'a pas dérogé, le droit de saisir, sur la voie publique, les délinquans, mais sous l'obligation de les conduire immédiatement devant l'officier de police judiciaire (27 mars 1827, Paris : S. 27, 2, 132).

Il n'y a pas rébellion dans le cas de résistance à un gendarme dépourvu de tout signe extérieur de son caractère (9 mai 1828, Riom : S. 28, 2, 122).

Dans le cas de résistance à des gendarmes qui s'introduisent avant l'heure fixée par les lois dans le domicile d'un citoyen pour y rechercher un conscrit (Riom, 4 janvier 1827 : S. 27, 2, 54).

Dans le cas de résistance à un gendarme qui, chargé de mettre à exécution une ordonnance de prise de corps, néglige de faire connaître et d'exhiber au prévenu le mandat de justice en vertu duquel il agit (Nîmes, 21 nov. 1824 : S. 27, 2, 54). V. art. 96, 95, 188, 225, 230 ; Cod. Inst. crim. art. 11, 16, 36, 97.

(1) Qu'entend-on par armes ? Voy. notes sur l'art. 101,

fonctions ni emplois dans la bande, qui se seront retirés au premier avertissement de l'autorité publique, ou même depuis, s'ils n'ont été saisis que hors du lieu de la rébellion, et sans nouvelle résistance et sans armes.

214. Toute réunion d'individus pour un crime ou un délit, est réputée réunion armée, lorsque plus de deux personnes portent des armes ostensibles.

215. Les personnes qui se trouveraient munies d'armes cachées, et qui auraient fait partie d'une troupe ou réunion non réputée armée, seront individuellement punies comme si elles avaient fait partie d'une troupe ou réunion armée.

216. Les auteurs des crimes et délits commis pendant le cours et à l'occasion d'une rébellion, seront punis des peines prononcées contre chacun de ces crimes, si elles sont plus fortes que celles de la rébellion (1).

217 (a). Sera puni comme coupable de la rébellion quiconque y aura provoqué, soit par des discours tenus dans des lieux ou réunions publics, soit par placards affichés, soit par écrits imprimés.

Dans le cas où la rébellion n'aurait pas eu lieu, le provocateur sera puni d'un emprisonnement de six jours au moins et d'un an au plus.

218. Dans tous les cas où il sera prononcé, pour fait de rébellion, une simple peine d'emprisonnement, les coupables pourront être condamnés en outre à une amende de seize francs à deux cents francs.

219. Seront punies comme réunions de rebelles, celles qui auront été formées avec ou sans armes, et accompagnées de violences ou de menaces contre l'autorité administrative, les officiers et les agens de police, ou contre la force publique :

1° Par les ouvriers ou journaliers dans les ateliers publics ou manufactures ;

2° Par les individus admis dans les hospices ;

3° Par les prisonniers prévenus, accusés ou condamnés.

220. La peine appliquée pour rébellion à des prisonniers, prévenus, accusés ou condamnés relativement à d'autres crimes ou délits, sera par eux subie, savoir :

Par ceux qui, à raison des crimes ou délits qui ont causé leur détention, sont ou seraient condamnés à une peine non capitale ni perpétuelle, immédiatement après l'expiration de cette peine ;

Et par les autres, immédiatement après l'arrêt ou jugement en dernier ressort qui les aura acquittés ou renvoyés absous du fait pour lequel ils étaient détenus.

221. Les chefs d'une rébellion, et ceux qui l'auront provoquée, pourront être condamnés à rester, après l'expiration de leur peine, sous la surveillance spéciale de la haute police pendant cinq ans au moins et dix ans au plus.

§ II. Outrages et violences envers les dépositaires de l'autorité et de la force publique.

222. Lorsqu'un ou plusieurs magistrats de l'ordre administratif ou judiciaire auront reçu dans l'exercice de leurs fonctions, ou à l'occasion de cet exercice, quelque outrage par paroles tendant à inculper leur honneur ou leur délicatesse, celui qui les aura ainsi outragés sera puni d'un emprisonnement d'un mois à deux ans.

Si l'outrage a eu lieu à l'audience d'une cour ou d'un tribunal, l'emprisonnement sera de deux à cinq ans (2).

223. L'outrage fait par gestes ou menaces à un magistrat dans l'exercice ou à l'occasion de l'exercice de ses fonctions,

---

(1) Voy. art. 192 et 251.

(a) Abrogé par la loi du 17 mai 1819. V. art. 26.

(2) Les écrits à bas, adressés à un fonctionnaire public, constituent un outrage (Cass. 22 décembre 1814 : S. 15, 1, 91).

Les tribunaux ont un pouvoir discrétionnaire pour apprécier si les paroles proférées contre un fonctionnaire public constituent le délit d'outrages (Cass. 22 mai 1813 : S. 17, 1, 96).

En sens contraire (Cass. 2 avril 1813 : S. 16, 1, 250).

L'injure ne perd pas de sa gravité, par la circonstance que le fonctionnaire serait incompétent (Cass. 1er avril 1813 : S. 13, 2, 324).

Un fonctionnaire public est réputé dans ses fonctions lorsqu'il exerce les devoirs de sa place, bien qu'il ne soit pas rigoureusement à son tour de les exercer actuellement (Cass. 1er avril 1813 : S. 17, 1, 322).

Un juge-de-paix est dans l'exercice de ses fonctions, lorsqu'il accorde à un particulier qui le lui a demandé un entretien relatif à un jugement de la justice de paix, dans lequel ce particulier est partie (Cass. 16 août 1810 : S. 17, 1, 322).

Un fonctionnaire public est réputé en fonctions, respectivement aux personnes qui s'adressent à lui pour son ministère, encore qu'il soit dans sa demeure ordinaire et sans costume (Cass. 28 décembre 1807 : S. 8, 1, 77).

L'insulte faite à un commissaire de police, dans l'exercice de ses fonctions, est punissable, encore que le commissaire ne fût pas revêtu de son costume, si d'ailleurs sa qualité était bien connue de celui qui est l'auteur de l'insulte (Cass. 26 mars 1813 : S. 13, 1, 391).

Les outrages faits à un fonctionnaire public, à l'occasion de l'exercice de ses fonctions, sont punissables correctionnellement, comme les injures qui lui seraient faites dans l'exercice de ses fonctions (Cass. 5 septembre 1812 : S. 13, 1, 133).

Le plaideur condamné qui dépose au greffe un mémoire adressé à l'autorité supérieure, contenant des imputations graves contre ses juges, n'est pas, pour cela seul, réputé avoir injurié des magistrats dans l'exercice de leurs fonctions (Cass. 1er thermidor an 11 : S. 4, 2, 365).

La Cour de cassation ordonne, sur le réquisitoire du procureur-général, la suppression des mémoires contenant des expressions indécentes et irrévérentielles contre les cours et tribunaux dont les décisions lui sont

sera puni d'un mois à six mois d'emprisonnement ; et si l'outrage a eu lieu à l'audience d'une cour ou d'un tribunal, il sera puni d'un emprisonnement d'un mois à deux ans.

224. L'outrage fait par paroles, gestes ou menaces à tout officier ministériel, ou agent dépositaire de la force publique, dans l'exercice ou à l'occasion de l'exercice de ses fonctions, sera puni d'une amende de seize francs à deux cents francs (1).

225. La peine sera de six jours à un mois d'emprisonnement, si l'outrage mentionné en l'article précédent a été dirigé contre un commandant de la force publique (2).

226. Dans le cas des articles 222, 223 et 225, l'offenseur pourra être, outre l'emprisonnement, condamné à faire réparation, soit à la première audience, soit par écrit ; et le temps de l'emprisonnement prononcé contre lui ne sera compté qu'à dater du jour où la réparation aura eu lieu (3).

227. Dans le cas de l'article 224, l'offenseur pourra de même, outre l'amende, être condamné à faire réparation à l'offensé ; et s'il retarde ou refuse, il sera contraint par corps (4).

228 (a). Tout individu qui, même sans armes, et sans qu'il en soit résulté de blessures, aura frappé un magistrat dans l'exercice de ses fonctions, ou à l'occasion de cet exercice, sera puni d'un emprisonnement de deux à cinq ans.

Si cette voie de fait a eu lieu à l'audience d'une cour ou d'un tribunal, le coupable sera en outre puni de la dégradation civique (5).

229. Dans l'un et l'autre des cas exprimés en l'article précédent, le coupable pourra de plus être condamné à s'éloigner pendant cinq à dix ans du lieu où siége le magistrat, et d'un rayon de deux myriamètres.

Cette disposition aura son exécution à dater du jour où le condamné aura subi sa peine.

Si le condamné enfreint cet ordre avant l'expiration du temps fixé, il sera puni du bannissement.

230. Les violences de l'espèce exprimée en l'article 228, dirigées contre un officier ministériel, un agent de la force publique, ou un citoyen chargé d'un ministère de service public, si elles ont eu lieu pendant qu'ils exerçaient leur ministère ou à cette occasion, seront punies

---

dénoncées (Cass. 11 janv. et 17 mars 1808 : S. 8, 1, 473).

Le nom de magistrat convient à tout fonctionnaire public de l'ordre judiciaire et administratif, qui n'est ni agent de la force publique, ni officier ministériel (Cass. 30 juillet 1812 : S. 13, 1, 75 ; P. 35, 899).

Les art. 222 et suivans sont applicables aux injures et outrages envers les employés des *polders* (Décret du 16 décembre 1811, art. 48).

La vérité des imputations ne les rend pas excusables.

L'art. 372 du Code pénal ne peut avoir son application que lorsque les injures verbales sont adressées à un particulier non fonctionnaire, ou bien lorsqu'il s'agit d'injures écrites même contre un fonctionnaire public (Cass. 16 novembre 1812 : S. 17, 1, 96).

Un percepteur des contributions, quoique fonctionnaire public, n'est pas un *magistrat*, dans le sens de l'art. 222. Il y a lieu au sursis sur l'action en diffamation au cas de dénonciation des faits diffamatoires (Cass. 25 juillet 1811 : S. 21, 1, 417 ; D. 19, 1, 443 ; P. 61, 333).

Les injures adressées à un magistrat à raison de ses fonctions, dans une lettre qu'on lui écrit, ne constituent pas le délit prévu par l'art. 222, si cette lettre n'a point eu de publicité. Si ces injures sont répétées par le prévenu devant le tribunal où il a été traduit, alors il y a lieu de lui appliquer les peines de l'art. 222, quoique le magistrat ne fût pas présent à l'audience (Cass. 10 avril 1817 : S. 18, 1, 23 ; D. 15, 1, 350 ; P. 51, 124).

L'outrage par paroles envers les magistrats de l'ordre judiciaire ou administratif dans l'exercice de leurs fonctions est encore soumis, depuis la publication de la loi du 17 mai 1819, à l'art. 222, et reste punissable de la peine d'emprisonnement portée par cet article (Cass. 17 mai 1820 : S. 20, 1, 276).

Voy. art. 372, Code pénal ; 11 et suivans, 91 et suivans, Code de procéd. civ. ; 504 et suivans, Code d'inst. crim. *Voy.* aussi arrêt du 2 avril 1825 : S. 26, 1, 230. *Voy.* art. 6, loi du 25 mars 1822.

(1) L'art. 224 n'a pas été abrogé par la loi du 17 mai 1819 (27 novembre 1823 : S. 25, 2, 159).

Les auteurs d'injures et d'oppositions à l'exercice contre les préposés aux douanes sont punissables, non aux termes de l'article 224, Code pénal, mais aux termes de l'art. 14 du tit. 13 de la loi du 6=22 août 1791, et de l'article 2 du titre 4 ou de l'article 12, titre 6 de la loi du 4 germinal an 2 (Cass. 26 août 1816 : S. 17, 1, 186 ; D. 13, 1, 29 ; P. 82, 275).

L'outrage fait à un notaire, à raison de ses fonctions, quoique sans publicité, est punissable aux termes de l'art. 224 (Cass. 13 mars 1812 : S. 12, 1, 381).

C'est outrager la gendarmerie que de lui faire, par dérision, la déclaration d'un délit qui n'a pas été commis (Cass. 9 décembre 1808 : S. 10, 1, 237).

L'art. 224 est applicable encore bien que l'opération de l'officier ministériel ou de l'agent de la force publique se trouve irrégulièrement faite, par exemple, parce qu'elle a lieu un jour férié sans permission du juge (Cass. 20 fév. 1830 : S. 30, 1, 274). *V.* art. 6, loi du 25 mars 1822 ; Cod. pén. art. 412.

(2) Un brigadier de gendarmerie, même lorsqu'il n'est accompagné que d'un seul gendarme, n'en doit pas moins être considéré comme un commandant de la force publique dans l'étendue du territoire assigné à sa brigade (Cass. 14 janvier 1816 : S. 16, 1, 369).

(3) Les articles 226 et 227, relatifs à la réparation d'honneur, ne peuvent être étendus au cas d'outrages et de violences envers des particuliers (Cass. 28 mars 1812 : S. 12, 1, 359).

Les tribunaux civils sont incompétens pour prononcer une réparation d'honneur. La réparation d'honneur est une *véritable peine* (Cass. 28 juillet 1812 : S. 13, 1, 86).

(4) *Voy.* art. 226.

(a) Ancien article 228, abrogé : « Tout individu qui, même sans armes, et sans qu'il en soit résulté de blessures, aura frappé un magistrat dans l'exercice de ses fonctions, ou à l'occasion de cet exercice, sera puni d'un emprisonnement de deux à cinq ans.

« Si cette voie de fait a eu lieu à l'audience d'une cour ou d'un tribunal, le coupable sera puni du carcan. »

(5) Le mot *frappé* n'est que démonstratif : ainsi les violences exercées contre un magistrat constituent le délit, encore qu'elles n'aient pas été accompagnées de coups (Cass. 19 juillet 1816 : S. 28, 1, 68.) Cod. inst. crim. ; art. 304.

d'un emprisonnement d'un mois à six mois (1).

231 (a). Si les violences exercées contre les fonctionnaires et agens désignés aux articles 228 et 230 ont été la cause d'effusion de sang, blessures ou maladie, la peine sera la réclusion; si la mort s'en est suivie dans les quarante jours, le coupable sera puni des travaux forcés à perpétuité (2).

232. Dans le cas même où ces violences n'auraient pas causé d'effusion de sang, blessures ou maladie, les coups seront punis de la réclusion s'ils ont été portés avec préméditation ou de guet-à-pens.

233 (b). Si les coups ont été portés ou les blessures faites à un des fonctionnaires ou agens désignés aux articles 228 et 230, dans l'exercice ou à l'occasion de l'exercice de leurs fonctions, avec intention de donner la mort, le coupable sera puni de mort.

§ III. Refus d'un service dû légalement.

234. Tout commandant, tout officier ou sous-officier de la force publique qui, après en avoir été légalement requis par l'autorité civile, aura refusé de faire agir la force à ses ordres, sera puni d'un emprisonnement d'un mois à trois mois, sans préjudice des réparations civiles qui pourraient être dues, aux termes de l'art. 10 du présent code (3).

235. Les lois pénales et réglemens relatifs à la conscription militaire continueront de recevoir leur exécution (4).

236. Les témoins et jurés qui auront allégué une excuse reconnue fausse, se-

ront condamnés, outre les amendes prononcées pour la non-comparution, à un emprisonnement de six jours à deux mois (5).

§ IV. Évasion de détenus, recélement de criminels.

237. Toutes les fois qu'une évasion de détenus aura lieu, les huissiers, les commandans en chef ou en sous-ordre, soit de la gendarmerie, soit de la force armée servant d'escorte ou garnissant les postes, les concierges, gardiens, geoliers, et tous autres préposés à la conduite, au transport ou à la garde des détenus, seront punis ainsi qu'il suit (6).

238. Si l'évadé était prévenu de délits de police, ou de crimes simplement infamans, ou s'il était prisonnier de guerre, les préposés à sa garde ou conduite seront punis, en cas de négligence, d'un emprisonnement de six jours à deux mois, et en cas de connivence, d'un emprisonnement de six mois à deux ans.

Ceux qui, n'étant pas chargés de la garde ou de la conduite du détenu, auront procuré ou facilité son évasion, seront punis de six jours à trois mois d'emprisonnement.

239. Si les détenus évadés, ou l'un d'eux, étaient prévenus ou accusés d'un crime de nature à entraîner une peine afflictive à temps, ou condamnés pour l'un de ces crimes, la peine sera, contre les préposés à la garde ou conduite, en cas de négligence, un emprisonnement de deux mois à six mois; en cas de connivence, la réclusion.

Les individus non chargés de la garde des détenus, qui auront procuré ou faci-

---

(1) Les gardes champêtres et forestiers des particuliers sont des fonctionnaires publics de même que ceux des communes et des forêts royales, en ce sens que les violences exercées contre eux, pendant leurs fonctions, sont punies des peines portées aux articles 230 et 231 (Cass. 19 juin 1818 : S. 18, 1, 350 : D. 16, 1, 437). V. néanmoins les notes sur l'art. 209.

(a) Ancien art. 231, abrogé : « Si les violences exercées contre les fonctionnaires et agens désignés aux articles 228 et 230, ont été la cause d'effusion de sang, blessures ou maladie, la peine sera la réclusion; si la mort s'en est suivie dans les quarante jours, le coupable sera puni de mort. »

(2) Peu importe que les violences n'aient été dirigées que contre la *personne* de l'agent, sans objet de rébellion (Cass. 21 novembre 1811 : S. 12, 1, 135). Voy. art. 231.

(b) Ancien art. 233, abrogé : « Si les blessures sont du nombre de celles qui portent le caractère de meurtre, le coupable sera puni de mort. »

(3) « Le refus de service par les gardes nationaux est puni par les art. 87 et suivans de la loi du 22 mars 1831; toutefois, je pense qu'il ne faut pas considérer le présent article comme abrogé, même relativement aux gardes nationaux, par la loi du 22 mars 1831. Cette loi prévoit le cas où un garde national, officier ou soldat, manque au service personnel pour lequel il a été commandé, et le présent article dispose pour le cas où un chef de la force publique refuse de la faire agir après avoir été légalement requis. Les lois des 6 — 22 décembre 1790, 16 — 27 juillet, 3 août 1791, 10 avril 1831, doivent être consultées pour déterminer les formes des réquisitions de l'autorité civile. Voy. aussi arrêt du 30 mai 1823 ; S. 23, 1, 363). Voy. Code d'inst. crim. art. 25, 99, 106, 376.

(4) L'art. 11 de la Charte de 1830, abolit la conscription. L'art. 25 de la loi du 10 mars 1818 sur le recrutement avait prononcé cette abrogation : enfin la loi du 21 mars 1832 contient des dispositions fort importantes relatives à cette matière. V. les art. 58 et suiv. de cette loi.

(5) Le témoin qui ne comparaît pas, et en outre allègue une fausse excuse, doit être condamné cumulativement à l'emprisonnement et à l'amende (Cass. 19 nov. 1811 : S. 12, 1, 140.) Cod. inst. crim. art. 80, 86, 157, 304.

(6) Les lois relatives à l'évasion des prisonniers détenus ne concernent pas les individus détenus ou arrêtés pour dettes, que l'huissier préposé à leur garde laisse échapper par négligence ou connivence (Cass. 30 avril 1807 : S. 7, 2, 709).

Elles ne sont pas applicables au cas où l'évadé est un étranger qui n'était dans les prisons de France que par ordonnance d'extradition à l'étranger (Cass. 30 juin 1827 : S. 27, 1, 438). V. aussi la loi du 21 brum. an 5, tit. 9, art. 17.

Lorsqu'un geolier accusé d'avoir *favorisé* l'évasion des prévenus, demande qu'on pose au jury la question positive de *négligence*, ou de *connivence*, si la cour d'assises refuse de faire droit à cette demande, et si le geolier convaincu d'avoir favorisé l'évasion est puni comme pour fait de connivence, il n'y a pas violation des formes, ni fausse application de la loi pénale (Cass. 16 avril 1819 : S. 20, 1, 121; D. 17, 1, 517).

lité l'évasion, seront punis d'un emprisonnement de trois mois à deux ans.

240. Si les évadés, ou l'un d'eux, sont prévenus ou accusés de crimes de nature à entraîner la peine de mort ou des peines perpétuelles, ou s'ils sont condamnés à l'une de ces peines, leurs conducteurs ou gardiens seront punis d'un an à deux ans d'emprisonnement, en cas de négligence, et des travaux forcés à temps, en cas de connivence.

Les individus non chargés de la conduite ou de la garde qui auront facilité ou procuré l'évasion, seront punis d'un emprisonnement d'un an au moins et de cinq ans au plus.

241. Si l'évasion a eu lieu ou a été tentée avec violences ou bris de prison, les peines contre ceux qui l'auront favorisée en fournissant des instrumens propres à l'opérer, seront, au cas que l'évadé fût de la qualité exprimée en l'article 238, trois mois à deux ans d'emprisonnement; au cas de l'article 239, deux à cinq ans d'emprisonnement; et au cas de l'article 240, la réclusion.

242. Dans tous les cas ci-dessus, lorsque les tiers qui auront procuré ou facilité l'évasion y seront parvenus en corrompant les gardiens ou geoliers, ou de connivence avec eux, ils seront punis des mêmes peines que lesdits gardiens et geoliers.

243. Si l'évasion avec bris ou violence a été favorisée par transmission d'armes, les gardiens et conducteurs qui y auront participé seront punis des travaux forcés à perpétuité; les autres personnes, des travaux forcés à temps.

244. Tous ceux qui auront connivé à l'évasion d'un détenu seront solidairement condamnés, à titre de dommages-intérêts, à tout ce que la partie civile du détenu aurait eu droit d'obtenir contre lui.

245. A l'égard des détenus qui se seront évadés ou qui auront tenté de s'évader par bris de prison ou par violence, ils seront, pour ce seul fait, punis de six mois à un an d'emprisonnement, et subiront cette peine immédiatement après l'expiration de celle qu'ils auront encourue pour le crime ou délit à raison duquel ils étaient détenus, ou immédiatement après l'arrêt ou jugement qui les aura acquittés ou renvoyés absous dudit crime ou délit; le tout sans préjudice de plus fortes peines qu'ils auraient pu encourir pour d'autres crimes qu'ils auraient commis dans leurs violences (1).

246. Quiconque sera condamné, pour avoir favorisé une évasion ou des tentatives d'évasion, à un emprisonnement de plus de six mois, pourra, en outre, être mis sous la surveillance spéciale de la haute police, pour un intervalle de cinq à dix ans.

247. Les peines d'emprisonnement ci-dessus établies contre les conducteurs ou les gardiens, en cas de négligence seulement, cesseront lorsque les évadés seront repris ou représentés, pourvu que ce soit dans les quatre mois de l'évasion, et qu'ils ne soient pas arrêtés pour d'autres crimes ou délits commis postérieurement.

248. Ceux qui auront recelé ou fait receler des personnes qu'ils savaient avoir commis des crimes emportant peine afflictive, seront punis de trois mois d'emprisonnement au moins et de deux ans au plus.

Sont exceptés de la présente disposition les ascendans ou descendans, époux ou épouse même divorcés, frères ou sœurs des criminels recelés, ou leurs alliés aux mêmes degrés (2).

§ V. Bris de scellés et enlèvement de pièces dans les dépôts publics.

249. Lorsque des scellés apposés, soit par ordre du Gouvernement, soit par suite d'une ordonnance de justice rendue en quelque matière que ce soit, auront été brisés, les gardiens seront punis, pour simple négligence, de six jours à six mois d'emprisonnement.

250. Si le bris des scellés s'applique à des papiers et effets d'un individu prévenu ou accusé d'un crime emportant la peine de mort, des travaux forcés à perpétuité, ou de la déportation, ou qui soit condamné à l'une de ces peines, le gardien négligent sera puni de six mois à deux ans d'emprisonnement.

251. Quiconque aura, à dessein, brisé des scellés apposés sur des papiers ou effets de la qualité énoncée en l'article précédent, ou participé au bris des scellés, sera puni de la réclusion; et si c'est le gardien lui-même, il sera puni des travaux forcés à temps.

252. A l'égard de tous autres bris de scellés, les coupables seront punis de six

---

(1) L'article n'est pas applicable au prisonnier pour dettes (Cass. 10 août 1824 : S. 25, 1, 75).

L'évasion par bris de prison effectuée par un condamné ne constitue pas à son égard une récidive passible d'aggravation de peine (Cass. 22 fév. 1828 : S. 28, 1, 293). L'art. 245 déroge à l'art. 365, Cod. inst. crim. qui prohibe le cumul des peines (Cass. 17 juin, 1831 : S. 31, 1, 339).

Voy. ordonnance du 2 janvier 1817, sur l'évasion des forçats : Voy. les notes sur l'art. 365, Code d'instr. crim.

(2) Celui qui reçoit un condamné après son évasion, qui prépare ses gîtes sur la route, lui fournit les moyens de se déguiser; le conduit ainsi au-delà des frontières, recèle un évadé, dans le sens de l'article (Paris, 24 avr. 1816 : S. 16, 2, 145).

L'exception doit être étendue à l'épouse qui a favorisé l'évasion de son mari (Paris, 24 avril 1816 : S. 16, 2, 145).

mois à deux ans d'emprisonnement; et si c'est le gardien lui-même, il sera puni de deux à cinq ans de la même peine (1).

253. Tout vol commis à l'aide d'un bris de scellés, sera puni comme vol commis à l'aide d'effraction (2).

254. Quant aux soustractions, destructions et enlèvemens de pièces ou de procédures criminelles, ou d'autres papiers, registres, actes et effets, contenus dans des archives, greffes ou dépôts publics, ou remis à un dépositaire public en cette qualité, les peines seront, contre les greffiers, archivistes, notaires ou autres dépositaires négligens, de trois mois à un an d'emprisonnement, et d'une amende de cent francs à trois cents francs (3).

255. Quiconque se sera rendu coupable des soustractions, enlèvemens ou destructions mentionnés en l'article précédent, sera puni de la réclusion.

Si le crime est l'ouvrage du dépositaire lui-même, il sera puni des travaux forcés à temps (4).

256. Si le bris de scellés, les soustractions, enlèvemens ou destructions de pièces ont été commis avec violences envers les personnes, la peine sera, contre toute personne celle des travaux forcés à temps, sans préjudice de peines plus fortes, s'il y a lieu, d'après la nature des violences et des autres crimes qui y seraient joints (5).

§ VI. Dégradation de monumens.

257. Quiconque aura détruit, abattu, mutilé ou dégradé des monumens, statues et autres objets destinés à l'utilité ou à la décoration publique, et élevés par l'autorité publique ou avec son autorisation, sera puni d'un emprisonnement d'un mois à deux ans, et d'une amende de cent francs à cinq cents francs (6).

§ VII. Usurpation de titres ou fonctions.

258. Quiconque, sans titre, se sera immiscé dans des fonctions publiques, civiles ou militaires, ou aura fait les actes d'une de ces fonctions, sera puni d'un emprisonnement de deux à cinq ans, sans préjudice de la peine de faux, si l'acte porte le caractère de ce crime (7).

259 (a). Toute personne qui aura publiquement porté un costume, un uniforme ou une décoration qui ne lui appartiendra pas, sera punie d'un emprisonnement de six mois à deux ans (8).

§ VIII. Entraves au libre exercice des cultes.

260. Tout particulier qui, par des voies de fait ou des menaces, aura contraint ou empêché une ou plusieurs personnes d'exercer l'un des cultes autorisés, d'assister à l'exercice de ce culte, de célébrer certaines fêtes, d'observer certains jours de repos, et, en conséquence, d'ouvrir ou de fermer leurs ateliers, boutiques ou magasins, et de faire ou quitter certains travaux, sera puni, pour ce seul fait, d'une amende de seize francs à deux cents francs, et d'un emprisonnement de six jours à deux mois (9).

---

(1) Des cohéritiers qui brisent des scellés apposés sur les effets de leurs auteurs, quoiqu'il n'en soit résulté aucun préjudice pour quelque intéressé, sont passibles d'un emprisonnement de six mois à deux ans (Cass. 22 juillet 1813 : S. 17, 1, 96).

(2) Voy. art. 384.

(3) Les bureaux des payeurs généraux sont au nombre des dépôts publics (Cass. 25 juillet 1812 : S. 17, 1, 321).

Une bibliothèque publique est aussi un dépôt public (Cass. 9 avril 1813 : S. 17, 1, 96; id. — 5 août 1819 ; S. 19, 1, 386; D. 17, 1, 391 ; P. 56, 264; id. — 25 mars 1819 ; S. 19, 1, 318). Voy. art. 169, 255, 408.

(4) Les effets saisis confiés à un gardien ne peuvent être considérés comme étant entre les mains d'un dépositaire public (Cass. 29 oct. 1812 : S. 13, 1, 190).

(5) V. les art. 295, 382, 400.

(6) L'enlèvement d'une guérite dont la vitre fermant une des ouvertures qui y sont pratiquées a été brisée dans le transport, n'est point une dégradation ou destruction d'un monument ou d'un objet d'utilité publique élevé par l'autorité publique (Cass. 22 mai 1818 : Bull. crim. p. 194).

Le fait d'un propriétaire qui arrache des jalons plantés sur son terrain par les ingénieurs des ponts et chaussées pour des travaux préparatoires ou d'étude, lorsqu'il n'a pas été prévenu par les agens de l'administration, ne peut être qualifié de destruction d'objets destinés à l'utilité et à la décoration publique (Cass. 4 mars 1825 : S. 26, 1, 36).

(7) Le fait de remplacer un garde national, sans être garde national soi-même, ne constitue pas le fait d'avoir usurpé des fonctions militaires ; il n'y a dans ce fait ni crime ni délit, ni contravention (Cass. 7 mai 1824 : S. 24, 2, 311). Rien dans la loi du 22 mars 1831 ne me semble devoir modifier cette solution.

L'exercice du droit électoral par celui qui n'est pas électeur, ne constitue ni crime ni délit. — On ne peut voir dans ce fait ni un délit relatif à l'exercice des droits civiques, ni l'usurpation de fonctions publiques (Amiens, 16 juin 1822 : S. 24, 2, 209).

V. mes notes sur l'art. 28 de la loi du 2 juillet 1828, relative aux élections, t. 28, p. 240 de la Coll. des Lois.

(a) Ancien article 259, abrogé : « Toute personne qui aura publiquement porté un costume, un uniforme ou une décoration qui ne lui appartenait pas, ou qui se sera attribué des titres royaux qui ne lui auraient pas été légalement conférés, sera punie d'un emprisonnement de six mois à deux ans. »

(8) La disposition : « ou qui se serait attribué des titres royaux qui ne lui auraient pas été légalement conférés, » a été supprimée comme incompatible avec l'état de nos mœurs. Pour la défendre, on a prétendu qu'elle était la sanction de l'art. 62 de la Charte qui reconnaît les titres de noblesse et donne au Roi le droit de faire des nobles à volonté ; mais on a répondu que la Charte n'avait rien d'impératif dans sa disposition ; qu'ainsi aucune loi pénale n'était nécessaire. Chacun pourra donc impunément prendre le titre de baron, de comte, de marquis ou de duc, etc. Il est bien entendu toutefois que, si à l'aide de ces qualités on a commis une escroquerie, on se trouvera placé sous l'empire de l'art. 405 du Code pénal. V. art. 345.

(9) La Charte de 1830 ne renferme plus la disposition qui, dans la Charte de 1814, proclamait la religion catholique religion de l'État. V. la loi du 18 nov. 1814 sur la célébration des fêtes et dimanches ; la loi du 20 avril 1825 relative au sacrilège, et celle du 11 octobre 1830, qui l'abroge.

261. Ceux qui auront empêché, retardé ou interrompu les exercices d'un culte par des troubles ou désordres causés dans le temple ou autre lieu destiné ou servant actuellement à ces exercices, seront punis d'une amende de seize francs à trois cents francs, et d'un emprisonnement de six jours à trois mois (1).

262. Toute personne qui aura, par paroles ou gestes, outragé les objets d'un culte dans les lieux destinés ou servant actuellement à son exercice, ou les ministres de ce culte dans leurs fonctions, sera punie d'une amende de seize francs à cinq cents francs, et d'un emprisonnement de quinze jours à six mois.

263 (a). Quiconque aura frappé le ministre d'un culte dans ses fonctions, sera puni de la dégradation civique.

264. Les dispositions du présent paragraphe ne s'appliquent qu'aux troubles, outrages ou voies de fait dont la nature ou les circonstances ne donneront pas lieu à de plus fortes peines, d'après les autres dispositions du présent code.

Section V. *Associations de malfaiteurs, vagabondage et mendicité.*

§ 1er. Association de malfaiteurs.

265. Toute association de malfaiteurs envers les personnes ou les propriétés, est un crime contre la paix publique (2).

266. Ce crime existe par le seul fait d'organisation de bandes ou de correspondance entre elles et leurs chefs ou commandans, ou de conventions tendant à rendre compte ou à faire distribution ou partage du produit des méfaits (3).

267. Quand ce crime n'aurait été accompagné ni suivi d'aucun autre, les auteurs, directeurs de l'association, et les commandans en chef ou en sous-ordre de ces bandes, seront punis des travaux forcés à temps.

268. Seront punis de la réclusion tous autres individus chargés d'un service quelconque dans ces bandes, et ceux qui auront sciemment et volontairement fourni aux bandes ou à leurs divisions, des armes, munitions, instrumens de crime, logement, retraite ou lieu de réunion (4).

§ II. Vagabondage.

269. Le vagabondage est un délit (5).

270. Les vagabonds ou gens sans aveu sont ceux qui n'ont ni domicile certain, ni moyens de subsistance, et qui n'exercent habituellement ni métier, ni profession.

271 (b). Les vagabonds ou gens sans aveu qui auront été légalement déclarés tels, seront, pour ce seul fait, punis de trois à six mois d'emprisonnement. Ils seront renvoyés, après avoir subi leur peine, sous la surveillance de la haute police pendant cinq ans au moins et dix ans au plus.

Néanmoins, les vagabonds âgés de moins de seize ans ne pourront être condamnés à la peine d'emprisonnement; mais sur la preuve des faits de vagabondage, ils seront renvoyés sous la surveillance de la haute police jusqu'à l'âge de vingt ans accomplis, à moins qu'avant cet âge ils n'aient contracté un engagement régulier dans les armées de terre ou de mer (6).

272. Les individus déclarés vagabonds par jugement (7), pourront, s'ils sont étrangers, être conduits, par les ordres du Gouvernement, hors du territoire du royaume.

273. Les vagabonds nés en France pourront, après un jugement même passé en force de chose jugée, être réclamés par délibération du conseil municipal de la commune où ils sont nés, ou cautionnés par un citoyen solvable.

Si le Gouvernement accueille la réclamation ou agrée la caution, les individus

---

(1) Lorsqu'un ministre du culte catholique conduit dans la sacristie de son église une femme pour la confesser, le tiers qui fait des efforts pour s'introduire dans la sacristie, nonobstant la défense du prêtre, trouble l'exercice du culte (Cass. 7 octobre 1824 : S. 25, 1, 76).

Il y a délit punissable de la part d'un individu qui ayant autorité sur un enfant, l'enlève dans l'église, et pendant le catéchisme, du lieu où le desservant l'avait mis en punition (Cass. 19 mai 1827 : S. 27, 1, 508).

(a) Ancien article 263, abrogé : « Quiconque aura frappé le ministre d'un culte dans ses fonctions sera puni du carcan. »

(2) *V.* art. 209, 214.

(3) *V.* art. 313, 440.

(4) Il suffit qu'un individu ait fait partie d'une association de malfaiteurs pour être condamnable aux peines prononcées par l'art. 268 (Cass. 15 mai 1818 : Bull. 1818, p. 521).

Il faut, pour l'application de la peine, que le fait d'avoir fourni des munitions à des malfaiteurs ait eu lieu sciemment et volontairement (Cass. 22 juillet 1824 : S. 24, 1, 298).

(5) *V.* Lois du 24 vendémiaire an 2, 10 vendémiaire an 4, tit. 3, art. 7, et 18 pluviose an 9, Cod. instruct. crim. art. 553.

(b) Ancien article 271, abrogé : « Les vagabonds ou gens sans aveu qui auront été légalement déclarés tels, seront pour ce seul fait, punis de trois à six mois d'emprisonnement, et demeureront, après avoir subi leur peine, à la disposition du Gouvernement pendant le temps qu'il déterminera, eu égard à leur conduite. »

(6) Le prévenu de vagabondage ne peut être excusé, par le motif qu'il n'est âgé que de quinze ans, que son état de vagabondage est l'effet du malheur de sa condition (Cass. 21 mars 1823 : S. 23, 1, 149; P. 66, 558).

(7) Il faut entendre un jugement prononcé par le juge chargé de rendre décision sur la culpabilité et non une ordonnance de la chambre du conseil statuant sur la prévention (Cass. 7 juillet 1827 : S. 28, 1, 29).

C'est à l'administration et non aux tribunaux qu'il appartient d'ordonner qu'un étranger sera conduit à l'expiration de la peine jusqu'aux frontières du royaume (Cass. 9 septembre 1826 : S. 27, 1, 519).

ainsi réclamés ou cautionnés seront, par ses ordres, renvoyés ou conduits dans la commune qui les aura réclamés, ou dans celle qui leur sera assignée pour résidence, sur la demande de la caution (1).

§ III. Mendicité.

274. Toute personne qui aura été trouvée mendiant dans un lieu pour lequel il existera un établissement public organisé afin d'obvier à la mendicité, sera punie de trois à six mois d'emprisonnement, et sera, après l'expiration de sa peine, conduite au dépôt de mendicité (2).

275. Dans les lieux où il n'existe point encore de tels établissemens, les mendians d'habitude valides seront punis d'un mois à trois mois d'emprisonnement.

S'ils ont été arrêtés hors du canton de leur résidence, ils seront punis d'un emprisonnement de six mois à deux ans.

276. Tous mendians, même invalides, qui auront usé de menaces, ou seront entrés, sans permission du propriétaire ou des personnes de sa maison, soit dans une habitation, soit dans un enclos en dépendant,

Ou qui feindront des plaies ou infirmités,

Ou qui mendieront en réunion, à moins que ce ne soient le mari et la femme, le père ou la mère et leurs jeunes enfans, l'aveugle et son conducteur,

Seront punis d'un emprisonnement de six mois à deux ans.

DISPOSITIONS COMMUNES AUX VAGABONDS ET MENDIANS.

277. Tout mendiant ou vagabond qui aura été saisi travesti d'une manière quelconque,

Ou porteur d'armes, bien qu'il n'en ait usé ni menacé,

Ou muni de limes, crochets ou autres instrumens propres soit à commettre des vols ou d'autres délits, soit à lui procurer les moyens de pénétrer dans les maisons,

Sera puni de deux à cinq ans d'emprisonnement.

278. Tout mendiant ou vagabond qui sera trouvé porteur d'un ou de plusieurs effets d'une valeur supérieure à cent francs, et qui ne justifiera point d'où ils lui proviennent, sera puni de la peine portée en l'article 276.

279. Tout mendiant ou vagabond qui aura exercé quelque acte de violence que ce soit envers les personnes, sera puni de la réclusion, sans préjudice de peines plus fortes, s'il y a lieu, à raison du genre et des circonstances de la violence (3).

280 (a). *Abrogé.*

281. Les peines établies par le présent code contre les individus porteurs de faux certificats, faux passeports ou fausses feuilles de route, seront toujours, dans leur espèce, portées au *maximum*, quand elles seront appliquées à des vagabonds ou mendians.

282 (b). Les mendians qui auront été condamnés aux peines portées par les articles précédens, seront renvoyés, après l'expiration de leur peine, sous la surveillance de la haute police pour cinq ans au moins et dix ans au plus.

Section VI. *Délits commis par la voie d'écrits, images ou gravures distribués sans nom d'auteur, imprimeur ou graveur.*

283. Toute publication ou distribution d'ouvrages, écrits, avis, bulletins, affiches, journaux, feuilles périodiques ou autres imprimés, dans lesquels ne se trouvera pas l'indication vraie des nom, profession et demeure de l'auteur ou de l'imprimeur, sera, pour ce seul fait, punie d'un emprisonnement de six jours à six mois, contre toute personne qui aura sciemment contribué à la publication ou distribution (4).

284. Cette disposition sera réduite à des peines de simple police :

1° A l'égard des crieurs, afficheurs, vendeurs ou distributeurs qui auront fait connaître la personne de laquelle ils tiennent l'écrit imprimé ;

2° A l'égard de quiconque aura fait connaître l'imprimeur ;

3° A l'égard même de l'imprimeur qui aura fait connaître l'auteur (5).

285. Si l'écrit imprimé contient quelques provocations à des crimes ou délits, les crieurs, afficheurs, vendeurs et distributeurs seront punis comme complices des provocateurs, à moins qu'ils n'aient

---

(1) *V.* art. 44, 46.

(2) Il n'y a pas délit de mendicité de la part de ceux qui quêtent pour le desservant de la commune (Cass. 10 novembre 1808 : S. 7, 2, 1185).

Voy. loi des 24 vendémiaire an 2, 10 vendémiaire an 4, 28 pluviose an 9 ; décret du 5 juillet 1808.

(3) Pour qu'il y ait lieu à l'application de l'article, il n'est pas nécessaire que les violences aient été exercées en mendiant, il suffit que celui qui s'en est rendu coupable fût lors de ces violences un mendiant ou un vagabond (13 septembre 1812, Cass. ; Bull. crim. p. 411).

(a) Ancien article 280, abrogé : « Tout vagabond ou mendiant qui aura commis un crime emportant la peine des travaux forcés à temps, sera en outre marqué. »

(b) Ancien article 282, abrogé : « Les vagabonds ou mendians qui auront subi les peines portées par les articles précédens, demeureront, à la fin de ces peines, à la disposition du Gouvernement. »

(4) *Voy.* loi du 21 octobre 1814, tit. 2, et notamment les art. 17, 18 et 19 ; ordonnance du 8 octobre 1817.

(5) *Voy.* l'art. 473, 13°.

fait connaître ceux dont ils tiennent l'écrit contenant la provocation.

En cas de révélation, ils n'encourront qu'un emprisonnement de six jours à trois mois; et la peine de complicité ne restera applicable qu'à ceux qui n'auront point fait connaître les personnes dont ils auront reçu l'écrit imprimé, et à l'imprimeur, s'il est connu (1).

286. Dans tous les cas ci-dessus, il y aura confiscation des exemplaires saisis.

287. Toute exposition ou distribution de chansons, pamphlets, figures ou images contraires aux bonnes mœurs, sera punie d'une amende de seize francs à cinq cents francs, d'un emprisonnement d'un mois à un an, et de la confiscation des planches et des exemplaires imprimés ou gravés de chansons, figures ou autres objets du délit (2).

288. La peine d'emprisonnement et l'amende prononcées par l'article précédent, seront réduites à des peines de simple police :

1° A l'égard des crieurs, vendeurs ou distributeurs qui auront fait connaître la personne qui leur a remis l'objet du délit;

2° A l'égard de quiconque aura fait connaître l'imprimeur ou le graveur;

3° A l'égard même de l'imprimeur ou du graveur qui auront fait connaître l'auteur ou la personne qui les aura chargés de l'impression ou de la gravure (1).

289. Dans tous les cas exprimés en la présente section, et où l'auteur sera connu, il subira le *maximum* de la peine attachée à l'espèce de délit.

DISPOSITIONS PARTICULIÈRES.

290 (a). Tout individu qui, sans y avoir été autorisé par la police, fera le métier de crieur ou afficheur d'écrits imprimés, dessins ou gravures, même munis des noms d'auteur, imprimeur, dessinateur ou graveur, sera puni d'un emprisonnement de six jours à deux mois.

SECT. VII. *Des associations ou réunions illicites.*

291. Nulle association de plus de vingt personnes, dont le but sera de se réunir tous les jours ou à certains jours marqués pour s'occuper d'objets religieux, littéraires, politiques ou autres, ne pourront se former qu'avec l'agrément du Gouvernement, et sous les conditions qu'il plaira à l'autorité publique d'imposer à la société.

Dans le nombre de personnes indiqué par le présent article ne seront pas comprises celles domiciliées dans la maison où l'association se réunit (4).

292. Toute association de la nature ci-dessus exprimée qui sera formée sans autorisation, ou qui, après l'avoir obtenue, aura enfreint les conditions à elle imposées, sera dissoute.

Les chefs, directeurs ou administrateurs de l'association seront en outre punis d'une amende de seize francs à deux cents francs.

293. Si, par discours, exhortations, invocations ou prières, en quelque langue que ce soit, ou par lecture, affiche, publication ou distribution d'écrits quelconques, il a été fait, dans ces assemblées, quelque provocation à des crimes ou à des délits, la peine sera de cent francs à trois cents francs d'amende, et de trois mois à deux ans d'emprisonnement, contre les chefs, directeurs et administrateurs de ces associations, sans préjudice des peines plus fortes qui seraient portées par la loi contre les individus personnellement coupables de la provocation, lesquels, en aucun cas, ne pourront être punis d'une peine moindre que celle infligée aux chefs, directeurs et administrateurs de l'association.

294. Tout individu qui, sans la permission de l'autorité municipale, aura accordé ou consenti l'usage de sa maison ou de son appartement, en tout ou en partie, pour la réunion des membres d'une association même autorisée, ou pour l'exercice d'un culte, sera puni d'une amende de seize francs à deux cents francs (5).

---

(1) *Voy.* loi du 17 mai 1819, art. 1ᵉʳ et suivans; et loi du 25 mars 1822.

(2) *Voy.* loi du 17 mai 1819, art. 8; et loi du 25 mars 1822, art. 1ᵉʳ.

(3) *Voy.* art. 473, n° 13; 477, 30.

(a) « Cet article a été abrogé par la loi du 10 décembre 1830 *sur les afficheurs et les crieurs publics.* » *V.* lois des 10 décembre 1830 et 8 avril 1831.

(4) La question de savoir si les dispositions contenues dans les art. 291 et suivans ont été abrogées par l'art. 5 de la Charte, qui proclame la liberté des cultes, a été résolue négativement sous l'empire de la Charte 1814 et sous l'empire de la Charte de 1830. — Ainsi l'autorisation exigée est nécessaire pour les réunions de tous ceux qui professent des cultes non reconnus par l'État (Arrêts de la Cour de cass. des 3 août 1826, 12 septembre 1828, 19 août 1830; S. 26, 1, 338; 28, 1, 358; 30, 1, 311).

Depuis la révolution de 1830, on a soutenu que l'article 291 était abrogé, en ce qui touche les réunions politiques. Ce système n'a pas été accueilli (Arrêt du 20 septembre 1830, Paris; S. 30, 2, 316).

(5) L'autorisation est même nécessaire pour les cultes reconnus, par exemple, les protestans (Arrêt du 18 septembre 1830; S. 30, 1, 509).

Le particulier qui prête sa maison sans l'autorisation de l'autorité municipale, notamment à l'association des piétistes, commet un délit (Metz, 29 décembre 1826; S. 27, 2, 60).

On est réputé avoir obtenu la permission de l'autorité municipale, lorsque le commissaire de police, agent de cette autorité, avait connaissance des réunions, qu'une clef lui avait été remise pour y pénétrer à toute heure et y exercer toute surveillance (Cass. 12 septembre 1828; S. 28, 1, 358).

Les jésuites sont repoussés de France comme congrégation, par l'effet de l'ancienne condamnation prononcée

TITRE II. *Crimes et délits contre les particuliers.*

CHAP. Ier. *Crimes et délits contre les personnes.*

(Loi décrétée le 17 février 1810, promulguée le 27 du même mois.)

SECTION Ire. *Meurtre et autres crimes capitaux, menaces d'attentat contre les personnes.*

§ Ier. Meurtre, assassinat, parricide, infanticide, empoisonnement.

295. L'homicide commis volontairement est qualifié meurtre (1).

296. Tout meurtre commis avec préméditation ou guet-apens, est qualifié assassinat (2).

297. La préméditation consiste dans le dessein formé, avant l'action, d'attenter à la personne d'un individu déterminé, ou même de celui qui sera trouvé ou rencontré, quand même ce dessein serait dépendant de quelque circonstance ou de quelque condition.

298. Le guet-apens consiste à attendre plus ou moins de temps, dans un ou divers lieux, un individu, soit pour lui donner la mort, soit pour exercer sur lui des actes de violence.

299. Est qualifié parricide le meurtre des pères ou mères légitimes, naturels ou adoptifs, ou de tout autre ascendant légitime (3).

300. Est qualifié infanticide le meurtre d'un enfant nouveau-né (4).

301. Est qualifié empoisonnement tout attentat à la vie d'une personne, par l'effet de substances qui peuvent donner la mort plus ou moins promptement, de quelque manière que ces substances aient été employées ou administrées, et quelles qu'en aient été les suites.

302. Tout coupable d'assassinat, de parricide, d'infanticide et d'empoisonnement, sera puni de mort, sans préjudice de la disposition particulière contenue en l'article 13, relativement au parricide.

303. Seront punis comme coupables d'assassinat, tous malfaiteurs, quelle que soit leur dénomination, qui, pour l'exécution de leurs crimes, emploient des tortures ou commettent des actes de barbarie (5).

---

contre leur société, mais les tribunaux ne sont pas compétens pour ordonner leur expulsion, une telle mesure n'appartient qu'à la haute police (18 août 1818, Paris; S. 18, 2, 338).

(1 et 2) La jurisprudence avait décidé affirmativement la question de savoir si des coups portés volontairement et ayant occasionné la mort pouvaient être qualifiés meurtre ou assassinat, bien que l'intention de tuer ne fût pas constante (*Voy.* arrêts de la Cour de cassation des 14 février 1812, 12 juillet 1819, 6 mars 1823, 18 septembre 1828: S. 12, 1, 331; 19, 1, 374; 23, 1, 244; 28, 1, 376).

M. Legraverend s'élève contre cette doctrine, t. 2, p. 118. La nouvelle rédaction de l'art. 309 (*Voy.* les notes sur cet article) ne permet plus d'appliquer la peine du meurtre ou de l'assassinat, lorsqu'il n'y a pas eu intention de tuer.

La tentative de meurtre suppose essentiellement le dessein de tuer (Cass. 18 janvier 1816: S. 16, 2, 247).

Lorsque le jury a déclaré *un accusé non coupable du meurtre porté en l'acte d'accusation*, il ne peut être permis de soumettre à un tribunal correctionnel la question de savoir s'il a commis un homicide par imprudence; ce serait contrevenir à la maxime *non bis in idem* (Cass. 29 octobre 1812: S. 13, 1, 242).

La déclaration du jury portant que l'accusé est coupable de tentative de meurtre manifestée par des actes extérieurs et suivie d'un commencement d'exécution, emporte avec elle *implicitement*, la volonté de commettre le crime (Cass. 25 août 1816: S. 17, 2, 256).

Lorsque sur la question, *l'accusé est-il coupable d'avoir, à diverses reprises, volontairement porté des coups qui ont causé la mort?* Le jury répond: oui, l'accusé est coupable d'avoir porté des coups qui ont causé la mort; il n'y a pas constatation suffisante de la *volonté* de l'accusé (Cass. 19 septembre 1828: S. 28, 2, 367).

L'accusé déclaré coupable d'homicide volontaire, est par cela même déclaré coupable du crime de meurtre hors le cas de légitime défense. L'excuse de légitime défense est ainsi suffisamment écartée (Cass. 4 septembre 1818: S. 28, 1, 349).

En rapportant cet arrêt, je dois rappeler que la nouvelle rédaction de l'art. 339, Code d'inst. crim., impose l'obligation de poser les questions d'excuse, à peine de nullité.

Le *suicide* n'étant puni par aucune loi pénale, le complice d'un suicide n'est point sujet aux peines prononcées contre les homicides (Cass. 27 avril 1818: S. 18, 1, 317; D. 13, 1, 294; P. 44, 127).

Voy. art. 2, 64, 66, 68, 309, 319 et suivans; 437.

Le fait d'avoir donné volontairement la mort à autrui même sur son ordre ou de son consentement, constitue un homicide volontaire ou un meurtre, ou même un assassinat s'il y a eu préméditation, et non un suicide ou un acte de complicité de suicide (Cass. 16 novembre 1827: S. 28, 1, 135).

Voyez aussi arrêt du 2 août 1816: S. 16, 1, 39; P. 46, 328.

Le crime de guet-apens emporte toujours préméditation (Cass. 4 juin 1812: S. 13, 1, 50).

Il n'y a ni crime ni délit dans l'action de celui qui dans un duel tue ou blesse sans déloyauté son adversaire (Cass. 8 avril 1818: S. 19, 2, 143; *Id.* — 4 décembre 1824: S. 25, 1, 6 et 7; *id.* — 11 mai 1827; S. 28, 1, 47).

Mais le duel peut, suivant les circonstances, être qualifié assassinat (Cass. 21 sept. 1821: S. 22, 1, 173).

(3) Le meurtre du beau-père n'est pas un parricide (Cass. 15 décembre 1814: S. 15, 1, 87). *Voy.* art. 59.

(4) Le crime d'une mère qui homicide son enfant n'est pas seulement un *meurtre* puni des travaux forcés à perpétuité, mais un *infanticide* puni de mort (Cass. 15 octobre 1814: S. 15, 1, 87).

L'infanticide n'est pas seulement le meurtre de son propre enfant, c'est aussi le meurtre de tout enfant nouveau-né (Cass. 8 février 1816: S. 16, 1, 143; D. 14, 1, 191; P. 52, 262).

La loi du 25 juin 1824, art. 5, modifiait l'art. 302 du Code pénal, en disant que la peine de l'infanticide pourrait être réduite, à l'égard de la mère, à la peine des travaux forcés à perpétuité; mais l'art. 302 se trouve avoir repris sa force par l'abrogation de la loi du 25 juin 1824, prononcée par l'art. 103 de la loi du 28 avril 1832. Dans la discussion sur cette loi, M. Portalis avait proposé de rétablir la disposition de l'art. 5 de la loi du 25 juin 1824, ou plutôt de dire d'une manière absolue que la mère ne pourrait être punie que de la détention perpétuelle; mais M. le garde-des-sceaux et M. le rapporteur ont fait remarquer que la mère n'avait droit à une atténuation de peine que lorsqu'il existait des circonstances atténuantes, car sans cela, elle devrait être punie, au moins aussi rigoureusement que toute autre personne; que s'il existe des circonstances atténuantes, le jury le déclarera conformément à l'art. 341 du Code d'instruction criminelle, et la peine sera modifiée conformément à l'art. 463, Code pénal.

(5) Quand y a-t-il *actes de barbarie?* Cette détermination

304 (a). Le meurtre emportera la peine de mort, lorsqu'il aura précédé, accompagné ou suivi un autre crime.

Le meurtre emportera également la peine de mort, lorsqu'il aura eu pour objet, soit de préparer, faciliter ou exécuter un délit, soit de favoriser la fuite ou d'assurer l'impunité des auteurs ou complices de ce délit.

En tout autre cas, le coupable de meurtre sera puni des travaux forcés à perpétuité (1).

---

est abandonnée à la conscience des jurés (Cass. 9 février 1816 : D. 14, 1, 391.) *Voy.* art. 344.

(a) Ancien art. 304, abrogé : « Le meurtre emportera la peine de mort, lorsqu'il aura précédé, accompagné ou suivi un autre crime ou délit.

« En tout autre cas, le coupable de meurtre sera puni de la peine des travaux forcés à perpétuité. »

(1) Une grave modification a été apportée à cet article; pour en bien saisir l'effet, il faut connaître avec quelques détails les débats qui ont eu lieu dans les Chambres. Le projet présentait la rédaction suivante :

« Le meurtre emportera la peine de mort, lorsqu'il aura eu pour objet, soit de préparer, faciliter, ou exécuter un autre crime ou délit qui l'aura précédé, accompagné où suivi, soit de favoriser la fuite ou d'assurer de toute autre manière l'impunité des auteurs ou complices dudit crime ou délit. » M. le garde-des-sceaux en avait ainsi expliqué le sens. « L'art. 304, Code pénal, punit de mort le meurtre, sans préméditation, lorsqu'il a été précédé, accompagné ou suivi d'un autre crime ou délit. Ainsi le port d'une arme prohibée est un délit, le meurtre commis avec une arme prohibée, quoique sans préméditation, est puni de mort. Cet article, à cause de la trop grande portée de ses dispositions, a été l'objet de beaucoup de critiques : nous vous proposons de le modifier. L'art. 26 du projet exige, pour que la peine de mort soit applicable au meurtre non prémédité, accompagné d'un autre crime ou d'un délit, qu'il y ait entre le meurtre et l'autre crime, et l'autre commis, une relation de cause ou d'effet l'un avec l'autre. »

Mais la commission de la Chambre des députés a cru devoir modifier la disposition. Les changemens qu'elle proposait sont indiqués dans le passage suivant du rapport de M. Dumon :

« Le Gouvernement vous propose de ne punir de mort le meurtre non prémédité, mais accompagné d'un autre crime ou délit, que lorsqu'il existera entre le meurtre et l'autre crime ou le délit commis, une relation de cause et d'effet. Cette idée est éminemment juste, morale et philosophique; on comprend bien qu'un crime ou un délit ne puissent aggraver le meurtre que quand ils ont eu pour but de le préparer, de le faciliter ou d'en faire disparaître les preuves. Votre commission a craint que ces rapports, presque impossibles à établir, ne se présentassent pas avec la netteté désirable à l'esprit des jurés; elle a substitué à l'article du projet une disposition plus simple qui ne donnerait lieu à aucune équivoque. Le meurtre précédé, accompagné ou suivi d'un crime, serait puni de mort. Par-là est écartée l'hypothèse de la simultanéité d'un délit, et il ne reste plus que la concomitance d'un crime et d'un meurtre. Le principe de votre commission dans l'article qu'elle vous propose, est autre que le principe du Gouvernement, mais il n'est pas moins juste, et il rend la loi d'une plus facile application. »

Mais la Chambre des pairs, en adoptant l'opinion de la Chambre des députés pour le cas où il y aurait concomitance d'un crime avec le meurtre, a voulu conserver la disposition du projet relative au cas où un meurtre aurait des rapports de cause ou d'effet avec un délit quelconque, et elle a adopté l'article tel qu'il se trouve dans la loi. Lorsqu'il est revenu à la Chambre des députés, M. le rapporteur a donné quelques explications qu'il était utile de recueillir.

« L'art. 304 du Code pénal, a-t-il dit, punit le meurtre de mort, lorsqu'il a été précédé, accompagné ou suivi d'un autre crime ou délit. Cette disposition nous avait paru trop sévère, surtout en ce qui concerne la concomitance d'un délit : parce qu'un homme commet un meurtre non prémédité avec une arme prohibée ou en état de dommage, faut-il le considérer comme un assassin? Un simple délit qu'on peut supposer n'avoir eu aucune relation avec le meurtre, comble-t-il l'intervalle entre la peine des travaux forcés à perpétuité et la peine de mort?

« Vous ne l'aviez pas pensé; et c'est par ce motif qu'à la simple concomittance que le Code pénal exige entre le meurtre et le crime ou délit, pour prononcer la peine de mort, vous aviez substitué une véritable corrélation; vous aviez voulu que les deux actes fussent unis, non pas seulement par un rapport de temps, mais encore par un rapport de causalité. La Chambre des pairs n'a adopté ce système qu'en partie; en ce qui concerne le délit, elle a conservé votre rédaction, et exige la corrélation avec le meurtre; en ce qui concerne le crime, elle a maintenu le texte du Code pénal, et s'est contentée de la concomittance.

« C'est déjà une atténuation considérable du Code pénal; mais ce qui a été conservé de sa rigueur a paru susceptible d'objections assez sérieuses.

« On a demandé d'abord si punir de mort la réunion des deux faits, qui n'ont aucun rapport nécessaire, et qui séparément ne sont pas frappés de cette peine, ce n'était pas créer, contre tous les principes du droit criminel, un crime *constructif*. Il a été répondu que l'aggravation de peine pour un crime résultant de l'existence d'un autre crime auquel aucun lien ne rattache le premier, n'avait rien de contraire aux principes, et que les peines plus sévères de la récidive n'avaient pas d'autres fondemens. Quoi donc! le meurtrier qui couronne le meurtre par le brigandage ou par le viol, n'est-il pas plus coupable que celui dont la fureur a été allumée par un désir de vengeance et s'éteint après l'avoir obtenue.

« Lorsqu'un homme qui vient de verser le sang est poussé par la violence de ses passions et par l'entraînement même du meurtre, aux crimes les plus graves, il n'y aura pas, devant lui, une pénalité plus sévère pour l'arrêter! Il pourrait accumuler tous les attentats, renouveler le meurtre même / et la peine acquise à son homicide lui vaudrait désormais l'impunité, à moins que l'accusation ne mît en lumière entre tous ces crimes une liaison de causalité, toujours si obscure, et trop difficile à constater, pour en faire, avec quelque sécurité, l'objet d'une interpellation directe à la conscience du jury.

« Ces raisons nous ont paru justifier le fond même de la disposition; mais on a objecté que la rédaction si vague, si peu compréhensible, qui ne donne à la concomittance du crime et du meurtre aucune limite ni de temps ni de lieu, pouvait prêter aux plus dangereuses interprétations. Il a été répondu que le sens de cette disposition avait été depuis long-temps fixé par la jurisprudence; qu'elle ne s'appliquait qu'à des actes commis presque simultanément, et, comme disent les jurisconsultes, dans le même trait de temps, *id eodem tractu temporis*.

« M. le garde-des-sceaux s'est rendu dans le sein de la commission et a déclaré de la manière la plus positive que tel était le sens de l'article du Code pénal que l'amendement de la Chambre des pairs avait rétabli, et auquel le Gouvernement avait donné son adhésion. Votre commission, dans ces circonstances, croit devoir également vous proposer de l'adopter. »

La jurisprudence devra nécessairement se ressentir des modifications de la loi.

La Cour de cassation a jugé que l'art. 304 est applicable au cas où le meurtre a été commis avec un stilet (Arrêt du 5 août 1817 : S. 18, 1, 79; D. 18, 1, 470; P. 5, 170).

Au cas où le meurtre a été précédé ou accompagné du délit de chasse avec armes, sans permis de port d'armes (Cass. Arrêt du 21 mars 1822 : S. 22, 1, 252; D. 20, 1, 165; P. 64, 511).

L'on ne pourrait plus décider de la même manière, car évidemment le meurtre n'était pas commis pour préparer, faciliter ou exécuter, etc. le délit de port d'une arme prohibée (le stilet), ou le délit de chasse sans permis de port d'armes.

§ II. Menaces.

305. Quiconque aura menacé, par écrit anonyme ou signé, d'assassinat, d'empoisonnement, ou de tout autre attentat contre les personnes, qui serait punissable de la peine de mort, des travaux forcés à perpétuité, ou de la déportation, sera puni de la peine des travaux forcés à temps, dans le cas où la menace aurait été faite avec ordre de déposer une somme d'argent dans un lieu indiqué, ou de remplir toute autre condition.

306. Si cette menace n'a été accompagnée d'aucun ordre ou condition, la peine sera d'un emprisonnement de deux ans au moins et de cinq ans au plus, et d'une amende de cent francs à six cents francs.

307. Si la menace faite avec ordre ou sous condition a été verbale, le coupable sera puni d'un emprisonnement de six mois à deux ans, et d'une amende de vingt-cinq francs à trois cents francs.

308. Dans les cas prévus par les deux précédens articles, le coupable pourra de plus être mis, par l'arrêt ou le jugement, sous la surveillance de la haute police, pour cinq ans au moins et dix ans au plus.

SECTION II. *Blessures et coups volontaires non qualifiés meurtre, et autres crimes et délits volontaires.*

309 (a). Sera puni de la réclusion tout individu qui, volontairement, aura fait des blessures ou porté des coups, s'il est résulté de ces sortes de violences une maladie ou incapacité de travail personnel pendant plus de vingt jours.

Si les coups portés ou les blessures faites volontairement, mais sans intention de donner la mort, l'ont pourtant occasionnée, le coupable sera puni de la peine des travaux forcés à temps (1).

310 (b). Lorsqu'il y aura eu préméditation ou guet-apens, la peine sera, si la mort s'en est suivie, celle des travaux forcés à perpétuité, et si la mort ne s'en est pas suivie, celle des travaux forcés à temps (2).

311 (c). Lorsque les blessures ou les coups n'auront occasionné aucune maladie ou incapacité de travail personnel de l'espèce mentionnée en l'article 309, le coupable sera puni d'un emprisonnement de six jours à deux ans, et d'une amende de seize francs à deux cents francs, ou de l'une de ces deux peines seulement.

S'il y a eu préméditation ou guet-apens, l'emprisonnement sera de deux ans à cinq ans, et l'amende de cinquante francs à cinq cents francs (3).

312. Dans les cas prévus par les articles 309, 310 et 311, si le coupable a commis le crime envers ses père ou mère légitimes, naturels ou adoptifs, ou autres ascendans légitimes, il sera puni ainsi qu'il suit :

Si l'article auquel le cas se référera prononce l'emprisonnement et l'amende, le coupable subira la peine de la réclusion;

Si l'article prononce la peine de la ré-

L'article 304 n'est pas applicable au cas où le meurtrier a caché ou recelé le cadavre de l'homicidé, bien que ce fait matériel soit un délit correctionnel (359). Ce fait ne peut être réputé délit, ou délit à part, quand il est commis par l'auteur du meurtre (Cass. 21 sept. 1815 : S. 16, 1, 8). Cette décision est vraie à *fortiori* depuis la loi du 28 avril 1832.

(a) Ancien article 309, abrogé : « Sera puni de la peine de la réclusion, tout individu qui aura fait des blessures ou porté des coups, s'il est résulté de ces actes de violence une maladie ou incapacité de travail personnel pendant plus de vingt jours. »

(1) L'article 6 de la loi du 25 juin 1824 modifiait l'article 309 ; mais cette loi est abrogée par l'art. 103 de la loi du 28 avril 1832.

La nouvelle rédaction exprime clairement l'intention de ne point appliquer la peine de mort à celui qui tue par des coups portés volontairement, mais portés sans intention de tuer. M. le garde-des-sceaux a dit à la Chambre des députés que l'article avait pour objet de faire cesser une jurisprudence trop sévère. J'en ai recueilli les monumens dans les notes sur l'art. 295.

La peine de la réclusion ne s'applique point au cas où l'empêchement du blessé n'a duré tout juste que vingt jours (Cass. 9 juillet 1813 : S. 13, 1, 65 ; P. 35, 561).

Ni au cas, où ce sont seulement des *marques* de violences qui ont duré pendant vingt jours (Cass. 17 décembre 1819 : S. 20, 1, 145 ; D. 18, 1, 41 ; P. 57, 369).

Elle n'est applicable que dans le cas où ces coups ou blessures ont occasionné (pendant plus de vingt jours) une incapacité de *tout* travail personnel. — L'impossibilité où s'est trouvé celui qui a reçu les coups ou blessures, de se servir d'un de ses bras, n'est pas réputée, dans le sens de la loi, maladie ou incapacité de travail personnel (Cass. 14 déc. 1820 : S. 21, 1, 201 ; D. 19, 1, 141 ; P. 67, 459).

La peine est applicable, encore que la personne déjà malade ait pu mourir autrement que par suite des coups reçus ; ils ne peuvent être considérés comme simple délit, sous le prétexte qu'il était impossible aux juges de fixer la durée de la maladie ou de l'incapacité de travail (Cass. 7 octobre 1826 : S. 27, 1, 361).

La mutilation d'un individu pour le soustraire aux lois sur la conscription, quoique faite du consentement de cet individu, est punissable (Cass. 13 août 1813 : Bull. 1813, p. 436).

Cette jurisprudence est confirmée par l'art. 41 de la loi du 21 mars 1832, relative au recrutement.

(b) Ancien article 310, abrogé : « Si le crime mentionné au précédent article a été commis avec préméditation ou guet-apens, la peine sera celle des travaux forcés à temps. »

(a) *Voy.* les notes sur l'art. 309 et sur l'art. 295 ; *Voy.* l'art. 6 de la loi du 25 juin 1824 ; la loi du 25 juin 1824 est abrogée par l'art. 103 de la loi du 28 avril 1832.

(c) Ancien art. 311, abrogé : « Lorsque les blessures ou les coups n'auront occasionné aucune maladie ni incapacité de travail personnel de l'espèce mentionnée en l'article 309, le coupable sera puni d'un emprisonnement d'un mois à deux ans, et d'une amende de seize francs à deux cents francs.

« S'il y a eu préméditation ou guet-apens, l'emprisonnement sera de deux ans à cinq ans, et l'amende de cinquante francs à cinq cents francs. »

(3) Cet article est applicable au cas où un soufflet a été donné (Cass. 9 décembre 1819 : S. 20, 1, 170 ; D. 18, 1, 10p).

Aux coups ou blessures dont un mari se rend coupable envers sa femme (Cass. 9 avril 1815 : S. 16, 1, 254 ; id. — 2 février 1827 ; S. 28, 1, 89).

Voy. art. 186, 263, 267, 312 321, 327.

clusion, il subira celle des travaux forcés à temps;

Si l'article prononce la peine des travaux forcés à temps, il subira celle des travaux forcés à perpétuité (1).

313. Les crimes et les délits prévus dans la présente section et dans la section précédente, s'ils sont commis en réunion séditieuse, avec rébellion ou pillage, sont imputables aux chefs, auteurs, instigateurs et provocateurs de ces réunions, rébellions ou pillages, qui seront punis comme coupables de ces crimes ou de ces délits, et condamnés aux mêmes peines que ceux qui les auront personnellement commis.

314. Tout individu qui aura fabriqué ou débité des stilets, tromblons ou quelque espèce que ce soit d'armes prohibées par la loi ou par des réglemens d'administration publique, sera puni d'un emprisonnement de six jours à six mois.

Celui qui sera porteur desdites armes sera puni d'une amende de seize francs à deux cents francs.

Dans l'un et l'autre cas, les armes seront confisquées.

Le tout sans préjudice de plus forte peine, s'il y échet, en cas de complicité de crime (2).

315. Outre les peines correctionnelles mentionnées dans les articles précédens, les tribunaux pourront prononcer le renvoi sous la surveillance de la haute police depuis deux ans jusqu'à dix ans.

316. Toute personne coupable du crime de castration, subira la peine des travaux forcés à perpétuité.

Si la mort en est résultée avant l'expiration des quarante jours qui auront suivi le crime, le coupable subira la peine de mort (3).

317 (a). Quiconque, par alimens, breuvages, médicamens, violences, ou par tout autre moyen, aura procuré l'avortement d'une femme enceinte, soit qu'elle y ait consenti ou non, sera puni de la réclusion.

La même peine sera prononcée contre la femme qui se sera procuré l'avortement à elle-même, ou qui aura consenti à faire usage des moyens à elle indiqués ou administrés à cet effet, si l'avortement s'en est suivi.

Les médecins, chirurgiens et autres officiers de santé, ainsi que les pharmaciens qui auront indiqué ou administré ces moyens, seront condamnés à la peine des travaux forcés à temps, dans le cas où l'avortement aurait eu lieu.

Celui qui aura occasionné à autrui une maladie ou incapacité de travail personnel, en lui administrant volontairement, de quelque manière que ce soit, des substances qui, sans être de nature à donner la mort, sont nuisibles à la santé, sera puni d'un emprisonnement d'un mois à cinq ans, et d'une amende de seize francs à cinq cents francs; il pourra de plus être renvoyé sous la surveillance de la haute police pendant deux ans au moins et dix ans au plus.

Si la maladie ou incapacité de travail personnel a duré plus de vingt jours, la peine sera celle de la réclusion.

Si le coupable a commis, soit le délit, soit le crime, spécifiés aux deux paragraphes ci-dessus, envers un de ses ascendans, tels qu'ils sont désignés en l'article 312, il sera puni, au premier cas, de la réclusion; et au second cas, des travaux forcés à temps (4).

318. Quiconque aura vendu ou débité des boissons falsifiées, contenant des mixtions nuisibles à la santé, sera puni d'un emprisonnement de six jours à deux ans, et d'une amende de seize francs à cinq cents francs.

Seront saisies et confisquées les boissons falsifiées trouvées appartenir au vendeur ou débitant (5).

SECTION III. *Homicide, blessures et coups involontaires; crimes et délits excusables, et cas où ils ne peuvent être excusés; homicide, blessures et coups qui ne sont ni crimes ni délits.*

§ Ier. Homicides, blessures et coups involontaires.

319. Quiconque, par maladresse, im-

---

(1) Des voies de fait ou violences sans coups ni blessures, n'ont le caractère ni de crime ni de délit, alors même qu'elles ont lieu de fils à père (Cass. 15 octobre 1813: S. 14, 1, 73: P. 39, 129).

La réponse du jury qui déclare l'accusé coupable d'avoir porté à différentes reprises des coups à son père, établit d'une manière suffisante qu'ils ont été portés volontairement (Cass. 28 décembre 1827: S. 28, 1, 192).

Voy. art. 96, 97, 293, 440, 442.

(2) La déclaration du 23 mars 1728, en tant qu'elle prohibe la fabrique, le débit et le port de pistolets de poche, est encore en vigueur, mais elle est modifiée par le Code pénal quant à la quotité de la peine (Cass. 26 août 1824: S. 28, 1, 18). *Voy.* décrets des 2 nivôse an 14, 12 mars 1806; avis du Conseil-d'Etat du 17 mai 1811.

(a) Ancien art. 317, abrogé : « Quiconque, par alimens, breuvages, médicamens, violences, ou par tout autre moyen, aura procuré l'avortement d'une femme enceinte, soit qu'elle y ait consenti ou non, sera puni de la réclusion.

« La même peine sera prononcée contre la femme qui se sera procuré l'avortement à elle-même, ou qui aura consenti à faire usage des moyens à elle indiqués ou administrés à cet effet, si l'avortement s'en est suivi.

« Les médecins, chirurgiens et autres officiers de santé, ainsi que les pharmaciens qui auront indiqué ou administré ces moyens, seront condamnés à la peine des travaux forcés à temps, dans le cas où l'avortement aurait eu lieu. »

(3) *Voy.* art. 325.　　(4) *Voy.* notes sur l'art. 2.

(5) *Voy.* art. 475, nos 6 et 476.

4.

prudence, inattention, négligence ou inobservation des réglemens, aura commis involontairement un homicide, ou en aura involontairement été la cause, sera puni d'un emprisonnement de trois mois à deux ans, et d'une amende de cinquante francs à six cents francs (1).

320. S'il n'est résulté du défaut d'adresse ou de précaution que des blessures ou coups, l'emprisonnement sera de six jours à deux mois, et l'amende sera de seize francs à cent francs.

§ II. Crimes et délits excusables, et cas où ils ne peuvent être excusés (2).

321. Le meurtre ainsi que les blessures et les coups sont excusables, s'ils ont été provoqués par des coups ou violences graves envers les personnes (3).

322. Les crimes et délits mentionnés au précédent article sont également excusables, s'ils ont été commis en repoussant pendant le jour l'escalade ou l'effraction des clôtures, murs ou entrée d'une maison ou d'un appartement habité ou de leurs dépendances.

Si le fait est arrivé pendant la nuit, ce cas est réglé par l'article 329.

323. Le parricide n'est jamais excusable.

324. Le meurtre commis par l'époux sur l'épouse, ou par celle-ci sur son époux, n'est pas excusable, si la vie de l'époux ou de l'épouse qui a commis le meurtre n'a pas été mise en péril dans le moment même où le meurtre a eu lieu.

Néanmoins, dans le cas d'adultère, prévu par l'article 336, le meurtre commis par l'époux sur son épouse, ainsi que sur le complice, à l'instant où il les surprend en flagrant délit dans la maison conjugale, est excusable.

325. Le crime de castration, s'il a été immédiatement provoqué par un outrage violent à la pudeur, sera considéré comme meurtre ou blessures excusables.

326. Lorsque le fait d'excuse sera prouvé :

S'il s'agit d'un crime emportant la peine de mort, ou celle des travaux forcés à perpétuité, ou celle de la déportation, la peine sera réduite à un emprisonnement d'un an à cinq ans ;

S'il s'agit de tout autre crime, elle sera réduite à un emprisonnement de six mois à deux ans ;

Dans ces deux premiers cas, les coupables pourront de plus être mis par l'arrêt ou le jugement sous la surveillance de la haute police pendant cinq ans au moins et dix ans au plus.

S'il s'agit d'un délit, la peine sera réduite à un emprisonnement de six jours à six mois.

§ III. Homicide, blessures et coups non qualifiés crimes ni délits.

327. Il n'y a ni crime ni délit, lorsque l'homicide, les blessures et les coups étaient ordonnés par la loi et commandés par l'autorité légitime.

328. Il n'y a ni crime ni délit, lorsque l'homicide, les blessures et les coups étaient commandés par la nécessité actuelle de la légitime défense de soi-même ou d'autrui (4).

329. Sont compris dans les cas de nécessité actuelle de défense, les deux cas suivants :

1° Si l'homicide a été commis, si les blessures ont été faites, ou si les coups ont été portés en repoussant pendant la nuit l'escalade ou l'effraction de clôtures, murs

---

(1) Une sage-femme qui, dans un accouchement difficile, n'appelle point le secours d'un médecin, commet une imprudence ; et, en cas de mort de la mère et de l'enfant, elle est punissable d'homicide involontaire par imprudence (Cass. 18 septembre 1817 : S. 18, 1, 115 ; D. 15, 1, 564 ; P. 50, 546).

La réponse du jury doit, non-seulement constater que l'accusé est coupable d'homicide involontaire, mais encore dire expressément que ce fait est la suite d'une maladresse, d'une imprudence, etc. (Cass. 15 sept. 1825 : S. 27, 1, 7. — 7 juillet 1827 ; S. 28, 1, 117).

Voy. aussi l'application du principe posé dans cet article aux cas d'accidens arrivés à des ouvriers mineurs, par suite de violation des réglemens (Décret du 3 janvier 1813, art. 22).

(2) Voy. les notes sur l'art. 339, Code d'inst. crimin.

(3) Lorsqu'un arrêt déclare un crime de meurtre excusable, comme ayant eu lieu par suite et en conséquence de violences graves, il est nécessaire, sous peine de cassation, qu'il spécifie les violences, de telle sorte qu'on puisse reconnaître et distinguer, dans tous les cas, si ces violences ont été commises envers les personnes, et si elles rentrent dans l'application de cet article (Cass. 7 février 1811 ; S. 12, 1, 310).

Le meurtre n'est point excusable, s'il n'a été provoqué que par de simples injures, surtout alors que ces injures n'offrent pas le caractère de calomnie (Cass. 27 février 1813 : S. 15, 1, 243 ; P. 37, 457).

Le crime commis en état d'ivresse n'est point excusable (Cass. 18 mai 1815 : S. 15, 1, 398 ; P. 44, 185 ; id. — 15 octobre 1807 ; S. 8, 1, 54).

L'article ne s'applique pas aux meurtres et actes de violence commis sur les agens de l'autorité et de la force publique, dans l'exercice de leurs fonctions. — En ce cas, point d'excuse admissible pour provocation par violences et coups (Cass. 13 mars 1817 : S. 17, 1, 188 ; P. 49, 394.) V. aussi arrêt du 30 mai 1823 (Cass. S. 23, 1, 563).

Le meurtre commis par un gendarme dans l'exercice de ses fonctions, s'il a été provoqué par des coups ou violences graves, n'est pas seulement excusable : il y a absence de tout crime ou délit (Cass. 20 janvier 1825 : S. 25, 1, 276).

Les faits d'excuse ne peuvent être tenus pour constans par une cour royale, lors de l'instruction qui précède la mise en accusation (Cass. 15 février 1813 : S. 13, 1, 261 ; id. — S. 18, 1, 263. — 19, 1, 439, 21, 1, 428.) V. Cod. inst. crim., art. 339.

(4) En ce cas, il n'y a aucune culpabilité de la part de celui qui a fait les blessures, pas même une faute qui puisse autoriser contre lui une condamnation en dommages-intérêts envers la partie plaignante (Cass. 19 déc. 1817 : S. 18, 1, 170 ; D. 16, 1, 33 ; P. 52, 305).

L'homicide commis par un agent du Gouvernement est justifié, par cela seul qu'il y a eu motif légitime (Cass. 9 juillet 1825 ; S. 15, 1, 398 ; D. 23, 1, 428).

où entrée d'une maison ou d'un apparte-ment habité ou de leurs dépendances;

2° Si le fait a eu lieu en se défendant contre les auteurs de vols ou de pillages exécutés avec violence (1).

SECTION IV. *Attentats aux mœurs.*

330. Toute personne qui aura commis un outrage public à la pudeur, sera punie d'un emprisonnement de trois mois à un an, et d'une amende de seize francs à deux cents francs (2).

331 (a). Tout attentat à la pudeur, con-sommé ou tenté sans violence sur la per-sonne d'un enfant de l'un ou de l'autre sexe âgé de moins de onze ans, sera puni de la réclusion (3).

33a (b). Quiconque aura commis le cri-me de viol sera puni des travaux forcés à temps.

Si le crime a été commis sur la personne d'un enfant au-dessous de l'âge de quinze ans accomplis, le coupable subira le *maxi-*mum de la peine des travaux forcés à temps.

Quiconque aura commis un attentat à la pudeur, consommé ou tenté avec vio-lence contre des individus de l'un ou de l'autre sexe, sera puni de la réclusion.

Si le crime a été commis sur la personne d'un enfant au-dessous de l'âge de quinze ans accomplis, le coupable subira la peine des travaux forcés à temps (4).

333 (c). Si les coupables sont les ascen-dans de la personne sur laquelle a été commis l'attentat, s'ils sont de la classe de ceux qui ont autorité sur elle, s'ils sont ses instituteurs ou ses serviteurs à gages, ou serviteurs à gages des personnes ci-dessus désignées, s'ils sont fonctionnaires ou mi-nistres d'un culte, ou si le coupable, quel qu'il soit, a été aidé dans son crime par une ou plusieurs personnes; la peine sera celle des travaux forcés à temps, dans le cas prévu par l'article 331, et des travaux forcés à perpétuité, dans les cas prévus par l'article précédent (5).

---

(1) *Voy.* art. 395, 397.

(2) Les outrages à la pudeur s'entendent non de simples injures verbales, mais de faits ou d'actions qui offensent publiquement la pudeur et les bonnes mœurs (Cass. 30 nivose an 11 : S. 3, 2, 403).

La copulation charnelle d'un homme avec une femme est un outrage public à la pudeur, si le fait a lieu dans une rue ou autre endroit public, même la nuit.

L'outrage peut être public, bien que commis dans un lieu non public, s'il a été vu de quelques personnes (Cass. 22 février 1828 : S. 28, 1, 315).

(a) Ancien article 331, abrogé : « Quiconque aura commis le crime de viol, ou sera coupable de tout autre attentat à la pudeur, consommé ou tenté avec vio-lence contre des individus de l'un ou de l'autre sexe, sera puni de la réclusion. »

(3) La loi ne prévoyait pas le cas d'attentat à la pu-deur sans violence. *V.* arrêt de la Cour de cassation du 2 février 1815 (S. 15, 1, 221). Maintenant l'article 331 prévoit le cas d'attentat sans violence, et l'art. 332 le cas d'attentat avec violence. *V.* l'art. 332.

On a proposé de dire : Onze ans *révolus*; M. Dupin aîné a fait remarquer que cela était inutile : on n'aurait pas onze ans, a-t-il dit, s'ils n'étaient pas révolus; faudra-t-il que le jury se prononce sur l'âge? *V.* notes sur l'art. 332. *V.* Cod. 25 sept. 1791, 2e part. tit. 2, sect. 1, art. 29.

(b) Ancien article 332, abrogé : « Si le crime a été commis sur la personne d'un enfant au-dessous de l'âge de quinze ans accomplis, le coupable subira la peine des travaux forcés à temps. »

(4) La déclaration du jury portant que l'accusé est coupable de viol ou de tentative de viol, suffit pour au-toriser l'application de l'article, encore qu'il reste ignoré quels ont été les actes de commencement d'exécu-tion, et si c'est la volonté de l'accusé qui a empêché la consommation du crime (Cass. 18 mai 1815 : S 15, 1, 398; P. 44, 185).

Jugé au contraire, que lorsqu'un individu renvoyé de-vant une cour d'assises comme prévenu d'avoir consommé ou tenté avec violence un attentat à la pudeur a été pré-senté dans l'acte d'accusation comme coupable de tenta-tive de viol, et condamné comme tel, sans avoir fait décla-rer par le jury que cette tentative de viol n'a manqué son effet que par des circonstances indépendantes de la volon-té de l'accusé, la cour d'assises se trouve avoir prononcé dans ce cas sur un fait de tentative dépourvu des circons-tances qui seules pouvaient le rendre criminel (Cass. 17 février 1830 : S. 30, 1, 202; D. 18, 1, 177; P. 58, 126).

Tout attentat à la pudeur, commis avec violence, est réputé viol (Cass. 10 mars 1810 : S. 20, 1, 257; D. 28, 1, 256; — id. 10 juin 1830; S. 30, 1, 875).

Lorsque sur cette question : « L'accusé est-il coupable d'attentat à la pudeur, avec violence, » le jury répond : « L'accusé est coupable, mais sans violences physiques, » la réponse est incomplète et nulle (Cass. 9 mars 1811 : S. 21, 1, 413.)

Cette solution me semble encore devoir être suivie, nonobstant le nouvel article 331, car le jury, en disant *sans violences* physiques, ne dit pas absolument *sans violences* : la cour d'assises ne peut donc savoir lequel des art. 331 et 332 est applicable. *Id.* si le jury répond *oui, avec violence morale* (Cass. 28 oct. 1830 : S. 31, 1, 352). *V.* art. 191.

L'attentat à la pudeur, consommé ou tenté avec vio-lence, peut être un crime, encore qu'il ait eu lieu par des motifs autres que la lubricité ou l'impudicité (Cass. 14 janvier 1826 : S. 26, 1, 353).

Il faut que le jury s'explique sur l'âge de l'enfant (Cass. 29 avril 1824 : S. 24, 1, 323).

(c) Ancien article 333, abrogé : « La peine sera celle des travaux forcés à perpétuité, si les coupables sont de la classe de ceux qui ont autorité sur la personne envers laquelle ils ont commis l'attentat, s'ils sont ses institu-teurs ou ses serviteurs à gages, ou s'ils sont fonction-naires publics, ou ministres d'un culte, ou si le cou-pable, quel qu'il soit, a été aidé dans son crime par une ou plusieurs personnes.

(5) La peine doit être appliquée quand le viol aura été commis avec l'une des circonstances qui sont mention-nées (Cass. 19 déc. 1810; Bull. crim. p. 349. — 15 mars 1832; S. 30, 1, 277). *V.* art. 198.

Lors de la discussion de la loi du 28 avril 1832, M. Lher-bette a proposé d'ajouter, après le mot *autorité*, les mots : *de droit ou de fait*, afin de faire cesser la controverse qui existe sur la question de savoir si celui qui n'a pas une au-torité légale, mais qui a une autorité de fait, comme un maître sur sa domestique, se trouve compris dans l'ar-ticle. La cour de cassation a jugé que le maître a auto-rité sur sa domestique, dans le sens de cet article (arrêt du 16 décembre 1823; S. 24, 1, 185; D. 22, 1, 79). M. Carnot soutient l'opinion contraire. L'amendement de M. Lherbette a été rejeté sans explications.

Un père a autorité sur ses enfans, encore qu'ils soient majeurs (Cass. 27 mars 1828 : S. 28, 1, 381).

Jugé en sens contraire (S. 29, 1, 246).

Le mari a autorité sur les enfans mineurs que sa femme a eus d'un précédent mariage (Cass. 15 mars 1830 : S. 30, 1, 277).

Au surplus, la question de savoir si l'auteur du crime avait autorité sur la personne envers laquelle ce crime a été commis, est une question de droit qui doit être dé-cidée par la cour d'assises et non par le jury (Cass. 15 mars 1830 : S. 30, 1, 277).

334. Quiconque aura attenté aux mœurs en excitant, favorisant ou facilitant habituellement la débauche ou la corruption de la jeunesse de l'un ou de l'autre sexe au-dessous de l'âge de vingt-un ans, sera puni d'un emprisonnement de six mois à deux ans, et d'une amende de cinquante francs à cinq cents francs.

Si la prostitution ou la corruption a été excitée, favorisée ou facilitée par leurs pères, mères, tuteurs ou autres personnes chargées de leur surveillance, la peine sera de deux ans à cinq ans d'emprisonnement, et de trois cents francs à mille francs d'amende (1).

335. Les coupables du délit mentionné au précédent article seront interdits de toute tutelle et curatelle, et de toute participation aux conseils de famille; savoir: les individus auxquels s'applique le premier paragraphe de cet article pendant deux ans au moins et cinq ans au plus, et ceux dont il est parlé au second paragraphe, pendant dix ans au moins et vingt ans au plus.

Si le délit a été commis par le père ou la mère, le coupable sera de plus privé des droits et avantages à lui accordés sur la personne et les biens de l'enfant par le Code civil, livre Ier, titre IX, *de la Puissance paternelle*.

Dans tous les cas, les coupables pourront de plus être mis, par l'arrêt ou le jugement sous la surveillance de la haute police, en observant, pour la durée de la surveillance, ce qui vient d'être établi pour la durée de l'interdiction mentionnée au présent article.

336. L'adultère de la femme ne pourra être dénoncé que par le mari; cette faculté même cessera s'il est dans le cas prévu par l'article 339.

337. La femme convaincue d'adultère subira la peine de l'emprisonnement pendant trois mois au moins et deux ans au plus.

Le mari restera le maître d'arrêter l'effet de cette condamnation en consentant à reprendre sa femme (2).

338. Le complice de la femme adultère sera puni de l'emprisonnement pendant le même espace de temps, et, en outre, d'une amende de cent francs à deux mille francs.

Les seules preuves qui pourront être admises contre le prévenu de complicité seront, outre le flagrant délit, celles résultant de lettres ou autres pièces écrites par le prévenu (3).

M. Lherbette a également demandé que les fonctionnaires publics ne fussent assujétis à l'aggravation de peine, qu'autant que la nature de leurs fonctions aurait donné un ascendant au fonctionnaire sur la personne, un moyen de s'introduire auprès d'elle; en un mot, qu'autant que le délit aurait été commis sous l'influence des fonctions. Il a rappelé qu'un employé de l'octroi a été considéré comme fonctionnaire public dans le sens de cet article (V. Arr. de la cour de cass. du 24 janv. 1822, pour un employé des douanes: S. 22, 1, 194; D. 20, 1, 53; P. 63, 197), parce qu'il a le droit de rédiger des procès-verbaux faisant foi jusqu'à inscription de faux, comme si ce droit était d'aucun secours pour commettre l'attentat dont il est question. Il a ajouté enfin: dira-t-on que les fonctionnaires, publics en cette qualité, doivent donner l'exemple de la moralité, et sont plus coupables quand ils y manquent? Mais alors, aggravez donc toutes les peines pour tous les délits, et non pour celui-ci spécialement. Sa proposition n'a pas été accueillie. Il est difficile cependant de méconnaître la justesse de ces observations; aussi, je pense qu'on ne doit pas considérer le vote de la Chambre comme une réprobation du système de M. Lherbette, et je crois qu'on peut soutenir que le véritable sens de l'article est de punir plus sévèrement le fonctionnaire public qui a commis le crime, c'est-à-dire, lorsque c'est en cette qualité et en abusant de ses attributions qu'un individu a commis l'attentat.

La déclaration du jury portant qu'un individu a commis une tentative de viol, conjointement avec plusieurs personnes, emporte nécessairement l'idée que cet individu a été aidé dans son crime par ces personnes (Cass. 17 janvier 1829: S. 30, 1, 102).

(1) L'habitude est une circonstance constitutive du délit prévu par l'art. 334, Code pén. Il faut que le jugement de condamnation, en énonçant les faits d'attentat aux mœurs, constate en même temps que, de sa part, ces faits sont habituels (Cass. 29 janv. 1830: S. 30, 1, 102).

Il y a habitude dans le fait d'avoir, pendant un assez long espace de temps, excité et favorisé la corruption d'une jeune fille de quatorze ans, que l'auteur du fait avait recueillie chez lui (Cass. 29 janvier 1830: S. 30, 1, 144).

L'attentat est également punissable, soit qu'il ait pour objet les plaisirs des autres, soit qu'il ait pour objet le plaisir de soi-même (Cass. 10 avril 1829: S. 28, 1, 355; Angers, 14 juillet 1828; S. 28, 2, 344).

Le fait d'avoir facilité habituellement la débauche d'une fille âgée de moins de vingt-un ans, ne peut être excusé sur le motif que cette fille était inscrite sur la liste des femmes publiques (Cass. 17 novembre 1826: S. 27, 1, 525). V. art. 42, Code pénal.

(2) La réconciliation des époux, qui rend le mari non recevable à poursuivre l'adultère de sa femme, éteint l'action du ministère public. Peu importe la dénonciation antérieure du mari (Cass. 7 août 1823: S. 23, 1, 382; D. 21, 1, 317; P. 67, 569).

Une cour royale peut être saisie de la connaissance d'un délit d'adultère par l'appel du mari seul, et sans qu'il y ait appel du ministère public (Paris, 17 janvier 1823: S. 24, 2, 155).

Le mari contre qui la séparation de corps a été prononcée pour cause de sévices ou injures graves envers sa femme, n'en est pas moins recevable à rendre contre elle plainte en adultère (Paris, 13 mars 1826: S. 27, 2, 1er).

Si le mari après avoir fait rendre, contre sa femme et le complice de sa femme, une condamnation dont les deux prévenus ont interjeté appel, donne son désistement, le complice se trouve à l'abri d'un jugement confirmatif, et la condamnation, frappée d'appel, reste sans effet (Lyon, 12 juillet 1827: S. 27, 2, 181).

(3) Relativement à l'auteur principal, la loi a laissé l'adultère dans la classe des autres délits susceptibles d'être prouvés par tous les genres de preuves, et notamment par la preuve vocale (Paris, 14 février 1815: S. 16, 2, 212). V. art. 411.

L'expression *flagrant délit* n'a pas le même sens que dans l'article 41 Code d'inst. crim. La preuve du flagrant délit de l'adultère peut résulter de témoignages sur ce qui s'est passé à une époque éloignée.

Des lettres qui paraissent émanées d'un prévenu de complicité d'adultère, mais qui ne sont ni écrites ni

339. Le mari qui aura entretenu une concubine dans la maison conjugale, et qui aura été convaincu sur la plainte de la femme, sera puni d'une amende de cent francs à deux mille francs (1).

340. Quiconque étant engagé dans les liens du mariage en aura contracté un autre avant la dissolution du précédent, sera puni de la peine des travaux forcés à temps.

L'officier public qui aura prêté son ministère à ce mariage, connaissant l'existence du précédent, sera condamné à la même peine (2).

SECTION V. *Arrestations illégales et séquestrations de personnes.*

341. Seront punis de la peine des travaux forcés à temps, ceux qui, sans ordre des autorités constituées et hors les cas où la loi ordonne de saisir des prévenus, auront arrêté, détenu ou séquestré des personnes quelconques.

Quiconque aura prêté un lieu pour exécuter la détention ou séquestration, subira la même peine (3).

342. Si la détention ou séquestration a duré plus d'un mois, la peine sera celle des travaux forcés à perpétuité.

343. La peine sera réduite à l'emprisonnement de deux à cinq ans, si les coupables des délits mentionnés en l'art. 341, non encore poursuivis de fait, ont rendu la liberté à la personne arrêtée, séquestrée ou détenue, avant le dixième jour accompli depuis celui de l'arrestation, détention ou séquestration. Ils pourront néanmoins être renvoyés sous la surveillance de la haute police, depuis cinq ans jusqu'à dix ans (4).

344 (a). Dans chacun des deux cas suivans :

1° Si l'arrestation a été exécutée avec le faux costume, sous un faux nom ; ou sur un faux ordre de l'autorité publique ;

2° Si l'individu arrêté, détenu ou séquestré, a été menacé de la mort,

Les coupables seront punis des travaux forcés à perpétuité.

Mais la peine sera celle de la mort, si les personnes arrêtées, détenues ou séquestrées, ont été soumises à des tortures corporelles (5).

SECTION VI. *Crimes et délits tendant à empêcher ou détruire la preuve de l'état civil d'un enfant, ou à compromettre son existence ; enlèvement de mineurs ; infraction aux lois sur les inhumations.*

§ Ier. Crimes et délits envers l'enfant.

345. Les coupables d'enlèvement, de recelé ou de suppression d'un enfant, de substitution d'un enfant à un autre, ou de supposition d'un enfant à une femme qui

---

signées par lui, si elles ne peuvent, à elles seules, être considérées comme *preuves* de la complicité, peuvent du moins être admises concurremment avec d'autres preuves, pour établir la culpabilité du prévenu (Paris, 13 mars 1826: S. 27, 2, 17).

(1) *V.* art. 230, Code civ.

(2) La femme ne peut être punie comme coupable de bigamie, qu'après qu'il a été prouvé contre elle que le premier mariage existait encore lorsque le second a été contracté (Cass. 12 pluviose an 13: S. 5, 2, 189).

La bonne foi doit être positivement constatée, il ne suffit pas d'une simple possibilité (Cass. 13 avril 1815: S. 15, 1, 326).

Il ne suffit pas à un individu accusé de bigamie d'alléguer que son premier mariage est nul, pour faire renvoyer devant les tribunaux civils la question préjudicielle de nullité (Cass, 19 pluviose an 12; S. 4, 2, 90; id. — 2 avril 1807; S. 7, 2, 129. *V.* aussi arrêt du 19 novembre 1807, du 1er mars, du 15 juillet 1811, du 16 janv. 1826: S. 15, 2, 389 et 390; et S. 26, 1, 379).

Si l'exception de nullité du premier mariage a été couverte par le bigame, au moyen de faits contenant une renonciation tacite à l'action en nullité, la fin de non-recevoir qui s'élève contre son exception de nullité du premier mariage peut être jugée par les juges criminels déjà saisis du procès pour bigamie (Cass. 8 avril 1811: S. 15, 1, 388).

Un individu frappé de mort civile, qui contracte mariage, quoique déjà marié, doit être réputé bigame (Cass. 18 février 1819: S. 19, 1, 348; D. 17, 1, 130; P. 54, 145).

L'accusé convaincu de trois mariages, et accusé de bigamie à raison de l'existence simultanée du deuxième et du troisième, ne peut se faire un moyen de cassation contre l'arrêt de mise en accusation de ce que le second mariage, ayant été contracté avant la dissolution du premier était radicalement nul. L'accusé pourra tout au plus proposer l'exception préjudicielle devant la cour d'assises (Cass. 16 janvier 1826: S. 16, 1, 370). La tentative de bigamie est punissable (Cass. 28 juillet 1826 : S. 27, 1, 60).

La prescription du crime de bigamie court à partir du jour du second mariage qui constitue la bigamie (Cass. 5 septembre 1812 : S. 13, 1, 154).

(3) *V.* art. 114, 119, Cod. inst. crim. ; art. 615, Cod, 3 brum. an 4, art. 634.

(4) Lorsqu'un passager, infracteur de la discipline du navire, a été mis et détenu, à fond de cale, par ordre du capitaine, de l'avis de son état-major, des pilotes et du contre-maître, il n'y a pas séquestration de personnes, ou détention illégale (Aix, 17 septembre 1827 : S. 28, 2, 33).

La réponse affirmative du jury sur la question de savoir si l'accusé est coupable de détention ou séquestration illégale de personne, suffit. — Il n'est pas nécessaire que le jury fasse mention de la circonstance que la détention ou séquestration aurait eu lieu sans ordre des autorités constituées et hors les cas où la loi ordonne de se saisir des prévenus (Cass. 19 juin 1828: S. 28, 2, 251).

(a) Ancien art. 344, abrogé : « Dans chacun des trois cas suivans :

« 1° Si l'arrestation a été exécutée avec le faux costume, sous un faux nom, ou sur un faux ordre de l'autorité publique ;

« 2° Si l'individu arrêté, détenu ou séquestré, a été menacé de la mort ;

« 3° S'il a été soumis à des tortures corporelles,

« Les coupables seront punis de mort. »

(5) Un pair a demandé ce que signifie *un faux costume.* M. le garde-des-sceaux a répondu : La pensée qui se trouve dans cet article, c'est de punir l'individu qui, en prenant soit un faux nom, un faux costume, ou en invoquant un faux ordre, aura voulu faire croire qu'il agissait comme dépositaire de l'autorité publique. M. le commissaire du Gouvernement a ajouté : « Ce n'est pas sans intention qu'on a mis dans l'article *le costume*, et non *un costume*; on a évité par là toute équivoque. »

V. art. 259, 303 et 507.

ne sera pas accouchée, seront punis de la réclusion.

La même peine aura lieu contre ceux qui, étant chargés d'un enfant, ne le représenteront point aux personnes qui ont le droit de le réclamer (1).

346. Toute personne qui, ayant assisté à un accouchement, n'aura pas fait la déclaration à elle prescrite par l'article 56 du Code civil, et dans les délais fixés par l'article 55 du même code, sera punie d'un emprisonnement de six jours à six mois, et d'une amende de seize francs à trois cents francs (2).

347. Toute personne qui, ayant trouvé un enfant nouveau-né, ne l'aura pas remis à l'officier de l'état civil, ainsi qu'il est prescrit par l'art. 58 du Code civil, sera punie des peines portées au précédent article.

La présente disposition n'est point applicable à celui qui aurait consenti à se charger de l'enfant, et qui aurait fait sa déclaration à cet égard devant la municipalité du lieu où l'enfant a été trouvé.

348. Ceux qui auront porté à un hospice un enfant au-dessous de l'âge de sept ans accomplis, qui leur aurait été confié afin qu'ils en prissent soin ou pour toute autre cause, seront punis d'un emprisonnement de six semaines à six mois, et d'une amende de seize francs à cinquante francs.

Toutefois, aucune peine ne sera prononcée, s'ils n'étaient pas tenus ou ne s'étaient pas obligés de pourvoir gratuitement à la nourriture et à l'entretien de l'enfant, et si personne n'y avait pourvu.

349. Ceux qui auront exposé et délaissé en un lieu solitaire un enfant au-dessous de l'âge de sept ans accomplis, ceux qui auront donné l'ordre de l'exposer ainsi, si cet ordre a été exécuté, seront, pour ce seul fait, condamnés à un emprisonnement de six mois à deux ans, et à une amende de seize francs à deux cents francs.

350. La peine portée au précédent article sera de deux ans à cinq ans, et l'amende de cinquante francs à quatre cents francs, contre les tuteurs ou tutrices, instituteurs ou institutrices de l'enfant exposé et délaissé par eux ou par leur ordre.

351. Si, par suite de l'exposition et du délaissement prévus par les articles 349 et 350, l'enfant est demeuré mutilé ou estropié, l'action sera considérée comme blessures volontaires à lui faites par la personne qui l'a exposé et délaissé; et si la mort s'en est suivie, l'action sera considérée comme meurtre : au premier cas, les coupables subiront la peine applicable aux blessures volontaires; et au second cas, celle du meurtre.

352. Ceux qui auront exposé et délaissé en un lieu non solitaire un enfant au-dessous de l'âge de sept ans accomplis, seront punis d'un emprisonnement de trois mois à un an, et d'une amende de seize francs à cent francs (3).

353. Le délit prévu par le précédent article sera puni d'un emprisonnement de six mois à deux ans, et d'une amende de vingt-cinq francs à deux cents francs, s'il a été commis par les tuteurs ou tutrices, instituteurs ou institutrices de l'enfant.

§ II. Enlèvement de mineurs.

354. Quiconque aura, par fraude ou violence, enlevé ou fait enlever des mineurs, ou les aura entraînés, détournés ou déplacés, ou les aura fait entraîner, détourner ou déplacer des lieux où ils étaient mis par ceux à l'autorité ou à la direction desquels ils étaient soumis ou confiés, subira la peine de la réclusion (4).

355. Si la personne ainsi enlevée ou détournée est une fille au-dessous de seize ans accomplis, la peine sera celle des travaux forcés à temps (5).

356. Quand la fille au-dessous de seize

---

(1) V. art. 354, Code pén. et l'art. 327, Code civ.
Il n'en est pas de la suppression de la personne d'un enfant, comme d'une simple suppression de l'état de l'enfant. L'art. 327, Code civ. qui ne permet l'exercice de l'action criminelle qu'après le jugement sur l'action civile, ne s'applique pas au cas où il y a suppression de la personne même de l'enfant (Cass. 11 décembre 1823 : S. 24, 1, 181 ; Id. — 16 septembre 1823 ; S. 24, 1, 107; Id. — 8 avril 1816 ; S. 17, 1, 10).
Celui qui a fait inscrire un enfant sur les registres de l'état civil, en l'attribuant à des parens qui ne sont pas les siens, ne peut être poursuivi par voie criminelle, qu'après qu'il a été statué, par les tribunaux civils, sur la question d'état. — Ici s'applique l'article 327, Code civil (Cass. 24 juillet 1823 ; S. 24, 1, 155).

(2) Lorsqu'une femme accouche hors de son domicile, la personne chez qui l'accouchement a eu lieu est seule tenue à faire la déclaration, et seule punissable, au cas de non-déclaration (Cass. 7 septembre 1823: S. 24, 1, 420; Id. — 19 juillet 1827; S. 27, 1, 243).

(3) L'exposition ou abandon d'un enfant à la porte d'un hospice n'est autorisé par la loi qu'autant qu'il s'agit d'un enfant trouvé (Cass. 30 oct. 1811 : S. 13, 1, 191).
Celui qui expose un enfant à la porte d'une maison, est coupable de délaissement, dans le sens de l'art. 352, s'il se retire et abandonne l'enfant avant d'être assuré qu'il a été recueilli par les gens de la maison (Cass. 27 janvier 1820 : S. 20, 1, 146 ; D. 18, 1, 54 ; P. 58, 167).

(4) L'enlèvement ou détournement d'une fille au-dessus de seize ans par un mineur de vingt-un ans, peut être qualifié attentat aux mœurs (Cass. 9 août 1816 : S. 16, 1, 339 ; P. 48, 370).
L'action de déplacer ou de détourner un mineur n'est punissable de réclusion que lorsqu'elle a été commise par fraude ou par violence (Cass. 3 oct. 1816, D. 14, 1, 459 ; P. 47, 265).
L'article n'est pas applicable à l'enlèvement d'une mineure mariée (Cass. 1er juillet 1831 ; S. 31, 1, 451).

(5) Le rapt ou enlèvement de mineures est punissable, bien qu'il n'y ait eu ni abus ni dessein d'abuser de la personne ravie ou enlevée : le déplacement, par fraude ou violence, suffit pour l'application de la loi (Cass. 25 octobre 1831 : Bull. crim. p. 489). Cod. 26 septembre 1791, 2e part. tit. 2, sect. 1, art. 31.

ans aurait consenti à son enlèvement ou suivi volontairement le ravisseur, si celui-ci était majeur de vingt-un ans ou au-dessus, il sera condamné aux travaux forcés à temps.

Si le ravisseur n'avait pas encore vingt-un ans, il sera puni d'un emprisonnement de deux à cinq ans.

357. Dans le cas où le ravisseur aurait épousé la fille qu'il a enlevée, il ne pourra être poursuivi que sur la plainte des personnes qui, d'après le Code civil, ont le droit de demander la nullité du mariage, ni condamné qu'après que la nullité du mariage aura été prononcée.

§ III. Infraction aux lois sur les inhumations.

358. Ceux qui, sans l'autorisation préalable de l'officier public, dans le cas où elle est prescrite, auront fait inhumer un individu décédé, seront punis de six jours à deux mois d'emprisonnement, et d'une amende de seize francs à cinquante francs; sans préjudice de la poursuite des crimes dont les auteurs de ce délit pourraient être prévenus dans cette circonstance.

La même peine aura lieu contre ceux qui auront contrevenu, de quelque manière que ce soit, à la loi et aux réglemens relatifs aux inhumations précipitées (1).

359. Quiconque aura recelé ou caché le cadavre d'une personne homicidée ou morte des suites de coups ou blessures, sera puni d'un emprisonnement de six mois à deux ans, et d'une amende de cinquante francs à quatre cents francs; sans préjudice de peines plus graves, s'il a participé au crime (2).

360. Sera puni d'un emprisonnement de trois mois à un an, et de seize francs à deux cents francs d'amende, quiconque se sera rendu coupable de violation de tombeaux ou de sépultures; sans préjudice des peines contre les crimes ou délits qui seraient joints à celui-ci.

SECTION VII. *Faux témoignage, calomnie, injures, révélation de secrets.*

§ 1er. Faux témoignage.

361. Quiconque sera coupable de faux témoignage en matière criminelle, soit contre l'accusé, soit en sa faveur, sera puni de la peine des travaux forcés à temps.

Si néanmoins l'accusé a été condamné à une peine plus forte que celle des travaux forcés à temps, le faux témoin qui a déposé contre lui, subira la même peine (3).

362 (a). Quiconque sera coupable de faux témoignage en matière correctionnelle, soit contre le prévenu, soit en sa faveur, sera puni de la réclusion.

Quiconque sera coupable de faux témoignage en matière de police, soit contre le prévenu, soit en faveur, sera puni de la dégradation civique et de la peine de l'emprisonnement pour un an au moins et cinq ans au plus.

363 (b). Le coupable de faux témoignage, en matière civile, sera puni de la peine de la réclusion (4).

Le fait d'avoir détourné une jeune personne de la maison paternelle, et de l'avoir tenue de son plein gré cachée à ses parens, constitue un enlèvement criminel (Cass. 14 novembre 1811 : S. 12, 1, 151).

V. art. 180, Code civ. et suiv.

(1) *V.* Décret du 23 prairial an 12, du 4 thermidor an 13, du 20 février 1806, du 18 août 1811, art. 77 et suiv. Code civ.

La soustraction frauduleuse des suaires, des vêtemens qui enveloppent les morts, des cercueils et des objets déposés dans les tombeaux, constitue un véritable vol (Cass. 17 mai 1822 : S. 22, 1, 297; P. 66, 102).

(2) Cod. 25 sept. 1791, 2e part. tit. 3, art. 4.

(3) Une simple réticence, quand elle n'est pas liée à une déclaration dont elle altère le sens, n'est pas un faux témoignage (Cass. 20 mai 1808 : S. 9, 1, 417).

Celui qui altère la vérité dans sa propre cause, ne commet point le crime de faux témoignage (Cass. 22 pluviose an 11 : S. 2, 1, 410).

Il n'y a faux témoignage qu'autant que la déposition fausse a été faite devant le tribunal ou la cour chargés de statuer sur le sort de l'accusé ou du prévenu : la fausse déposition devant un magistrat instructeur ne peut constituer le faux témoignage. Cela a été jugé par plusieurs arrêts de la Cour de cassation antérieurs au Code pénal, et par arrêts des 18 février 1813, 26 avril 1816, et 14 septembre 1826 (S. 13, 1, 255; 20, 1, 494; 27, 1, 297).

Celui qui est convaincu de faux témoignage ne peut être acquitté sous le prétexte que sa déposition n'avait pas été faite à dessein de nuire (Cass. 5 janv. 1811 : S. 11, 1, 186).

La réquisition de poursuite en faux témoignage ne peut être écartée comme *tardive*, étant faite après les débats, qu'autant qu'il y aurait eu preuve acquise avant les débats (Cass. 20 août 1819 : S. 19, 1, 401).

Il n'y a faux témoignage dans le sens de la loi pénale, qu'autant que la déposition fausse a eu lieu contre l'accusé ou en sa faveur (Cass. 19 juin, 4 juillet 1823 : S. 23, 1, 373 et 426; D. 21, 1, 16; *id.* — 21 sept. 1827; S. 28, 1, 109; *id.* — 10 août 1827; S. 28, 1, 23).

Le témoin qui dépose n'avoir pas vu ou entendu les faits qu'il a réellement vus ou entendus, est coupable de faux témoignage (Cass. 17 mars 1827 : S. 27, 1, 480).

Le témoin interrogé sur un fait essentiel à la cause, ne peut se dispenser de dire la vérité, encore bien que cette vérité doive tourner contre lui et l'incriminer. Une fausse déposition constituerait le crime de faux témoignage (Cass. 27 août 1824 : S. 25, 1, 30). Cod. inst. crim. art. 380; Cod. 25 sept. 1791, 2e part. tit. 2, s. 2, art. 47.

(a) Ancien art. 362, abrogé : « Quiconque sera coupable de faux témoignage en matière correctionnelle ou de police, soit contre le prévenu, soit en sa faveur, sera puni de la réclusion. » *V.* notes sur l'art. 361.

(b) Ancien article 363, abrogé : « Le coupable de faux témoignage en matière civile, sera puni de la peine portée au précédent article. »

(4) Une déclaration mensongère faite volontairement, quoique hors procès, devant un officier public ayant caractère pour la recevoir, constitue le faux témoignage en matière civile (Cass. 6 nov. 1806 : S. 6, 1, 523).

Le faux témoignage, en matière civile, est punissable, bien qu'il n'ait pas causé de préjudice (Cass. 14 juillet 1827 : S. 27, 1, 72). *V.* notes sur l'art. 361.

364 (a). Le faux témoin en matière correctionnelle ou civile, qui aura reçu de l'argent, une récompense quelconque ou des promesses, sera puni des travaux forcés à temps.

Le faux témoin en matière de police, qui aura reçu de l'argent, une récompense quelconque ou des promesses, sera puni de la réclusion.

Dans tous les cas, ce que le faux témoin aura reçu sera confisqué.

365 (b). Le coupable de subornation de témoins sera passible des mêmes peines que le faux témoin, selon les distinctions contenues dans les articles 361, 362, 363 et 364 (1).

366. Celui à qui le serment aura été déféré ou référé en matière civile, et qui aura fait un faux serment, sera puni de la dégradation civique.

§ II. Calomnies, injures, révélation de secrets (c).

367. Sera coupable du délit de calomnie, celui qui, soit dans des lieux ou réunions publics, soit dans un acte authentique et public, soit dans un écrit imprimé ou non qui aura été affiché, vendu ou distribué, aura imputé à un individu quelconque des faits qui, s'ils existaient, exposeraient celui contre lequel ils sont articulés à des poursuites criminelles ou correctionnelles, ou même l'exposeraient seulement au mépris ou à la haine des citoyens.

La présente disposition n'est point applicable aux faits dont la loi autorise la publicité, ni à ceux que l'auteur de l'imputation était, par la nature de ses fonctions ou de ses devoirs, obligé de révéler ou de réprimer (2).

368. Est réputée fausse, toute imputation à l'appui de laquelle la preuve légale n'est point rapportée. En conséquence, l'auteur de l'imputation ne sera pas admis, pour sa défense à demander que la preuve en soit faite : il ne pourra pas non plus alléguer comme moyen d'excuse que les peines on les faits sont notoires, où que les imputations qui donnent lieu à la poursuite sont copiées ou extraites de papiers étrangers ou d'autres écrits imprimés (3).

369. Les calomnies mises au jour par la voie de papiers étrangers, pourront être poursuivies contre ceux qui auront envoyé les articles ou donné l'ordre de les insérer, ou contribué à l'introduction ou à la distribution de ces papiers en France (4).

370. Lorsque le fait imputé sera légalement prouvé vrai, l'auteur de l'imputation sera à l'abri de toute peine.

Ne sera considérée comme preuve légale, que celle qui résultera d'un jugement ou de tout autre acte authentique (5).

(a) Ancien art. 364, abrogé : « Le faux témoin en matière correctionnelle, de police ou civile, qui aura reçu de l'argent, une récompense quelconque ou des promesses, sera puni des travaux forcés à temps.

« Dans tous les cas, ce que le faux témoin aura reçu sera confisqué. »

(b) Ancien art. 365, abrogé : « Le coupable de subornation de témoins sera condamné à la peine des travaux forcés à temps, si le faux témoignage qui en a été l'objet emporte la peine de la réclusion ; aux travaux forcés à perpétuité, lorsque le faux témoignage emportera la peine des travaux forcés à temps ou celle de la déportation, et à la peine de mort, lorsqu'il emportera celle des travaux forcés à perpétuité ou la peine capitale. »

(1) La subornation de témoins n'est punissable que lorsque les témoins subornés ont déposé ou tenté de déposer contre la vérité (Cass. 4 décembre 1812 : S. 13, 1, 213 ; Id. — 26 avril 1809 ; S. 20, 1, 494).

Si les accusés du crime de faux témoignage ont été déclarés non coupables, il ne peut y avoir lieu à l'application d'aucune peine contre ceux qui les auraient provoqués (Cass. 14 septembre 1826 : S. 27, 1, 197 ; Id. — 8 juill. 1830 ; S. 30, 1, 364).

Celui qui a prêté serment sur un fait ne peut être poursuivi comme ayant fait un faux serment, s'il n'existe pas une preuve écrite et dès lors acquise, de la vérité du fait par lui dénié (Cass. 5 septembre 1811 : S. 13, 1, 148. — Id. 17 juin 1813 ; S. 13, 1, 439.) Voy. article 1363, Code civil.

(c) La loi du 17 mai 1819, modifiée par celle du 25 mars 1822, a abrogé les articles 367, 368, 369, 370, 371, 372, 373, 374, 375 et 377 du présent paragraphe.

(2) La loi du 17 mai 1819 prononce formellement dans l'art. 26 l'abrogation des articles cités dans la note (c). Les art. 13 et suivans déterminent les caractères de la diffamation et de l'injure publiques, et prononcent les peines contre ces délits. La loi du 25 mars 1822,

art. 5, contient des modifications à la loi du 17 mai 1819.

Au surplus, la loi de 1819, comme le Code pénal, fait de la publicité un élément constitutif du délit. Voy. les notes sur l'art. 1er de la loi du 17 mai 1819. Coll. des lois.

Sous l'empire du Code pénal, le ministère public pouvait poursuivre d'office le délit de calomnie (Cass. 3 juin 1823 : S. 13, 1, 456). Maintenant et aux termes de l'art. 5 de la loi du 26 mai 1819, et de l'art. 17 de la loi du 25 mars 1822, la diffamation ou l'injure contre un souverain étranger, un agent diplomatique ou un particulier, ne peuvent être poursuivies que sur la plainte de la personne lésée.

Egalement le ministère public ne peut poursuivre la répression d'injures verbales contre un particulier que sur la plainte ou à la requête de l'injurié (Cass. 1er juill. 1830 : S. 30, 1, 408).

Les règles générales sur la récidive s'appliquent aux délits prévus par la loi du 17 mai 1819, soit que les deux condamnations rentrent l'une et l'autre dans l'application de cette loi, soit que la première condamnation n'ait été prononcée qu'en vertu du Code pénal (Cass. 11 sept. 1829 : S. 30, 1, 308).

(3 et 4) Abrogé. Voy. la note sur l'intitulé du §.

(5) Abrogé. V. la note sur l'intitulé du §. L'art. 20 de la loi du 26 mai 1819 ne permet pas de prouver les faits diffamatoires, si ce n'est dans le cas d'imputation contre des dépositaires ou agens de l'autorité. L'art. 18 de la loi du 25 mars 1822 prohibe dans tous les cas l'admission de la preuve testimoniale. V. mes notes sur cet article, Collection des Lois.

Un arrêt de la Cour de cassation du 11 avril 1822 a jugé que, sous l'empire de la loi du 26 mai 1819, le prévenu de diffamation envers un agent de l'autorité publique n'était admis à la preuve des faits diffamatoires qu'autant que le délit de diffamation était poursuivi devant la Cour d'assises (S. 22, 1, 371 : D. 20, 1, 190 : P. 66, 455). Cette jurisprudence ne pouvait subsister sous l'empire de la loi du 25 mars 1822 qui, d'une part, enlevait au

371. Lorsque la preuve légale ne sera pas rapportée, le calomniateur sera puni des peines suivantes :

Si le fait imputé est de nature à mériter la peine de mort, les travaux forcés à perpétuité ou la déportation, le coupable sera puni d'un emprisonnement de deux à cinq ans, et d'une amende de deux cents francs à cinq mille francs.

Dans tous les autres cas, l'emprisonnement sera d'un mois à six mois, et l'amende de cinquante francs à deux mille francs (1).

372. Lorsque les faits imputés seront punissables suivant la loi, et que l'auteur de l'imputation les aura dénoncés, il sera durant l'instruction sur ces faits, sursis à la poursuite et au jugement du délit de calomnie (2).

373. Quiconque aura fait par écrit une dénonciation calomnieuse contre un ou plusieurs individus, aux officiers de justice ou de police administrative ou judiciaire, sera puni d'un emprisonnement d'un mois à un an, et d'une amende de cent francs à trois mille francs (3).

374. Dans tous les cas, le calomniateur sera, à compter du jour où il aura subi sa peine, interdit, pendant cinq ans au moins et dix ans au plus, des droits mentionnés en l'art. 42 du présent code (4).

375. Quant aux injures ou aux expressions outrageantes qui ne renfermeraient l'imputation d'aucun fait précis, mais celle d'un vice déterminé, si elles ont été proférées dans des lieux ou réunions publics, ou insérées dans des écrits imprimés ou non, qui auraient été répandus et distribués, la peine sera d'une amende de seize francs à cinq cents francs (5).

376. Toutes autres injures ou expressions outrageantes qui n'auront pas eu ce double caractère de gravité et de pu-

---

jury la connaissance des délits de la presse, et de l'autre, prohibait dans tous les cas la preuve testimoniale. Mais la loi du 8 octobre 1830 rend aux cours d'assises la connaissance des délits de la presse et abroge l'art. 18 de la loi du 25 mars 1822, prohibitif de la preuve testimoniale ; ainsi l'arrêt du 11 avril 1822, conserve toute son application.

(1) Abrogé. *Voy.* la note sur l'intitulé du §.

(2) Cet article est abrogé comme il a été dit ci-dessus. *V.* la note sur l'intitulé du §. Mais l'art. 25 de la loi du 26 mai 1819 dispose dans le même sens, en sorte que la plupart des décisions rendues sous l'empire du Code pénal peuvent encore recevoir leur application.

Une simple *dénonciation* à un ministre, même de la justice, ne suffit pas : il faut avoir saisi un tribunal de justice répressive (Cass. 28 septembre 1815 : S. 23, 1, 332 ; D. 21, 1, 57).

Un tribunal correctionnel saisi d'une plainte en calomnie par un agent du Gouvernement, peut prononcer un sursis à l'action en calomnie ; et ordonner d'informer à raison des faits imputés, non seulement avant l'autorisation du Conseil-d'État, mais lors même que cette autorisation a été refusée par le préfet, si l'arrêté est dénoncé au Conseil-d'État (Cass. 24 juin 1819 : S. 20, 1, 40).

Un avoué peut poursuivre en calomnie l'auteur d'imputations dirigées contre lui quoique déjà la chambre des avoués soit saisie de la connaissance des faits imputés, pour appliquer, s'il y a lieu, des peines de discipline (Cass. 28 septembre 1815 : S. 23, 1, 332 ; D. 21, 1, 57).

(3) Une dénonciation calomnieuse adressée à un préfet contre un maire est réputée faite à un fonctionnaire tout à la fois administrateur et officier de police judiciaire (Cass. 31 avril 1815 : S. 15, 1, 367 ; P. 44, 262).

L'article n'est applicable que lorsque les faits contenus dans la dénonciation ont été reconnus faux par l'autorité chargée de poursuivre sur la dénonciation (Cass. 25 oct. 1816 : S. 17, 1, 19).

Mais il n'est pas nécessaire que la dénonciation ait été jugée calomnieuse par le tribunal saisi de la dénonciation (Cass. 18 sept. 1830 : S. 31, 1, 51).

La dénonciation calomnieuse ne doit s'entendre que de celle *écrite* par le dénonciateur, ou dressée par l'officier de police, en présence du dénonciateur et signée par lui, ou enfin, à défaut de signature, contenant mention qu'il a été requis de signer après lecture à lui faite.

Le caractère de dénonciation punissable ne se trouve pas dans la dénonciation faite sur l'invitation de l'officier de police, lors même que l'officier de police aurait appris par le dire d'un tiers que le dénonciateur était dans l'intention de porter plainte (Cass. 3 déc. 1819 : S. 20, 1, 98 ; D. 17, 1, 652). *V.* art. 358, Cod. d'inst. crim.

Le délit de dénonciation calomnieuse est essentiellement différent du délit de *calomnie*, prévu et puni par les articles 1, 13 et 15 de la loi du 17 mai 1819. L'art. 373 ne permet pas que la dénonciation soit recherchée avant que le mérite de la dénonciation ait été apprécié par la justice répressive elle-même (Cass. 25 février 1826 : S. 26, 1, 567).

Il suffit que les faits imputés à la personne dénoncée soient susceptibles de l'exposer à des mesures de discipline (Cass. 12 mai 1827 : S. 27, 1, 282).

L'art. 373 est applicable aux magistrats qui, même dans l'exercice de leurs fonctions, font, par écrit, des *dénonciations calomnieuses* aux officiers de justice ou de police, s'il est reconnu qu'ils ont agi de mauvaise foi (Cass. 12 mai 1827 : S. 27, 1, 282 ; *id.* — 22 décembre 1827 : S. 28, 1, 156).

Il suffit que le ministre de la justice, saisi du mérite de la dénonciation dirigée contre des fonctionnaires de l'ordre judiciaire pour abus dans leurs fonctions, ait reconnu et déclaré que les faits imputés étaient *faux*, pour que les juges de la calomnie n'aient plus qu'à s'occuper de l'intention ou de la bonne foi, pour ensuite statuer sur l'application de la peine (Cass. 12 mai 1827 : S. 27, 1, 282 ; *id.* — 22 décembre 1827 ; S. 28, 1, 156).

Pour qu'une dénonciation faite, contre un maire au préfet, soit réputée fausse ou calomnieuse aux yeux des tribunaux, il ne suffit pas que, dans une lettre écrite au maire, le préfet ait déclaré qu'il a reconnu que la dénonciation était sans fondement. Nonobstant cette déclaration, il appartient aux tribunaux d'apprécier eux-mêmes la vérité ou la fausseté des faits imputés, surtout si, dans le nombre, il s'en trouve quelques-uns de nature à rendre le maire dénoncé passible de répression judiciaire (Nîmes, 27 novembre 1829 : S. 30, 2, 117). Cod. inst. crim., art. 358.

(4) Abrogé. *Voy.* note sur l'intitulé du §.

(5) Abrogé. *Voy.* note sur l'intitulé du §. *Voy.* aussi les articles 13 et suiv. de la loi du 17 mai 1819 et les notes dans ma Collection des Lois.

Quoiqu'en général la Cour de cassation doive rester étrangère à l'appréciation des faits, elle a cependant cassé des jugemens qui avaient considéré certaines expressions comme *injures* (Arrêt du 15 janvier 1818, S. 9, 1, 162).

L'action pour réparation d'injures, déjà intentée par la personne injuriée, passe à ses héritiers (Cass. 22 déc. 1815 : S. 16, 2, 197).

Le ministère public n'est pas recevable à faire des poursuites pour simples injures, lorsqu'il n'y a pas de plainte de la part de l'injurié.

Le délit d'injures, entre particuliers, ne comporte pas

blicité, ne donneront lieu qu'à des peines de simple police (1).

377. À l'égard des imputations et des injures qui seraient contenues dans les écrits relatifs à la défense des parties, ou dans les plaidoyers, les juges saisis de la contestation pourront, en jugeant la cause, ou prononcer la suppression des injures ou des écrits injurieux, ou faire des injonctions aux auteurs du délit, ou les suspendre de leurs fonctions, et statuer sur les dommages-intérêts.

La durée de cette suspension ne pourra excéder six mois; en cas de récidive, elle sera d'un an au moins et de cinq ans au plus.

Si les injures ou écrits injurieux portent le caractère de calomnie grave, et que les juges saisis de la contestation ne puissent connaître du délit, ils ne pourront prononcer contre les prévenus qu'une suspension provisoire de leurs fonctions, et les renverront, pour le jugement du délit, devant les juges compétens (2).

378. Les médecins, chirurgiens et autres officiers de santé, ainsi que les pharmaciens, les sages-femmes, et toutes autres personnes dépositaires, par état ou profession, des secrets qu'on leur confie, qui, hors le cas où la loi les oblige à se porter dénonciateurs, auront révélé ces secrets, seront punis d'un emprisonnement d'un mois à six mois, et d'une amende de cent francs à cinq cents francs (3).

CHAPITRE II. *Crimes et délits contre les propriétés.*
(Loi décrétée le 19 février 1810, promulguée le 1er mars suivant.)

SECTION 1re, *Vols.*

379. Quiconque a soustrait frauduleusement une chose qui ne lui appartient pas, est coupable de vol (4).

---

l'application d'une peine, quand ces injures ont été provoquées (Cass. 11 octobre 1827 : S. 28, 1, 66).

(1) Dire que les ministres du culte sont fort experts à expliquer la Bible, mais qu'au surplus ils sont des ânes, n'est pas avoir injurié un ministre du culte (Cass. 8 septembre 1809 : S. 10, 1, 298).

L'imputation à un individu d'avoir la gale ou la teigne n'est pas une injure verbale (Cass. 15 janvier 1808 : S. 9, 1, 162).

Lorsqu'un maître émet, de bonne foi, le soupçon que son domestique l'a volé, ce n'est pas une injure verbale ni une diffamation (Cass. 30 janvier 1807 : S. 8, 1, 325).

Les injures proférées dans un arsenal de marine par un ouvrier, contre son supérieur, sont un délit de la compétence des tribunaux maritimes. Art. 10, tit. 2, décret du 12 novembre 1806. — art. 2, tit. 2 de la loi du 22 octobre 1791 (Cass. 12 nov. 1819 : S. 20, 1, 87; D. 17. 1, 640).

Celui qui dit publiquement à un juge de paix *qu'il ne remplit pas ses devoirs, qu'il n'a aucun ménagement à garder envers un homme tel que lui, et qu'il ne le craint pas,* ne commet que le délit d'*injure*; il n'y a point *diffamation* dans le sens de la loi du 17 mai 1819 (Cass. 11 avril 1822 : S. 22, 1, 371; D. 20, 1, 190; P. 66, 455).

Un mari peut poursuivre, sans le concours de sa femme, la réparation d'injures proférées contre cette dernière, si ces injures intéressent l'honneur de l'un et de l'autre (Cass. 14 germinal an 13 : S. 20, 1, 495).

L'article est applicable à l'injure écrite, comme à l'injure verbale (Cass. 10 novembre 1826 : S. 27, 1, 213). *Voy.* art. 471, Cod. pén. n° 11.

(2) Cet article est abrogé et remplacé par l'art. 23 de la loi du 17 mai 1819. *V.* dans ma Collection complète des lois, les notes sur cet article.

Quoiqu'un juge puisse réprimer des injures, il ne s'ensuit pas qu'il puisse prendre des mesures de police pour en prévenir de nouvelles (Cass. 19 février 1807 : S. 7, 2, 74).

L'avocat qui a écrit et plaidé des faits calomnieux par ordre de son client, n'est tenu personnellement d'aucuns dommages-intérêts (Cass. 23 prairial an 13 : S. 7, 2, 800).

V. art. 90, 1036, Cod. proc. civ.; 504, Cod. d'instr.; 102 du régl. du 30 mars 1808.

Lorsque devant des arbitres-juges il est produit un mémoire injurieux, la partie injuriée peut en demander la suppression à la juridiction ordinaire après jugement de l'affaire au fond par les arbitres-juges (Paris, 13 juin 1825 : S. 25, 2, 256). Cod. proc. civ. art. 1036.

(3) Pour qu'il y ait lieu à l'inviolabilité du secret dû à la confession, il n'est pas nécessaire qu'il y ait eu *confession* réellement faite au tribunal de la pénitence, il suffit que le pénitent et le prêtre aient entendu faire un acte religieux sous le sceau du secret (Cass. 30 novembre 1810 : S. 11, 1, 49).

La Cour de cassation a décidé, le 30 novembre 1810, dans l'affaire de M. Madier de Monjeau (S. 21, 1, 48; D. 19, 1, 1; P. 39, 397), qu'un serment prêté volontairement, hors la nécessité de fonctions civiles et religieuses, ne peut être un motif légitime de refuser à la justice des révélations qu'elle requiert dans l'intérêt de la société.

Un avocat ne peut être obligé de déposer en justice sur des faits qui ne lui ont été confiés qu'à raison de son ministère (Cass. 9 juin 1825 : S. 27, 2, 44).

L'avocat peut, avant de prêter le serment prescrit par la loi de dire la vérité, annoncer qu'il ne se considérera pas comme obligé, par ce serment, à déclarer, comme témoin, ce qu'il ne sait que comme avocat (Cass. 30 janvier 1826 : S. 27, 1, 76).

Le notaire à qui des faits ont été racontés de confiance, en sa qualité, dans le secret de son étude, n'est pas tenu de déposer de ces faits en justice, même dans le cas où les parties qui lui ont confié les faits, déclarent le délier du secret et consentir à ce qu'il les fasse connaître (Cass. 24 septembre 1827 : S. 28, 2, 117).

L'obligation du secret à laquelle sont soumises certaines personnes (et notamment les médecins), continue d'exister même dans le cas où celui que les faits concernent et qui les a confiés, en demande lui-même la révélation (Cass. 23 août 1828 : S. 2, 318).

(4) Il n'y a pas vol de la part de celui qui, sur une grande route et avec violence, se fait restituer ce qui lui est dû (Cass. 1er thermidor an 12 : S. 5, 1, 102).

Ni de la part de celui qui, se prétendant propriétaire d'une chose, l'enlève à un tiers qui lui conteste son droit (Cass. 17 octobre 1806 : S. 7, 2, 1187).

Ni de la part de celui qui, étant créancier, s'empare, pour se payer, de marchandises appartenantes au débiteur, au vu et su de celui-ci et malgré son opposition (Paris, 15 avril 1823 : S. 24, 2, 7; P. 68, 255).

Ni de la part d'un contribuable qui de mauvaise foi a fait ou tenté un double emploi d'une quittance des contributions (Cass. 19 septembre 1816 : S. 27, 1, 298).

Il y a vol de la part du propriétaire qui, après avoir affermé un héritage, enlève les fruits et se les approprie au préjudice du fermier (Cass. 27 mai 1807 : S. 7, 2, 1158).

De la part de celui qui soustrait des marchandises prohibées (Cass. 14 juillet 1815 : S. 16, 1, 112; D. 15, 1, 526; P. 44, 369).

De la part d'un domestique qui trouve dans la maison de son maître un bijou qu'il garde pour en faire son profit, et qui nie l'avoir trouvé lorsque le propriétaire le réclame (Cass. 5 juin 1817 : S. 18, 1, 123; D. 15, 1, 504; P. 49, 95).

380. Les soustractions commises par des maris au préjudice de leurs femmes, par des femmes au préjudice de leurs maris, par un veuf ou une veuve quant aux choses qui avaient appartenu à l'époux décédé, par des enfans ou autres descendans au préjudice de leurs pères ou mères ou autres ascendans, par des pères et mères ou autres ascendans au préjudice de leurs enfans ou autres descendans, ou par des alliés aux mêmes degrés, ne pourront donner lieu qu'à des réparations civiles (1).

A l'égard de tous autres individus qui auraient recelé ou appliqué à leur profit tout ou partie des objets volés, ils seront punis comme coupables de vol.

381 (a). Seront punis des travaux forcés à perpétuité les individus coupables de vols commis avec la réunion des cinq circonstances suivantes :

1° Si le vol a été commis la nuit ;

2° S'il a été commis par deux ou plusieurs personnes ;

3° Si les coupables ou l'un d'eux étaient porteurs d'armes apparentes ou cachées ;

4° S'ils ont commis le crime, soit à l'aide d'effraction extérieure, ou d'escalade, ou de fausses clefs, dans une maison, appartement, chambre ou logement habités ou servant à l'habitation, ou leurs dépendances, soit en prenant le titre d'un fonctionnaire public ou d'un officier civil ou militaire, ou après s'être revêtus de l'uniforme ou du costume du fonctionnaire ou de l'officier, ou en alléguant un faux ordre de l'autorité civile ou militaire ;

5° S'ils ont commis le crime avec violence ou menace de faire usage de leurs armes (2).

382 (b). Sera puni de la peine des travaux forcés à temps, tout individu coupable de vol commis à l'aide de violence, et, de plus, avec deux des quatre premières circonstances prévues par le précédent article.

Si même la violence à l'aide de laquelle le vol a été commis a laissé des traces de blessures ou de contusions, cette circon-

---

De la part de celui qui a trouvé des objets perdus et qui les garde pour se les approprier, après qu'il a eu connaissance de la réclamation du propriétaire (Nismes, 16 juin 1819 : S. 19, 2, 279 ; id. Cass. 4 avril 1823 : S. 23, 1, 283 ; P. 66, 559 ; id. — 4 mars 1825 ; S. 26, 1, 49 ; id. — Grenoble, 2 juin 1824 : S. 26, 2, 2 ; id. — 2 septembre 1830 ; S. 30, 1, 400).

De la part de l'acheteur d'un meuble, qui retient et s'approprie frauduleusement un objet qui s'y trouvait caché..... surtout si, au moment de la découverte de l'objet, le meuble était encore en la possession du vendeur (Lyon, 17 janvier 1828 : S. 28, 2, 198).

De la part de celui qui s'empare de la totalité du trésor qu'il a trouvé dans le fonds d'autrui (Cass. 18 mai 1827 : S. 27, 1, 491).

Si les pigeons sont réputés gibier, et peuvent être tués au profit du chasseur, et dans les temps où il est ordonné de les tenir enfermés, dans les autres temps ils reprennent leur caractère de propriété particulière. Celui qui les tue alors, et se les approprie contre le gré du propriétaire, commet un vol (Cass. 20 sept. 1823 : S. 24, 1, 99).

Lorsque le jury, interrogé sur la question de savoir si l'accusé est coupable d'avoir soustrait frauduleusement des effets, répond qu'il est coupable de les avoir soustraits, sans ajouter *frauduleusement*, il n'y a pas déclaration que l'accusé soit coupable de vol (Cass. 26 octobre 1815 : S. 16, 1, 522 ; id. — 10 avril 1818 ; S. 24, 1, 159).

Si l'intention de s'approprier la chose soustraite ne survient qu'après l'enlèvement, il n'y a pas vol (Cass. 2 août 1816 : S. 17, 1, 52).

V. art. 350, 360, 400, et art. 2279 Cod. civ.

(1) Les soustractions commises par les enfans, de choses appartenantes à leur père, n'ont pas le caractère de vol criminel, encore que ces soustractions tournent au préjudice d'un tiers, entre les mains de qui les choses volées se trouvaient à titre de gage ou de saisie (Cass. 29 octobre 1812 : S. 13, 1, 190).

L'article n'est pas applicable au vol commis par l'enfant naturel, au préjudice du père de sa mère (Cass. 10 juin 1813 : S. 17, 1, 43).

Bien qu'il existe entre deux époux une séparation de fait, l'enlèvement effectué par le mari d'un objet mobilier que la femme avait en sa possession, mais qui faisait partie de la communauté, ne constitue pas le vol. Les individus qui ont assisté le mari dans cet enlè-

vement ne sont complices d'aucun délit (Cass. 6 juin 1816 : S. 20, 1, 470; D. 14, 1, 468; P. 46, 135).

Le frère qui soustrait, au préjudice de son frère, des objets dépendans d'une succession qui leur est dévolue en commun, se rend coupable de vol (Cass. 14 mars 1818 : S. 18, 1, 189; D. 16, 1, 159; P. 51, 194). Cod. 25 sept. 1791, 2e part., t. 2, sect. 2, art. 1er.

(a) Ancien article 381, abrogé : « Seront punis de la peine de mort les individus coupables de vols commis avec la réunion des cinq circonstances suivantes :

1° Si le vol a été commis la nuit ;

2° S'il a été commis par deux ou plusieurs personnes;

3° Si les coupables ou l'un deux étaient porteurs d'armes apparentes ou cachées ;

4° S'ils ont commis le crime, soit à l'aide d'effraction extérieure, ou d'escalade, ou de fausses clefs, dans une maison, appartement, chambre ou logement habités ou servant à l'habitation, ou leurs dépendances, soit en prenant le titre d'un fonctionnaire public ou d'un officier civil ou militaire, ou après s'être revêtus de l'uniforme ou du costume du fonctionnaire ou de l'officier, ou en alléguant un faux ordre de l'autorité civile ou militaire ;

5° S'ils ont commis le crime avec violence ou menace de faire usage de leurs armes. »

(2) Le vol commis par une seule personne, pendant qu'une autre faisait sentinelle, est réputé commis par deux personnes (Cass. 9 avril 1813 : S. 13, 1, 320).

Pour qu'un vol soit réputé commis avec violence, il suffit que la violence ait eu lieu dans la fuite des voleurs (Cass. 18 décembre 1812 : S. 13, 1, 194).

Les circonstances de nuit et de violence aggravent la peine du vol commis dans une prison, comme s'il était commis ailleurs (Cass. 1er mars 1816 : S. 16, 1, 354).

Aucune amende ne peut être ajoutée à la peine des travaux forcés pour vol qualifié (Cass. 3 mars 1816 : S. 16, 1, 361).

(b) Ancien article 382, abrogé : « Sera puni de la peine des travaux forcés à perpétuité, tout individu coupable de vol commis à l'aide de violence, et, de plus, avec deux des quatre premières circonstances prévues par le précédent article.

« Si même la violence à l'aide de laquelle le vol a été commis a laissé des traces de blessures ou de contusions, cette circonstance seule suffira pour que la peine des travaux forcés à perpétuité soit prononcée. »

stance seule suffira pour que la peine des travaux forcés à perpétuité soit prononcée.

383 (a). Les vols commis sur les chemins publics emporteront la peine des travaux forcés à perpétuité, lorsqu'ils auront été commis avec deux des circonstances prévues dans l'article 381.

Ils emporteront la peine des travaux forcés à temps, lorsqu'ils auront été commis avec une seule de ces circonstances.

Dans les autres cas, la peine sera celle de la réclusion (1).

384. Sera puni de la peine des travaux forcés à temps, tout individu coupable de vol commis à l'aide d'un des moyens énoncés dans le n° 4 de l'article 381, même quoique l'effraction, l'escalade et l'usage des fausses clefs aient eu lieu dans des édifices, parcs ou enclos non servant à l'habitation et non dépendans des maisons habitées, et lors même que l'effraction n'aurait été qu'intérieure (2).

385. Sera également puni de la peine des travaux forcés à temps, tout individu coupable de vol commis, soit avec violence, lorsqu'elle n'aura laissé aucune trace de blessure ou de contusion et qu'elle ne sera accompagnée d'aucune autre circonstance, soit sans violence, mais avec la réunion des trois circonstances suivantes :

1° Si le vol a été commis la nuit ;

2° S'il a été commis par deux ou plusieurs personnes ;

3° Si le coupable, ou l'un des coupables, était porteur d'armes apparentes ou cachées (3).

386 (b). Sera puni de la peine de la réclusion tout individu coupable de vol commis dans l'un des cas ci-après :

1° Si le vol a été commis la nuit, et par deux ou plusieurs personnes, ou s'il a été commis avec une de ces deux circonstances seulement, mais en même temps dans un lieu habité ou servant à l'habitation, ou dans les édifices consacrés aux cultes légalement établis en France ;

2° Si le coupable ou l'un des coupables était porteur d'armes apparentes ou cachées, même quoique le lieu où le vol a été commis ne fût ni habité ni servant à l'habitation, et encore quoique le vol ait été commis le jour et par une seule personne ;

3° Si le voleur est un domestique ou un homme de service à gages, même lorsqu'il aura commis le vol envers des personnes qu'il ne servait pas, mais qui se trouvaient, soit dans la maison de son maître, soit dans celle où il l'accompagnait ; ou si c'est un ouvrier, compagnon ou apprenti, dans la maison, l'atelier ou le magasin de son maître ; ou un individu travaillant habituellement dans l'habitation où il aura volé ;

(a) Ancien art. 383, abrogé : « Les vols commis dans les chemins publics emporteront également la peine des travaux forcés à perpétuité. »

(1) Modifié par la loi du 25 juin 1824, art. 7. Cette loi est elle-même abrogée par l'art. 103 de la loi du 28 avril 1832.

Les rues des villes et faubourgs ne sont pas des chemins publics dans le sens de l'article (Cass. 6 avril 1815 : S. 15, 1, 218 ; D. 13, 1, 397 ; P. 43, 347).

Le vol commis dans un tronc placé à perpétuelle demeure sur un chemin public, ne peut être réputé vol sur un chemin public (Angers, 24 août 1817 : S. 28, 2, 104).

Celui qui trouve une pièce de monnaie sur un chemin public, et qui, sur la réclamation du propriétaire nie l'avoir trouvée, commet un vol sur un chemin public (Cass. 4 avril 1823 : S. 23, 1, 193 ; P. 66, 559).

(2) Modifié par l'art. 8 de la loi du 25 juin 1824. Cette loi a été elle-même abrogée par l'article 103 de la loi du 28 avril 1832.

Un vol de plant de choux commis dans un jardin et avec escalade, rentre dans l'application de l'article (Cass. 17 octobre 1811 : S. 12, 1, 216).

Le coupable d'un vol avec escalade ne peut être puni de simples peines correctionnelles, sur le motif que l'intention de voler ne lui est survenue qu'après l'escalade (Cass. 13 janvier 1812 : S. 13, 1, 227).

La loi ne distingue pas l'effraction *intérieure* de l'effraction extérieure (Cass. 8 mai 1812 : S. 13, 1, 77).

De ce que le jury déclare que le vol a été commis dans un parc *clos et fermé*, *parfaitement clos*, il n'en résulte pas nécessairement que le vol ait eu lieu au moyen d'effraction, d'escalade ou de fausses clefs (Cass. 16 février 1816 : Bull. crim. p. 17).

Le vol commis avec effraction dans un *emplacement* dépendant d'une maison habitée, n'a pas le même caractère de gravité que le vol commis dans une *cour*.

Ainsi, lorsque sur la question de savoir si *le vol a eu*

lieu *dans une* COUR OU EMPLACEMENT *de maison habitée*, le jury répond affirmativement, sans désigner dans quel lieu le vol a été commis, le caractère de ce vol reste indéterminé, et la peine encourue pour la circonstance aggravante ne peut être appliquée (Cass. 1er avr. 1810 : S. 10, 2, 250).

(3) La loi considère comme *nuit* l'intervalle entre le coucher et le lever du soleil (Cass. 23 juillet 1813 : Bull. crim. p. 590). *Voy.* art. 386.

Le vol commis avec *violence* ne peut être considéré comme un vol simple, non accompagné de circonstances aggravantes (Cass. 2 juin 1825 : S. 26, 1, 116).

(b) Ancien article 386, abrogé : « Sera puni de la peine de la réclusion, tout individu coupable de vol commis dans l'un des cas ci-après :

1° Si le vol a été commis la nuit, et par deux ou plusieurs personnes, ou s'il a été commis avec une de ces deux circonstances seulement, mais en même temps dans un lieu habité ou servant à l'habitation ;

2° Si le coupable, ou l'un des coupables, était porteur d'armes apparentes ou cachées, même quoique le lieu où le vol ait été commis ne fût ni habité ni servant à l'habitation, et encore quoique le vol ait été commis le jour et par une seule personne ;

3° Si le voleur est un domestique ou un homme de service à gages, même lorsqu'il aura commis le vol envers des personnes qu'il ne servait pas, mais qui se trouvaient, soit dans la maison de son maître, soit dans celle où il l'accompagnait ; ou si c'est un ouvrier, compagnon ou apprenti, dans la maison, l'atelier ou le magasin de son maître ; ou un individu travaillant habituellement dans l'habitation où il aura volé ;

4° Si le vol a été commis par un aubergiste, un hôtelier, un voiturier, un batelier ou un de leurs préposés, lorsqu'ils auront volé tout ou partie des choses qui leur étaient confiées à ce titre ; ou enfin si le coupable a commis le vol dans l'auberge ou l'hôtellerie dans laquelle il était reçu. »

4° Si le vol a été commis par un aubergiste, un hôtelier, un voiturier, un batelier ou un de leurs préposés, lorsqu'ils auront volé tout ou partie des choses qui leur étaient confiées à ce titre (1).

387. Les voituriers, bateliers ou leurs préposés, qui auront altéré des vins ou toute autre espèce de liquides ou de marchandises dont le transport leur avait été confié, et qui auront commis cette altération par le mélange de substances malfaisantes, seront punis de la peine portée au précédent article.

S'il n'y a pas eu mélange de substances malfaisantes, la peine sera un emprisonnement d'un mois à un an, et une amende de seize francs à cent francs (2).

388 (a). Quiconque aura volé ou tenté de voler dans les champs, des chevaux ou bêtes de charge, de voiture ou de monture, gros et menus bestiaux, ou des instrumens d'agriculture, sera puni d'un emprisonnement d'un an au moins et de cinq ans au plus, et d'une amende de seize francs à cinq cents francs.

Il en sera de même à l'égard des vols de bois dans les ventes, et de pierres dans les carrières, ainsi qu'à l'égard du vol de poisson en étang, vivier ou réservoir.

Quiconque aura volé ou tenté de voler dans les champs, des récoltes ou autres productions utiles de la terre, déjà détachées du sol, ou des meules de grains faisant partie de récoltes, sera puni d'un emprisonnement de quinze jours à deux

---

(1) Cet article avait été modifié par la loi du 25 juin 1824, art. 9. Cette loi est elle-même abrogée par la loi du 28 avril 1832, article 103.

Le vol de fruits dans une campagne est soumis à des lois spéciales. L'art. 386 du Code pénal ne lui est pas applicable (Cass. 22 mars 1816 : S..16, 1, 240).

Un vol de bois commis pendant la nuit par plusieurs personnes, rentre dans l'art. 386, n° 1er (Cass. 12 août 1813 : Bull. crim. p. 434).

Un vol est réputé commis de nuit lorsqu'il a été commis après le toucher et avant le lever du soleil.—Peu importe qu'à l'époque du vol, il régnât dans la maison où il a été commis toute l'activité du jour (Cass. 12 février 1813 : S. 13, 1, 246; id. — 4 juillet 1823, S. 23, 1, 426).

Le vol commis dans un jardin attenant à une maison habitée, pendant la nuit, doit être puni de la peine de la réclusion, d'après l'art. 386, § 1er (Cass. 16 avril 1813 : S. 20, 2, 512).

On doit considérer comme domestique à gages, celui qui a engagé ses services dans une auberge, sous la seule condition d'y être nourri et logé, et de partager avec les autres domestiques les libéralités des voyageurs (Cass. 28 mai 1807 et 28 mars 1807 : S. 7, 2, 910).

Le vol fait à l'aubergiste par un ouvrier qui travaille momentanément dans son auberge, ne donne pas lieu à l'aggravation de peine prononcée par l'article 386 (Cass. 6 septembre 1811 : S. 13, 1, 157).

Lorsqu'un ouvrier ne travaille pas chez lui, mais chez son maître, le vol qu'il commet dans la maison, le magasin ou l'atelier de ce dernier rentre dans l'art. 386 (Cass. 21 novembre 1811 : S. 12, 1, 232).

Le vol commis par un individu, dans une maison où il est logé, nourri, où il travaillait, à raison d'une certaine somme par jour, est un vol prévu par l'art. 386, n° 3 (Cass. 15 avril 1813 : Bull. crim. page 186).

Le vol d'une somme d'argent effectué par un commis à gages dans la maison où il est employé, est un vol domestique (Cass. 31 janvier 1822 : S. 22, 1, 207).

Un vol commis par un ouvrier, au préjudice de celui chez qui il travaille habituellement, ne peut être qualifié vol domestique qu'autant qu'il a été commis dans la maison du maître ou dans des lieux dépendans de la maison (Cass. 12 avril 1822 : S. 22, 1, 313).

Le domestique qui prend à crédit chez les marchands des provisions, pour lesquelles il a reçu de son maître l'argent qu'il détourne à son profit, ne commet pas un vol domestique (Cass. 22 janvier 1811 : S. 13, 1, 214).

Le vol commis par une domestique, dans la maison de son maître, d'effets d'habillement appartenant à une autre domestique qui ne demeure pas dans la maison du maître, est un vol domestique (Cass. 13 février 1819 : S. 19, 1, 128).

Le co-auteur, d'un vol commis par un domestique envers son maître, doit être puni de la peine attachée au vol domestique. Peu importe que le voleur se soit trouvé dans une maison du consentement du maître ou contre le gré du maître (Cass. 8 juillet 1813 : Bull. crim. p. 575).

Peu importe que l'individu coupable de vol dans une maison où il travaillait habituellement, n'y travaillât pas le jour où il a commis le vol (Cass. 27 août 1813 : Bull. crim. p. 465).

Le vol commis par le capitaine des marchandises chargées à bord est prévu par la loi du 10 avril 1825 sur la piraterie et la baraterie. Voy. l'art. 15 de cette loi.

Un vol fait par un conducteur dans une malle, au moyen d'une effraction, ne doit être puni que selon l'article 386, n° 4 (Cass. 2 février 1815 : S. 15, 1, 222).

On doit considérer comme homme de service à gages, le commis voyageur salarié par le marchand ou la maison de commerce qui l'emploie (15 décembre 1826 : S. 28, 1, 69); le commis salarié d'un sous-préfet (Cass. 14 février 1828 : S. 28, 1, 312); un clerc d'huissier salarié (Cass. 28 septembre 1827 : S. 28, 1, 91).

Un vol commis par un homme de service à gages, au préjudice de celui qui l'emploie, constitue le vol domestique, soit que le vol ait été commis dans ou hors la maison du maître (Cass. 9 septembre 1823 : S. 23, 1, 452; id. — 16 avril 1831 : S. 31, 1, 195).

Un vol commis par un individu au préjudice d'une personne pour laquelle il travaille habituellement, n'est réputé vol domestique qu'autant qu'il a été expressément constaté par la déclaration du jury que le vol a été commis dans l'habitation même de cette personne (Cass. 9 sept. 1825 : S. 26, 1, 451); id. — 16 décembre 1824 ; S. 25, 1, 520; id. — 9 septembre 1825; S. 26, 1, 451; id. — 29 octobre 1830; S. 31, 1, 368).

Le vol commis dans une maison habitée n'est punissable de la réclusion, qu'autant que le jury a expressément déclaré que le vol a été commis la nuit ou par plusieurs personnes (Cass. 22 janvier 1824 : S. 24, 1, 233).

Le vol commis par la femme d'un aubergiste, servant habituellement dans la maison de son mari, est un vol domestique dans le sens du paragraphe 3 de l'art. 386, (Cass. 15 avril 1830 : S. 30, 1, 251).

L'employé de l'administration des postes qui soustrait une lettre dans les bureaux où il travaille habituellement, est coupable de vol dans le sens de l'art. 386 (Cass. 24 juillet 1819 : S. 30, 1, 379).

Lorsque l'article 386, n° 4, punissait le vol commis dans une auberge ou hôtellerie par celui qui y était reçu, il fallait examiner si le vol commis dans un café, dans un cabaret, dans un hôtel ou maison garnie, rentrait dans la disposition et la jurisprudence, avait considéré les expressions auberge ou hôtellerie, comme embrassant ces divers lieux.

(2) Voy. art. 1782, Code civ. — 96, Code comm.

(a) Ancien art. 388, abrogé : « Quiconque aura volé dans les champs, des chevaux ou bêtes de charge, de voiture ou de monture, gros et menus bestiaux, des instrumens d'agriculture, des récoltes ou meules de grains faisant partie des récoltes, sera puni de la réclusion.

« Il en sera de même à l'égard des vols de bois dans les ventes et de pierres dans les carrières, ainsi qu'à l'égard du vol de poisson en étang, vivier ou réservoir. »

ans, et d'une amende de seize francs à deux cents francs.

Si le vol a été commis, soit la nuit, soit par plusieurs personnes, soit à l'aide de voitures ou d'animaux de charge, l'emprisonnement sera d'un à cinq ans, et l'amende de seize francs à cinq cents francs.

Lorsque le vol ou la tentative de vol de récoltes ou autres productions utiles de la terre, qui, avant d'être soustraites, n'étaient pas encore détachées du sol, aura eu lieu, soit avec des paniers ou des sacs ou autres objets équivalens, soit la nuit, soit à l'aide de voitures ou d'animaux de charge, soit par plusieurs personnes, la peine sera d'un emprisonnement de quinze jours à deux ans, et d'une amende de seize francs à deux cents francs.

Dans tous les cas spécifiés au présent article, les coupables pourront, indépendamment de la peine principale, être interdits de tout ou partie des droits mentionnés en l'article 42, pendant cinq ans au moins et dix ans au plus, à compter du jour où ils auront subi leur peine. Ils pourront aussi être mis, par l'arrêt ou le jugement, sous la surveillance de la haute police pendant le même nombre d'années (1).

389 (a). Sera puni de la réclusion celui qui, pour commettre un vol, aura enlevé ou déplacé des bornes servant de séparation aux propriétés.

390. Est réputé *maison habitée*, tout bâtiment, logement, loge, cabane, même mobile, qui, sans être actuellement habité, est destiné à l'habitation, et tout ce qui en dépend, comme cours, basses-cours, granges, écuries, édifices qui y sont enfermés, quel qu'en soit l'usage, et quand même ils auraient une clôture particulière dans la clôture ou enceinte générale (2).

391. Est réputé *parc* ou *enclos*, tout terrain environné de fossés, de pieux, de claies, de planches, de haies vives ou sèches, ou de murs de quelque espèce de matériaux que ce soit, quelles que soient la hauteur, la profondeur, la vétusté, la dégradation de ces diverses clôtures, quand il n'y aurait pas de porte fermant à clef ou autrement, ou quand la porte serait à claire voie et ouverte habituellement.

392. Les parcs mobiles destinés à contenir du bétail dans la campagne, de quelque matière qu'ils soient faits, sont aussi réputés enclos ; et lorsqu'ils tiennent aux cabanes mobiles ou autres abris destinés aux gardiens, ils sont réputés dépendans de maison habitée.

393. Est qualifié *effraction*, tout forcement, rupture, dégradation, démolition, enlèvement de murs, toits, planchers, portes, fenêtres, serrures, cadenas ou autres ustensiles ou instrumens servant à fermer ou à empêcher le passage, et de toute espèce de clôture, quelle qu'elle soit (3).

---

(1) Cet article avait été modifié par l'article 2 de la loi du 25 juin 1824. Cette loi est elle-même abrogée par la loi du 28 avril 1832, art. 103.

Pour qu'il y ait vol de récolte, il n'est pas nécessaire que la récolte ait été volée en totalité (Cass. 13 avril 1813 : S. 13, 1, 322).

Est vol de récolte, le vol de pommes de terre mises en tas sur le champ d'où elles ont été arrachées (Cass. 10 févr. 1814 : S. 14, 1, 123).

Non le vol de pommes de terre enfouies (Cass. 12 janvier 1815 : S. 15, 1, 211).

Non le vol de bois déposé dans une prairie (Cass. 2 juin 1815 : S. 15, 1, 195).

Non le vol de miel ou de gâteaux de miel. L'expression récolte ne signifie que la dépouille des fruits de la terre (Cass. 10 juillet 1812 : S. 13, 1, 66).

Non le vol d'épis sur pied (Cass. 6 novembre 1812 : S, 13, 191).

Non le vol d'épis de maïs, commis sur une aire à battre les grains (Cass. 10 mars 1820 : S. 13, 2, 188).

Non le vol de planches, commis dans un champ (Cass. 5 mars 1818 : S. 18, 1, 343 ; D. 16, 1, 324).

Non le vol de sel sur les bosses des marais salans (Cass. 31 juillet 1818 : S. 19, 1, 22).

Est vol de récoltes le vol des arbres abattus dans les champs (Cass. 1er mars 1816 : D. 14, 1, 422).

L'article 388 s'applique aux vols de chevaux ou d'un seul cheval dans les pâturages, le mot *champ*, comprend les *pâturages* (Cass. 2 janvier 1818 : S. 13, 1, 212).

L'article s'applique au vol d'animaux placés dans les champs, sous la surveillance d'un gardien, aussi bien qu'au vol de ceux qui ne sont pas surveillés (Cass. 8 oct. 1818 : S. 19, 1, 295).

Tout vol d'instrumens d'agriculture dans les champs est punissable d'après cet article ; peu importe que le jury ait déclaré que ces instrumens n'étaient pas exposés à la foi publique (Cass. 18 juin 1819 S. 20, 1, 121 D. 17. 1, 501). *V.* art. 449, 450, 471, n° 9 et 10.

(a) Ancien art. 389, abrogé : « La même peine aura lieu, si, pour commettre un vol, il y a eu enlèvement ou déplacement de bornes servant de séparation aux propriétés. »

(2) Un jardin attenant à une maison habitée, est une dépendance de cette maison (Cass. 16 avril 1813 : S. 20, 1, 512 ; *id.* — 18 juin 1812 ; S. 13, 1, 51).

Une voiture publique ne peut être assimilée à une maison habitée (Cass. 7 septembre 1827 : S. 28 ; 1, 115).

Un magasin militaire n'est pas de plein droit réputé maison habitée, ou servant à habitation (Cass. 9 janvier 1824 : S. 24, 1, 210). *V.* notes sur les art. 386 et 434, Code pén.

(3) L'effraction n'est une circonstance aggravante du vol que lorsqu'elle sert à pénétrer dans un lieu clos, ou lorsqu'elle est faite après y avoir pénétré (Cass. 19 janvier 1816 : S. 16, 1, 263 ; *id.* — 22 octobre 1807 ; S. 7, 2, 279). *Voy.* art. 381.

L'enlèvement d'une grille de fer scellée dans le mur d'un édifice public constitue un vol avec effraction (Cass. 20 août 1807 : S, 7, 2, 723).

Id. le fait d'arracher du soupirail d'une cave des barres de fer qu'on enlève, quoiqu'on ne se soit pas introduit dans la maison (Cass. 21 mai 1813 ; Bull. crim. p. 278).

Id. le fait de voler des tuyaux de plomb en détruisant les encaissemens dont les tuyaux se trouvaient couverts (Cass. 8 août 1811 : S. 12, 1, 80).

L'enlèvement d'une barrique et du vin qu'elle renferme n'est pas un vol avec effraction, comme l'est l'enlèvement d'une caisse et des marchandises qu'elle renferme et préserve (Cass. 17 novembre 1814 : S. 15, 1, 82). *Voy.* art. 391, 395 et 396.

394. Les effractions sont extérieures ou intérieures (1).

395. Les effractions extérieures sont celles à l'aide desquelles on peut s'introduire dans les maisons, cours, basses-cours, enclos ou dépendances, ou dans les appartemens ou logemens particuliers.

396. Les effractions intérieures sont celles qui, après l'introduction dans les lieux mentionnés en l'article précédent, sont faites aux portes ou clôtures du dedans, ainsi qu'aux armoires ou autres meubles fermés (2).

Est compris dans la classe des effractions intérieures, le simple enlèvement des caisses, boîtes, ballots sous toile et corde, et autres meubles fermés, qui contiennent des effets quelconques, bien que l'effraction n'ait pas été faite sur le lieu.

397. Est qualifiée *escalade*, toute entrée dans les maisons, bâtimens, cours, basses-cours, édifices quelconques, jardins, parcs et enclos, exécutée par-dessus les murs, portes, toitures ou toute autre clôture.

L'entrée par une ouverture souterraine, autre que celle qui a été établie pour servir d'entrée, est une circonstance de même gravité que l'escalade (3).

398. Sont qualifiées *fausses clefs*, tous crochets, rossignols, passe-partouts, clefs imitées, contrefaites, altérées, ou qui n'ont pas été destinées par le propriétaire, locataire, aubergiste ou logeur, aux serrures, cadenas, ou aux fermetures quelconques auxquelles le coupable les aura employés (4).

399. Quiconque aura contrefait ou altéré des clefs, sera condamné à un emprisonnement de trois mois à deux ans, et à une amende de vingt-cinq francs à cent cinquante francs.

Si le coupable est un serrurier de profession, il sera puni de la réclusion.

Le tout sans préjudice de plus fortes peines, s'il y échet, en cas de complicité de crime.

400 (a). Quiconque aura extorqué par force, violence ou contrainte, la signature ou la remise d'un écrit, d'un acte, d'un titre, d'une pièce quelconque contenant ou opérant obligation, disposition ou décharge, sera puni de la peine des travaux forcés à temps.

Le saisi qui aura détruit, détourné ou tenté de détourner des objets saisis sur lui et confiés à sa garde, sera puni des peines portées en l'article 406.

Il sera puni des peines portées en l'article 401 si la garde des objets saisis et par lui détruits ou détournés avait été confiée à un tiers.

Celui qui aura recelé sciemment les objets détournés, le conjoint, les ascendans et descendans du saisi qui l'auront aidé dans la destruction ou le détournement de ces objets, seront punis d'une peine égale à celle qu'il aura encourue (5).

401. Les autres vols non spécifiés dans

---

(1) *V.* art. 593, 395 et 396.

(2) Celui qui pour voler enlève les clous d'une serrure, commet une véritable effraction intérieure (Cass. 5 nivose an 12 : S. 6, 2,514).

Le vol commis par un voiturier d'effets à lui confiés pour les transporter à leur destination, avec effraction sur la malle où ils étaient renfermés, n'est point un vol avec effraction intérieure (Cass. 2 février 1815 : Bull. crim. p. 15).

Il n'y a pas vol avec effraction de la part de celui qui pénètre dans une voiture ouverte et laissée sur la voie publique, enlève une boîte fermée et la brise pour voler ce qu'elle contient (Cass. 19 juin 1816 : S. 16, 1, 263).

De la part de celui qui vole des marchandises sur une charrette stationnant sur la voie publique, en coupant les bâches et les cordes (Cass. 25 février 1830 : S. 30, 1, 237). *Voy.* art. 393.

(3) Entrer dans une maison par une fenêtre, c'est escalader, quoique l'on ne se soit point servi d'échelle ou autre instrument (7 nov. 1811 : Bull. crim. p. 293).

L'individu qui est entré dans l'intérieur d'une maison sans escalade, de quelque manière qu'il pénètre dans les autres parties de la maison, par des ouvertures pratiquées dans l'intérieur de cette maison, ne commet point d'escalade (Cass. 13 mai 1816 : S. 27, 1, 77). *V.* art. 381.

(4) On entend par fausse clef, non seulement celle qui a été contrefaite, mais encore toute clef dont le voleur fait méchamment usage pour ouvrir une porte différente de celle qu'elle est destinée à ouvrir (Cass. 5 nivose an 12 : S. 6, 2, 514).

Une clef perdue depuis un certain temps par le propriétaire peut être considérée comme fausse clef (Cass. 16 décembre 1825 : S. 26, 1, 520; D. 24, 2, 248).

(a) Ancien article 400 ; abrogé : « Quiconque aura extorqué par force, violence ou contrainte, la signature ou la remise d'un écrit, d'un acte, d'un titre, d'une pièce quelconque, contenant ou opérant obligation, disposition ou décharge, sera puni de la peine des travaux forcés à temps. »

(5) Avant la loi du 28 avril 1832, le saisi qui détournait les objets confiés à sa garde ou à la garde d'un tiers ne commettait pas un vol ; car, le vol est la soustraction frauduleuse de la chose d'autrui, et la saisie n'anéantit pas le droit de propriété sur la chose saisie. La Cour de cassation l'a ainsi jugé. Il y avait donc nécessité d'introduire une disposition expresse pour punir un fait qui est aussi coupable qu'un véritable vol. On a même voulu punir la tentative de détournement ; mais la manière dont l'article est rédigé peut laisser quelques doutes. La tentative de détournement, lorsque le saisi est gardien, est déclaré punissable ; mais la disposition n'est pas expresse pour la tentative de destruction. En outre, la tentative soit de détournement, soit de destruction, n'est pas positivement incriminée, dans le cas où un tiers est gardien. Je sais que les lois pénales doivent être appliquées à la rigueur, qu'il n'est pas permis de les étendre. J'avoue cependant qu'ici l'intention du législateur étant manifeste, il est bien difficile d'argumenter d'un défaut de rédaction pour appliquer une peine à la tentative de détournement dans un cas et ne pas l'appliquer dans l'autre, pour appliquer une peine à la tentative de détournement et ne pas l'appliquer à la tentative de destruction.

Au surplus, on a fait remarquer que les peines prononcées par les articles 401 et 406 ne seraient pas assez sévères, lorsque le détournement ou la destruction seraient accompagnés de circonstances aggravantes.

Mais M. Bavoux a répondu : Il faut bien distinguer entre la soustraction frauduleuse de la chose d'autrui et de sa propre chose au préjudice de ses créanciers. La chose, par cela seul qu'elle est saisie, n'est pas encore sortie des mains de l'ancien propriétaire. Voilà déjà la présente section, les larcins et filouteries, ainsi que les tentatives de ces mêmes délits, seront punis d'un emprisonnement d'un an au moins et de cinq ans au plus, et pourront même l'être d'une amende qui sera de seize francs au moins et de cinq cents francs au plus.

Les coupables pourront encore être interdits des droits mentionnés en l'art. 42 du présent Code, pendant cinq ans au moins et dix ans au plus, à compter du jour où ils auront subi leur peine.

Ils pourront aussi être mis, par l'arrêt ou le jugement, sous la surveillance de la haute police pendant le même nombre d'années (1).

SECTION II. *Banqueroutes, escroqueries et autres espèces de fraude.*

§ 1er. Banqueroute et escroquerie.

402. Ceux qui, dans les cas prévus par le Code de commerce, seront déclarés coupables de banqueroute, seront punis ainsi qu'il suit :

Les banqueroutiers frauduleux seront punis de la peine des travaux forcés à temps ;

Les banqueroutiers simples seront punis d'un emprisonnement d'un mois au moins et de deux ans au plus (2).

403. Ceux qui, conformément au Code de commerce, seront déclarés complices

---

une circonstance au-dessous du vol simple. Quant à l'effraction que le saisi fera sur ses meubles, il est évident qu'elle ne peut être assimilée à l'effraction qu'il pourrait faire dans la main d'autrui. Cette double circonstance, suffit pour que la commission fît descendre la peine à un simple emprisonnement. La jurisprudence ne prononçait jusqu'à présent aucune peine.

M. Laurence a dit : La peine portée par l'article 401 pourra n'être pas toujours suffisante. Je suppose que les meubles d'un saisi aient été déplacés et déposés au domicile du séquestre ; que le saisi, s'unissant à sa famille, armé, masqué, brise les portes de la maison du séquestre, force les meubles, ou les enlève, avec toutes les circonstances du crime prévu par l'art. 381 du Code pénal. Je vous demande si le saisi serait assez puni, si on lui appliquait la peine portée en l'art. 401, lorsque le détournement est accompagné de circonstances telles que celles qui peuvent accompagner le vol, il faut qu'il soit puni des peines prononcées contre le vol.

M. Bavoux a répliqué : Pour qu'il y ait vol, il faut qu'il y ait enlèvement de la chose d'autrui, et dans le cas que vous venez de citer, c'est la base qui manque.

M. le garde-des-sceaux a semblé reconnaître qu'il n'y a pas lieu d'appliquer la peine du vol avec circonstances aggravantes ; il a pensé seulement que les circonstances aggravantes seraient punies, si elles constituaient un crime ou un délit. « Il est évident, a-t-il dit, que ces violences, si elles avaient lieu, seraient punies. De ce que l'art. 400 punit tout individu qui s'empare des objets saisis, cela n'empêche pas qu'il ne soit puni pour les autres crimes qu'il pourrait commettre en s'emparant de ces objets. »

M. Portalis a ajouté une observation : « M. Laurence, a-t-il dit, a parlé du saisi, mais il n'a rien dit du cas où le tiers, chez lequel seraient déposés les objets saisis, aurait forcé les meubles confiés à sa garde. Plusieurs voix ont fait remarquer qu'il ne s'agissait pas de cela ; et M. le garde-des-sceaux a dit qu'il y avait alors abus de confiance et bris de scellés.

Faudra-t-il d'ailleurs que les tribunaux prononcent toutes les peines établies par les articles 401 et 406 ? Ne pourront-ils pas se borner à prononcer certaines de ces peines. Plusieurs articles de la loi du 25 juin 1824, et notamment l'article 2, disposaient comme la présente loi. Ils disaient : Ce fait sera puni *des peines déterminées par l'article 401.* Ils ne disaient pas *de toutes les peines ;* il résultait même de la discussion, à la Chambre des pairs, qu'on n'avait pas voulu imposer aux tribunaux l'obligation absolue de prononcer *toutes* les peines de l'art. 401 (V. les notes sur cette loi, tome 24 de ma Collection des Lois, pages 516 et 517). Et cependant la Cour de cassation a constamment jugé que toutes les peines devaient être prononcées, que la faculté que l'art. 401 laisse aux juges de prononcer seulement certaines des peines qu'il indique ne pouvait être exercée, lorsque la loi disait, non que l'article 401 serait appliqué, mais qu'un délit serait puni des peines portées dans cet article. Voy. tome 14 de ma Collection, pages 516 et suivantes; l'indication des arrêts de la Cour de Cassation. Voy. art. 463.

Le crime n'est point atténué par cette circonstance que les billets extorqués restaient imparfaits ou irréguliers (Cass. 6 février 1812 ; S. 12, 1, 97).

Il n'y a pas contradiction dans la déclaration des jurés, portant que l'extorsion n'a eu lieu, ni par la force, ni par la violence, qu'elle a eu lieu par contrainte (Cass. 15 janvier 1818 ; S. 18, 1, 270 ; P. 71, 590).

(1) Les larcins et les filouteries sont des vols exécutés, ceux-là furtivement, ceux-ci par adresse (Cass. 7 mars 1817 : Bull. crim. p. 44).
Voy. art. 154, 279, 380, 462, 463.
Lorsqu'un débiteur obtient de son créancier la remise des billets qu'il a souscrits, en alléguant faussement qu'il vient de signer chez un notaire l'obligation qu'ils sont convenus d'échanger contre ces billets; ce fait ne constitue ni un vol, ni un larcin, ni une filouterie, ni une escroquerie, ni un abus de confiance (Cass. 7 mars 1817 : S. 34, 1, 416).
Lorsqu'un débiteur obtient de son créancier que plusieurs titres partiels soient réunis en un seul, et qu'il se fait remettre les titres valables, en donnant en échange un nouveau titre intégral, qui n'est pas signé de lui, ce n'est pas là un vol (Cass. 27 septembre 1824 : S. 25, 1, 68).
Une soustraction frauduleuse, de pierres de la falaise qui règne le long d'une côte maritime, ne peut être considérée comme délit rural (Cass. 9 septembre 1824 : S. 25, 1, 72).
L'enlèvement de fruits de la terre pendans par racines, commis dans des lieux *clos*, attenant à une maison d'habitation, ne doit plus être considéré comme simple maraudage ; il constitue un vol (Cass. 31 janvier 1823 : S. 23, 1, 237).
Il n'est pas facultatif de diminuer le *minimum* de la durée de la surveillance fixé par la loi à cinq ans (Cass. 5 mars 1823 : S. 23, 1, 82).
V. notes sur l'art. 400 et art. 379.

(2) La justice répressive peut juger un commerçant sur le fait de *banqueroute frauduleuse*, sans que, par un tribunal de commerce, il y ait eu déclaration de faillite (Cass. 7 novembre 1811 : S. 11, 1, 371 ; *id.* — 19 avril 1811 ; S. 16, 1, 212).
Les commerçans seuls sont passibles des peines établies contre la banqueroute *frauduleuse* : ces peines sont inapplicables au particulier *non commerçant* de profession, encore qu'il ait contracté nombre d'obligations commerciales auxquelles il a manqué avec fraude (Cass. 21 novembre 1811 : S. 16, 1, 51).
Les faits de fraude, postérieurs à la faillite, constituent le crime de banqueroute, tout aussi bien que les faits antérieurs (Cass. 5 mars 1813 : S. 13, 1, 340).
Un débitant de boissons est commerçant ; il peut être poursuivi en banqueroute (Cass. 28 avril 1813 : S. 16, 1, 188).
Id. d'un agent d'affaires (Cass. 18 novembre 1813 : S. 16, 1, 51) ; *id.* des membres d'une société d'assurances à prime contre l'incendie et les risques de mer (Cass. 1er avril 1830 : S. 30, 1, 330).
Le créancier d'un failli qui néglige de former dans

de banqueroute frauduleuse, seront punis de la même peine que les banqueroutiers frauduleux (1).

404. Les agens de change et courtiers qui auront fait faillite seront punis de la peine des travaux forcés à temps : s'ils sont convaincus de banqueroute frauduleuse, la peine sera celle des travaux forcés à perpétuité (2).

405. Quiconque, soit en faisant usage de faux noms ou de fausses qualités, soit en employant des manœuvres frauduleuses pour persuader l'existence de fausses entreprises, d'un pouvoir ou d'un crédit imaginaire, ou pour faire naître l'espérance ou la crainte d'un succès, d'un accident ou de tout autre évènement chimérique, se sera fait remettre ou délivrer des fonds, des meubles ou des obligations, dispositions, billets, promesses, quittances ou décharges, et aura, par un de ces moyens, escroqué ou tenté d'escroquer la totalité ou partie de la fortune d'autrui, sera puni d'un emprisonnement d'un an au moins et de cinq ans au plus, et d'une amende de cinquante francs au moins et de trois mille francs au plus.

Le coupable pourra être, en outre, à compter du jour où il aura subi sa peine, interdit pendant cinq ans au moins et dix ans au plus, des droits mentionnés en l'article 42 du présent code : le tout, sauf les peines plus graves, s'il y a crime de faux (3).

---

la huitaine opposition au jugement d'homologation du concordat, n'a plus d'action criminelle, encore même que dès auparavant il eût porté plainte en banqueroute, et que, présent au concordat, il ait protesté (Cass. 9 mars 1811 : S. 11, 2, 145).

Voy. art. 586 à 599, Code du comm.

Le mineur qui a fait des opérations de commerce ne peut être poursuivi ni condamné comme banqueroutier, si les formalités exigées par le Code de commerce pour que le mineur soit habile à exercer le commerce, n'ont pas été observées (Cass. 2 déc. 1826 : S. 27, 1, 206).

De ce qu'un individu a été déclaré en état de faillite par jugement commercial passé en force de chose jugée, il ne s'ensuit pas que, s'il est poursuivi comme banqueroutier frauduleux, on ne puisse plus examiner la question de savoir s'il était ou non commerçant (Cass. 23 nov. 1817 : S. 18, 1, 188).

La déclaration du jury qui constate que l'accusé ne justifie pas de l'emploi de toutes ses recettes, n'équivaut pas, pour l'application de la peine, à la déclaration que l'accusé est *coupable* de ne pas justifier de l'emploi de ses recettes : pour qu'un tel fait soit constitutif de la banqueroute frauduleuse, il faut qu'il soit reconnu *frauduleux*, ou que l'accusé en soit déclaré *coupable* (Cass. 14 avril 1827 : S. 27, 1, 514 ; id. — 13 mai 1826 ; S. 27, 1, 159).

Il n'y a pas lieu à condamnation sur la déclaration du jury, que l'accusé n'a tenu que des livres irréguliers ; le jury doit être interrogé, en outre, sur la question de savoir *si les irrégularités des livres indiquent la fraude*. — La Cour d'assises ne peut elle-même résoudre cette question sans excéder ses pouvoirs (Cass. 30 nov. 1826 : S. 27, 1, 366).

M. Legraverend, t. 1er, p. 9, 11 et suiv., traite avec beaucoup de développemens, de la banqueroute frauduleuse et de la banqueroute simple. Cod. 23 septemb. 1791, 2e partie, tit. 2, sect. 2, art. 30.

(1) Voy. art. 479, 555 et 557 du Code de comm.

(2) Voy. art. 89, Code de comm.

(3) De nombreuses décisions ont statué sur des poursuites en escroquerie, mais elles ne forment point cependant une jurisprudence qu'on puisse consulter avec fruit. S'appliquant aux circonstances particulières de chaque espèce, elles ne peuvent guère être une règle pour des espèces nouvelles ; car il y a toujours des différences dans le fait, qui entraînent nécessairement des différences dans la qualification. D'ailleurs, l'appréciation de ce qui constitue les manœuvres frauduleuses, le crédit imaginaire, les espérances d'un succès, ou les craintes d'un évènement chimérique ne donnant point ouverture à cassation (Voy. arrêts du 20 mai, 9 septembre 1826 et 3 février 1817 ; S. 27, 1, 154 336, 18, 1, 90 et 31, 1, 56) ; un tribunal ou une cour peut considérer comme escroquerie, ce qui ne paraîtra pas escroquerie à une autre cour ou à un autre tribunal. J'ai dû par conséquent recueillir les arrêts les plus remarquables, ceux qui surtout établissent quelques règles générales.

En disant que la Cour de cassation n'a pas le droit de juger s'il y a erreur dans la décision des juges du fond, je dois cependant faire remarquer que la Cour de cassation a cassé des jugemens et arrêts lorsque les faits déclarés constans ne rentrent pas dans l'article 405 du Code pénal (*Voy.* arrêt du 27 novembre 1811 : S. 13, 1, 111).

Pour qu'il y ait escroquerie par *abus de crédulité*, il faut que les manœuvres employées soient de nature à tromper la prévoyance ordinaire du commun des hommes, et notamment de la classe à laquelle appartient le plaignant. L'oubli de cette règle offre plus d'un mal jugé ; c'est un sujet de cassation (Cass. 2 août 1811 : S. 11, 1, 380).

En général, celui qui se trouve lésé par suite d'une confiance aveugle, mais libre, c'est-à-dire d'une confiance non surprise par dol et fraude, n'a pas d'action correctionnelle contre l'auteur du dommage (Cass. 31 oct. 1811 : S. 12, 1, 1).

Le fils d'un commerçant qui, assez habituellement, fait les lettres de son père et signe pour lui de son consentement, s'il vient à écrire et à signer pour son père et à son insu, et pour se procurer à lui même un crédit (tellement que les tiers qui lui font crédit se trouvent frustrés de la garantie de son père), commet une simple escroquerie et non pas un faux caractérisé (Cass. 16 mars 1813 : S. 13, 1, 255).

Lorsqu'un créancier a fait souscrire par son débiteur une obligation pour une somme au-dessus de celle qu'il devait, en le menaçant de poursuites criminelles, à raison d'un délit dont le débiteur est coupable envers le créancier, ce fait ne constitue, de la part du créancier, ni vol ni escroquerie (Cass. 12 novembre 1819 : S. 20, 1, 86).

Les art. 401 et 405 sont seuls applicables au fait d'avoir chargé des objets sans valeur dans un navire, au lieu de marchandises, dans l'intention de les faire périr, afin de soustraire le prix de l'assurance aux assureurs (Cass. 30 août 1822 : S. 23, 1, 133).

Aujourd'hui ce fait est prévu par la loi sur la piraterie et la baraterie, du 10 avril 1825, lorsqu'il est commis par un capitaine, maître ou patron.

Celui qui, sous prétexte de faire dire des prières à l'intention des morts, extorque de l'argent qu'il s'approprie, peut et doit être condamné comme escroc (Cass. 6 mai 1813 : S. 6, 2, 903).

Celui qui a reçu de l'argent pour avoir donné des conseils à un conscrit, sur les moyens de se faire exempter ou réformer, ne commet point d'escroquerie, quand les conseils ont pour objet l'emploi des moyens légaux (Cass. 31 juillet 1813 : S. 17, 1, 96).

La restitution faite par l'escroc, des sommes dont il s'est emparé par le dol et à l'aide d'un crédit imaginaire, n'empêche pas qu'il y ait escroquerie surtout en matière de rescription (Cass. 6 septembre 1811 : S. 13, 1, 19).

§ II. Abus de confiance.

406. Quiconque aura abusé des besoins, des faiblesses ou des passions d'un mineur, pour lui faire souscrire, à son préjudice, des obligations, quittances ou décharges, pour prêt d'argent ou de choses mobilières, ou d'effets de commerce, ou de tous autres effets obligatoires, sous quelque forme que cette négociation ait été faite ou déguisée, sera puni d'un emprisonnement de deux mois au moins, de deux ans au plus, et d'une amende qui ne pourra excéder le quart des restitutions et des dommages-intérêts qui seront dus aux parties lésées, ni être moindre de vingt-cinq francs.

La disposition portée au second paragraphe du précédent article pourra, de plus, être appliquée.

407. Quiconque abusant d'un blanc-seing qui lui aura été confié, aura frauduleusement écrit au-dessus une obligation ou décharge, ou tout autre acte pouvant compromettre la personne ou la fortune du signataire, sera puni des peines portées en l'art. 405.

Dans le cas où le blanc-seing ne lui aurait pas été confié, il sera poursuivi comme faussaire et puni comme tel (1).

408 (a). Quiconque aura détourné ou dissipé, au préjudice des propriétaires, possesseurs ou détenteurs, des effets, deniers, marchandises, billets, quittances ou tous autres écrits contenant ou opérant obligation ou décharge, qui ne lui auraient été remis qu'à titre de louage, de dépôt, de mandat, ou pour un travail salarié ou non salarié, à la charge de les rendre ou représenter, ou d'en faire un usage ou un emploi déterminé, sera puni des peines portées en l'article 406.

Si l'abus de confiance prévu et puni par le précédent paragraphe a été commis par un domestique, homme de service à gages, élève, clerc, commis, ouvrier, compagnon ou apprenti, au préjudice de son maître, la peine sera celle de la réclusion.

Le tout sans préjudice de ce qui est dit aux articles 254, 255 et 256, relativement aux soustractions et enlèvemens de deniers, effets ou pièces commis dans les dépôts publics (2).

409. Quiconque, après avoir produit, dans une contestation judiciaire, quelque

---

Est réputé escroc, quiconque se fait donner de l'argent sous prétexte de cadeaux à faire aux magistrats, afin d'en obtenir justice (Cass. 23 mars 1812 : S. 12, 2, 385).

Pour qu'il y ait escroquerie, il suffit qu'un individu, en faisant usage d'un faux nom, se soit fait remettre des sommes, objets, obligations ou décharges (Cass. 5 mai 1810 : Bull. p. 202).

Les manœuvres frauduleuses et l'abus de crédulité, pour soustraire à quelqu'un partie de sa fortune, ne constitue l'escroquerie qu'autant que l'emploi de ces moyens a persuadé l'existence de fausses entreprises, d'un pouvoir ou d'un crédit imaginaire, ou fait naître l'espérance ou la crainte d'un succès (Cass. 4 janvier 1812 : S. 12, 1, 594).

Les juges doivent tout à la fois constater les manœuvres et l'atteinte volontaire à la fortune d'autrui (Cass. 1er octobre 1814 : S. 15, 2, 86).

Il est nécessaire de détailler tous et chacun des faits qui ont constitué l'abus de crédulité et les manœuvres à l'aide desquelles le coupable a réussi dans ses entreprises (Cass. 7 février 1812 : S. 12, 1, 318).

Le faux nom pour escroquer, quand il est pris par écrit, a le caractère de faux : il n'est simple escroquerie que lorsqu'il est verbal (Cass. 4 septembre 1813 : S. 14, 1, 185 ; id. — 17 mai 1811 ; S. 12, 1, 68).

L'escroquerie, dans le sens de l'art. 4, 2° alinéa, de la loi du 3 septembre 1807 (qui la punit lorsqu'elle est circonstance aggravante de l'usure habituelle), doit être définie selon l'article 35, tit. 2 de la loi antérieure du 19—22 juillet 1791, qui était en vigueur à l'époque où la loi du 3 septembre 1807 a été promulguée, et non selon l'art. 405 du Code pén. de 1810 (Cass. 5 août 1826 : S. 27, 1, 129).

Le fonctionnaire qui abuse sciemment de sa qualité pour exiger une somme d'argent, afin de s'abstenir de faire un acte, que d'ailleurs il n'avait pas le droit de faire, commet une escroquerie (Cass. 31 mars 1827, S. 27, 1, 397).

Le délit de corruption a lieu lorsqu'il y a dons ou offres faits au fonctionnaire. V. notes sur l'art. 177.

L'usage du commerce étant que le porteur d'un effet, présenté à recouvrement, livre son effet avec de recevoir les valeurs, la livraison ainsi faite n'est point réputée une imprudence, qui suppose que le porteur se voit livré à la foi du payeur, et qui rende le porteur non recevable à arguer d'escroquerie, si l'effet à recouvrer est retenu par le payeur sans paiement (Cass. 11 décembre 1814 : S. 15, 1, 321).

Un marchand qui, pour tromper un acheteur, emploie des manœuvres frauduleuses, et parvient à lui livrer de la limaille de cuivre, au lieu de poudre d'or présentée et offerte en vente, commet une véritable escroquerie (Cass. 20 août 1825 : S. 26, 1, 6).

(1) Voy. notes sur les art. 145 et suiv., qui déterminent la différence entre le faux et l'abus de blanc-seing.

Des billets revêtus d'un *bon pour* et d'une signature, sont de véritables blancs-seings (Cass. 14 janvier 1826 : S. 26, 1, 371).

Il y a abus de blanc-seing, lorsque sur un papier écrit avec des espaces en blanc, on intercale une écriture altérant dommageablement le sens de ce qui est écrit (Cass. 11 mars 1825 : S. 26, 1, 45).

L'abus de blanc-seing ne peut donner lieu contre l'auteur principal ou complice qu'à des peines correctionnelles, lorsque le jury a déclaré que le blanc-seing avait été confié ; peu importe que ce fût à l'auteur ou au complice (Cass. 8 avril 1830 : S. 30, 1, 297).

(a) Ancien article 408, abrogé : « Quiconque aura détourné ou dissipé, au préjudice du propriétaire, possesseur ou détenteur, des effets, deniers, marchandises, billets, quittances ou tous autres écrits contenant ou opérant obligation ou décharge, qui ne lui auraient été remis qu'à titre de dépôt ou pour un travail salarié, à la charge de les rendre ou représenter, ou d'en faire un usage ou un emploi déterminé, sera puni des peines portées dans l'article 406.

« Le tout sans préjudice de ce qui est dit aux articles 254, 255 et 256, relativement aux soustractions et enlèvemens de deniers, effets ou pièces ; commis dans les dépôts publics. »

(2) La soustraction ou détournement d'un titre ne peut

titre, pièce ou mémoire, l'aura soustrait de quelque manière que ce soit, sera puni d'une amende de vingt-cinq francs à trois cents francs.

Cette peine sera prononcée par le tribunal saisi de la contestation.

§ III. Contravention aux réglemens sur les maisons de jeu, les loteries et les maisons de prêt sur gage.

410. Ceux qui auront tenu une maison de jeux de hasard, et y auront admis le public, soit librement, soit sur la présentation des intéressés ou affiliés, les banquiers de cette maison, tous ceux qui auront établi ou tenu des loteries non autorisées par la loi, tous administrateurs, préposés ou agens de ces établissemens, seront punis d'un emprisonnement de deux mois au moins et de six mois au plus, et d'une amende de cent francs à six mille francs.

Les coupables pourront être, de plus, à compter du jour où ils auront subi leur peine, interdits, pendant cinq ans au moins et dix ans au plus, des droits mentionnés en l'article 42 du présent code.

Dans tous les cas, seront confisqués tous les fonds ou effets qui seront trouvés exposés au jeu ou mis à la loterie, les meubles, instrumens, ustensiles, appareils employés ou destinés au service des jeux ou des loteries, les meubles et les effets mobiliers dont les lieux seront garnis ou décorés (2).

411. Ceux qui auront établi ou tenu des maisons de prêt sur gages ou nantissement, sans autorisation légale, ou qui, ayant une autorisation, n'auront pas tenu un registre conforme aux réglemens, contenant de suite, sans aucun blanc ni interligne, les sommes ou les objets prêtés, les noms, domicile et profession des emprunteurs, la nature, la qualité, la valeur des objets mis en nantissement, seront punis d'un emprisonnement de quinze jours au moins, de trois mois au plus, et d'une amende de cent francs à deux mille francs (3).

§ IV. Entraves apportées à la liberté des enchères.

412. Ceux qui, dans les adjudications de la propriété, de l'usufruit ou de la

---

être prouvée par témoins, même en justice criminelle, avant que l'existence du titre ne soit reconnue elle-même, ou du moins préparée par un commencement de preuve par écrit (Cass. 5 avril 1817 : S. 17, 1, 301 ; *Id.* — 5 mai 1815 ; S. 15, 1, 228 ; *Id.* — 21 mars 1811 ; S. 11, 1, 191).

S'il s'agit d'un dépôt commercial, l'action correctionnelle est recevable et la preuve par témoins admissible (Metz, 5 août 1822 : S. 25, 2, 268).

Les tribunaux criminels ne doivent pas, lorsqu'il y a un commencement de preuve par écrit, renvoyer devant les tribunaux civils pour prononcer préalablement sur l'existence du dépôt (Cass. 31 juillet 1812 : S. 17, 1, 56 ; *Id.* — 2 décembre 1813 ; S. 14, 1, 30 ; *Id.* — 23 mai 1818 ; S. 14, 1, 517).

Le fait d'un officier de garde nationale mobilisée qui, après le licenciement de son corps, a conservé, au mépris d'un arrêté du préfet, les cartouches qu'il était chargé de distribuer, constitue le délit prévu par l'art. 408 (Cass. 27 novembre 1817 : S. 18, 1, 250 ; D. 16, 2, 172 ; L. 82, 559).

Sur le détournement d'effets militaires, *Voy.* la loi du 15 juillet 1829, dans ma Collection des Lois.

La clause que le dépositaire ne sera point tenu de rendre les mêmes et identiques pièces de monnaie qu'il a reçues, mais seulement une pareille somme, et qu'il ne sera d'ailleurs tenu de la rendre que dans le terme d'un an, est destructive du contrat de dépôt, et offre le caractère d'un prêt (Cass. 26 avril 1810 : S. 11, 2, 66).

Avant la loi du 28 avril 1832, on distinguait entre le mandataire gratuit et le mandataire salarié ; le premier n'était point punissable au cas d'abus ; maintenant et d'après la nouvelle rédaction, la distinction n'est plus possible.

Ne sont pas dépositaires publics les notaires qui, à raison de leurs fonctions, reçoivent un dépôt volontaire (Cass. 15 avril 1813 : S. 17, 1, 24).

Est punissable pour abus de confiance, un meunier qui soustrait de la farine provenue du blé qu'on lui a donné à moudre (Cass. 11 avril 1817 : S. 18, 1, 27).

L'ouvrier auquel une certaine chose a été vendue, à charge d'en payer le prix au fur et à mesure de l'emploi déterminé qu'il s'est obligé d'en faire, s'il vient à revendre cette même chose au lieu d'en faire emploi,

ne peut être poursuivi comme coupable du détournement frauduleux (Cass. 29 septembre 1830 : S. 20, 1, 417).

Le fermier qui vend, sans le consentement du bailleur, le cheptel qu'il avait reçu, ne commet ni vol, ni abus de confiance (Cass. 5 octobre 1820 : S. 21, 1, 20).

Voy. art. 169 et 254 ; Code civ. art. 1924.

(2) *Voy.* loi du 19=22 juillet 1791, art. 7 ; décrets du 24 juin 1806, 25 septembre 1813. V. art. 421, 475, nos 5, 477.

Il n'est pas nécessaire, pour encourir la peine portée contre ceux qui tiennent une maison de jeux de hasard, d'être pris en flagrant délit (Cass. 11 août 1809 : S. 10, 1, 92).

La modicité des sommes risquées à un jeu de hasard n'est pas une excuse (Cass. 5 octobre 1810 : S. 11, 1, 133).

Les banquiers sont punissables, encore que la maison n'ait pas été tenue d'une manière permanente, encore qu'ils n'aient été banquiers dans cette maison que transitoirement (Cass. 2 avril 1819 : S. 19, 1, 317).

Celui qui fait la recette des mises de loterie, sans autorisation spéciale de l'administration, est réputé tenir une loterie non autorisée (Cass. 2 avril 1811 : S. 12, 1, 393).

Le fait de colporter dans les lieux publics des billets, pour un objet mis en loterie, est une simple contravention prévue par l'art. 475, n° 5 (Cass. 23 février 1827 : S. 27, 1, 376). La loterie cessera d'exister le 1er janvier 1836. Loi du 21 avril 1832, art. 48.

(3) *Voy.* loi du 16 pluviose an 13 ; décret du 24 messidor an 12, du 5 thermidor an 13 ; avis du Conseil d'État du 8 thermidor 13, décret du 30 juin 1806, du 10 mars 1807 ; avis du Conseil-d'État du 12 juill. 1807.

L'art. 411 est faussement appliqué, si le dispositif du jugement énonce seulement que le prévenu a tenu une maison de prêt non autorisée, sans expliquer que cette maison prêtait sur un gage ou nantissement (Cass. 9 mars 1819 : S. 19, 1, 395).

Lorsqu'un tribunal correctionnel a jugé que des ventes à réméré servent à déguiser des prêts sur gages non autorisés, c'est là une décision de fait qui échappe à la censure de la cour suprême (Cass. 15 juin 1821 : S. 21, 1, 407). *Voy.* art. 194 et Code civil, art. 2073.

location des choses mobilières ou immobilières, d'une entreprise, d'une fourniture, d'une exploitation ou d'un service quelconque, auront entravé ou troublé la liberté des enchères ou des soumissions, par voies de fait, violences ou menaces, soit avant, soit pendant les enchères ou les soumissions, seront punis d'un emprisonnement de quinze jours au moins, de trois mois au plus, et d'une amende de cent francs au moins et de cinq mille francs au plus.

La même peine aura lieu contre ceux qui, par dons ou promesses, auront écarté les enchérisseurs (1).

§ V. Violation des réglemens relatifs aux manufactures, au commerce et aux arts.

413. Toute violation des réglemens d'administration publique relatifs aux produits des manufactures françaises qui s'exporteront à l'étranger, et qui ont pour objet de garantir la bonne qualité, les dimensions et la nature de la fabrication, sera punie d'une amende de deux cents francs au moins, trois mille francs au plus, et de la confiscation des marchandises. Ces deux peines pourront être prononcées cumulativement ou séparément, selon les circonstances.

414. Toute coalition entre ceux qui font travailler des ouvriers, tendant à forcer injustement et abusivement l'abaissement des salaires, suivie d'une tentative ou d'un commencement d'exécution, sera punie d'un emprisonnement de six jours à un mois, et d'une amende de deux cents francs à trois mille francs.

415. Toute coalition de la part des ouvriers pour faire cesser en même temps de travailler, interdire le travail dans un atelier, empêcher de s'y rendre et d'y rester avant ou après de certaines heures, et en général pour suspendre, empêcher, enchérir les travaux, s'il y a eu tentative ou commencement d'exécution, sera punie d'un emprisonnement d'un mois au moins et de trois mois au plus.

Les chefs ou moteurs seront punis d'un emprisonnement de deux à cinq ans.

416. Seront aussi punis de la peine portée par l'article précédent, et d'après les mêmes distinctions, les ouvriers qui auront prononcé des amendes, des défenses, des interdictions, ou toutes proscriptions sous le nom de *damnations* et sous quelque qualification que ce puisse être, soit contre les directeurs d'ateliers et entrepreneurs d'ouvrages, soit les uns contre les autres.

Dans le cas du présent article et dans celui du précédent, les chefs ou moteurs du délit pourront, après l'expiration de leur peine, être mis sous la surveillance de la haute police pendant deux ans au moins et cinq ans au plus.

417. Quiconque, dans la vue de nuire à l'industrie française, aura fait passer en pays étranger des directeurs, commis ou des ouvriers d'un établissement, sera puni d'un emprisonnement de six mois à deux ans, et d'une amende de cinquante francs à trois cents francs.

418. Tout directeur, commis, ouvrier de fabrique, qui aura communiqué à des étrangers ou à des Français résidant en pays étrangers, des secrets de la fabrique où il est employé, sera puni de la réclusion et d'une amende de cinq cents francs à vingt mille francs.

Si ces secrets ont été communiqués à des Français résidant en France, la peine sera d'un emprisonnement de trois mois à deux ans, et d'une amende de seize francs à deux cents francs.

419. Tous ceux qui, par des faits faux ou calomnieux semés à dessein dans le public, par des sur-offres faites aux prix que demandaient les vendeurs eux-mêmes, par réunion ou coalition entre les principaux détenteurs d'une même marchandise ou denrée, tendant à ne la pas vendre ou à ne la vendre qu'à un certain prix, ou qui, par des voies ou moyens frauduleux quelconques, auront opéré la hausse ou la baisse du prix des denrées ou marchandises ou des papiers et effets publics au-dessus ou au-dessous des prix qu'aurait déterminés la concurrence naturelle et libre du commerce, seront punis d'un emprisonnement d'un mois au moins, d'un an au plus, et d'une amende de cinq cents francs à dix mille francs. Les coupables pourront de plus être mis, par l'arrêt et le jugement, sous la surveillance de la haute police pendant deux ans au moins et cinq ans au plus (2).

420. La peine sera d'un emprisonnement de deux mois au moins et de deux ans au plus, et d'une amende de mille francs à vingt mille francs, si ces manœuvres ont été pratiquées sur grains, grenailles, farines, substances farineuses, pain, vin ou toute autre boisson.

La mise en surveillance qui pourra être prononcée sera de cinq ans au moins et de dix ans au plus.

421. Les paris qui auront été faits sur la hausse ou la baisse des effets publics

---

(1) *V.* art. 224. (2) La tentative de ce délit n'est pas punissable (Cass. 17 janvier 1818 ; S. 18, 1, 163).

seront punis des peines portées par l'article 419.

422. Sera réputée pari de ce genre toute convention de vendre ou de livrer des effets publics qui ne seront pas prouvés par le vendeur avoir existé à sa disposition au temps de la convention, ou avoir dû s'y trouver au temps de la livraison (1).

423. Quiconque aura trompé l'acheteur sur le titre des matières d'or ou d'argent, sur la qualité d'une pierre fausse vendue pour fine, sur la nature de toutes marchandises ; quiconque, par usage de faux poids ou de fausses mesures, aura trompé sur la quantité des choses vendues, sera puni de l'emprisonnement pendant trois mois au moins, un an au plus, et d'une amende qui ne pourra excéder le quart des restitutions et dommages-intérêts, ni être au-dessous de cinquante francs.

Les objets du délit, ou leur valeur, s'ils appartiennent encore au vendeur, seront confisqués : les faux poids et les fausses mesures seront aussi confisqués, et de plus seront brisés (2).

424. Si le vendeur et l'acheteur se sont servis, dans leurs marchés, d'autres poids ou d'autres mesures que ceux qui ont été établis par les lois de l'État, l'acheteur sera privé de toute action contre le vendeur qui l'aura trompé par l'usage de poids ou de mesures prohibés ; sans préjudice de l'action publique pour la punition tant de cette fraude que de l'emploi même des poids et des mesures prohibés.

La peine, en cas de fraude, sera celle portée par l'article précédent.

La peine pour l'emploi des mesures et poids prohibés sera déterminée par le livre IV du présent code, contenant les peines de simple police (3).

425. Toute édition d'écrits, de composition musicale, de dessin, de peinture ou de toute autre production, imprimée ou gravée en entier ou en partie, au mépris des lois et réglemens relatifs à la propriété des auteurs, est une contrefaçon ; et toute contrefaçon est un délit.

426. Le débit d'ouvrages contrefaits, l'introduction sur le territoire français d'ouvrages qui, après avoir été imprimés en France, ont été contrefaits chez l'étranger, sont un délit de la même espèce.

427. La peine contre le contrefacteur ou contre l'introducteur sera une amende de cent francs au moins et de deux mille francs au plus ; et contre le débitant, une amende de vingt-cinq francs au moins et de cinq cents francs au plus.

La confiscation de l'édition contrefaite sera prononcée tant contre le contrefacteur que contre l'introducteur et le débitant.

Les planches, moules ou matrices des objets contrefaits, seront aussi confisqués (4).

428. Tout directeur, tout entrepreneur de spectacle, toute association d'artistes, qui aura fait représenter sur son théâtre des ouvrages dramatiques au mépris des lois et réglemens relatifs à la propriété des auteurs, sera puni d'une amende de cinquante francs au moins, de cinq cents francs au plus, et de la confiscation des recettes (5).

429. Dans les cas prévus par les quatre articles précédens, le produit des confiscations, ou les recettes confisquées, se-

---

(1) La question de validité des marchés à terme, tels qu'ils se pratiquent à la Bourse de Paris, a été vivement controversée. — Enfin les marchés ont été déclarés nuls. *Voy.* arrêts de la Cour de cassation des 4 et 11 août 1814 (S. 14, 1, 409 et 414 ; D. 11, 1, 39, 311 et 306 ; P. 68, 533 et 70, 497 et 513).

Mais il faut bien distinguer entre la nullité sous le rapport civil, et la criminalité des marchés à terme. Un arrêt de la cour de Paris du 29 mai 1810 (S. 11 ; 2, 25), a jugé que les ventes d'effets publics dont le prix n'est pas payé, et dont la livraison ne s'effectue pas dans l'intervalle d'une bourse à une autre, ne doivent pas, par cela seul, être considérées comme marchés à terme prohibés par le Code pénal. *Voy. le Traité des bourses de Commerce*, par M. Mollot, p. 147 et suivans.

(2) Relativement à la garantie des ouvrages d'or et d'argent, *Voy.* lois des 31 mars=3 avril 1791, des 19 brumaire, 26 frimaire an 6 ; arrêté du 13 prairial an 6 ; proclamation du 1er messidor an 6 ; arrêté des 13 et 16 prairial an 7, 10 prairial an 11 ; loi du 5 ventose an 12 ; arrêté du 3 germinal an 12, décrets des 1er germinal, 23 floréal an 13 ; ordonnances des 5 mai 1819, 8 mai 1810, 19 septembre 1821.

Ce n'est pas vendre à faux poids que de vendre des denrées qui n'ont pas le poids déterminé par les réglemens (Cass. 2 ventose an 13 ; S. 7, 1, 1106).

L'art. 423 n'est applicable à celui qui trompe l'acheteur sur la quantité des marchandises, que lorsque la fraude a été commise par l'emploi de faux poids ou de fausses mesures. Ainsi, le boulanger qui expose en vente des pains d'un poids inférieur à celui fixé, ne commet pas le délit prévu par l'art. 423, Code pénal, mais une simple contravention de police (Cass. 11 août 1813 ; Bull. crim. p. 419).

Le boulanger sur le comptoir duquel se trouvent des balances ayant un plateau plus pesant que l'autre, est présumé en avoir fait usage pour son commerce, s'il n'est trouvé dans sa boutique d'autres poids ou mesures dont il ait pu se servir (Cass. 30 août 1822 ; Bull. crim. p. 351).

Les commissaires de police ont caractère pour faire les recherches et dresser procès-verbal des contraventions en matière de poids et mesures (Cass. 11 septembre 1817, Bull. crim. p. 310).

Voy. art. 479, nos 5 et 6 ; 480, no 1 ; 481, no 1er.

(3) *V.* art. 479, nos 5 et 6.

(4) *Voy.* lois des 19=24 juillet 1793, 30 août 1792, 1er septembre 1793, 25 prairial an 3 ; décrets des 1er et 7 germinal an 13 ; avis du Conseil d'État du 12 août 1807 ; décret du 5 février 1810. *Voy.* les art. 425 et 429.

Les articles de journaux constituent une propriété littéraire ; s'ils sont reproduits dans d'autres journaux, il y a contrefaçon lorsque les journaux dans lesquels les articles avaient été insérés, ont été déposés à la direction de la librairie (Cass. 19 octobre 1830 ; S. 31, 1, 368).

(5) La contravention d'un entrepreneur de spectacle à l'ordonnance du maire qui lui enjoint de faire jouer jusqu'à la fin de l'année théâtrale tient à l'ordre public, de telle sorte que l'entrepreneur, par sa désobéissance, encourt les peines de simple police (Cass. 10 avril 1808 ; S. 6, 1, 891).

ront remis au propriétaire, pour l'indemniser d'autant du préjudice qu'il aura souffert; le surplus de son indemnité, ou l'entière indemnité, s'il n'y a eu ni vente d'objets confisqués, ni saisie de recettes, sera réglé par les voies ordinaires (1).

§ VI. Délits des fournisseurs.

430. Tous individus chargés, comme membres de compagnie ou individuellement, de fournitures, d'entreprises ou régies pour le compte des armées de terre et de mer, qui, sans y avoir été contraints par une force majeure, auront fait manquer le service dont ils sont chargés, seront punis de la peine de la réclusion et d'une amende qui ne pourra excéder le quart des dommages-intérêts, ni être au-dessous de cinq cents francs; le tout sans préjudice de peines plus fortes en cas d'intelligence avec l'ennemi.

431. Lorsque la cessation du service proviendra du fait des agens des fournisseurs, les agens seront condamnés aux peines portées par le précédent article.

Les fournisseurs et leurs agens seront également condamnés, lorsque les uns et les autres auront participé au crime.

432. Si des fonctionnaires publics ou des agens, préposés ou salariés du Gouvernement, ont aidé les coupables à faire manquer le service, ils seront punis de la peine des travaux forcés à temps; sans préjudice de peines plus fortes en cas d'intelligence avec l'ennemi.

433. Quoique le service n'ait pas manqué, si, par négligence, les livraisons et les travaux ont été retardés, ou s'il y a eu fraude sur la nature, la qualité ou la quantité des travaux ou main-d'œuvre ou des choses fournies, les coupables seront punis d'un emprisonnement de six mois au moins et de cinq ans au plus, et d'une amende qui ne pourra excéder le quart des dommages-intérêts, ni être moindre de cent francs.

Dans les divers cas prévus par les articles composant le présent paragraphe, la poursuite ne pourra être faite que sur la dénonciation du Gouvernement.

SECT. III. *Destructions, dégradations, dommages.*

434. (a). Quiconque aura volontairement mis le feu à des édifices, navires, bateaux, magasins, chantiers, quand ils sont habités ou servent à l'habitation et généralement aux lieux habités ou servant à l'habitation, qu'ils appartiennent ou n'appartiennent pas à l'auteur du crime, sera puni de mort.

Sera puni de la même peine quiconque aura volontairement mis le feu à tout édifice servant à des réunions de citoyens.

Quiconque aura volontairement mis le feu à des édifices, navires, bateaux, magasins, chantiers, lorsqu'ils ne sont ni habités, ni servant à habitation, ou à des forêts, bois taillis ou récoltes sur pied, lorsque ces objets ne lui appartiennent pas, sera puni de la peine des travaux forcés à perpétuité.

Celui qui, en mettant le feu à l'un des objets énumérés dans le paragraphe précédent et à lui-même appartenant, aura volontairement causé un préjudice quelconque à autrui, sera puni des travaux forcés à temps.

Quiconque aura volontairement mis le feu à des bois ou récoltes abattus, soit que les bois soient en tas ou en cordes, et les récoltes en tas ou en meules, si ces objets ne lui appartiennent pas, sera puni des travaux forcés à temps.

Celui qui, en mettant le feu à l'un des objets énumérés dans le précédent paragraphe et à lui-même appartenant, aura volontairement causé un préjudice quelconque à autrui, sera puni de la réclusion.

Celui qui aura communiqué l'incendie à l'un des objets énumérés dans les précédens paragraphes, en mettant volontairement le feu à des objets quelconques, appartenant soit à lui, soit à autrui, et placés de manière à communiquer ledit incendie, sera puni de la même peine que s'il avait directement mis le feu à l'un desdits objets.

Dans tous les cas, si l'incendie a occasionné la mort d'une ou plusieurs personnes se trouvant dans les lieux incendiés au moment où il a éclaté, la peine sera la mort (2).

---

(1) Le vœu de l'art. 429, Code pénal, est suffisamment rempli, si l'édition contrefaite ayant été presqu'entièrement vendue, les exemplaires restans sont remis au propriétaire, sans que le contrefacteur soit condamné à rendre le prix des exemplaires vendus. — Quant au surplus de l'indemnité, les juges ont le choix de la fixer eux-mêmes, s'ils ont les documens nécessaires, ou de la faire régler par experts (Cass. 30 janvier 1818 : S. 18, 1, 233).

(a) Ancien article 434, abrogé : « Quiconque aura volontairement mis le feu à des édifices, navires, bateaux, magasins, chantiers, forêts, bois taillis ou récoltes soit sur pied, soit abattus, soit aussi que les bois soient en tas ou en cordes, et les récoltes en tas ou en meules, ou à des matières combustibles placées de manière à communiquer le feu à ces choses ou à l'une d'elles, sera puni de la peine de mort. »

(2) L'ancien article du Code pénal avait donné lieu à plusieurs difficultés, notamment à la question de savoir si l'incendie de sa propre chose assurée, pour obtenir le prix de l'assurance, était punissable de la peine de mort. La nouvelle disposition en statuant expressément sur la plupart des cas qui donnaient lieu à controverse, dispense de citer les arrêts rendus avant la loi du 28 avril 1832; mais il importe de bien faire connaître l'esprit de

cette loi, en donnant, avec quelque étendue, l'analyse des débats parlementaires.

« Le projet de loi, a dit M. le rapporteur à la Chambre des députés, n'apporte aucune modification à l'article du Code pénal relatif à l'incendie volontaire de la chose d'autrui, il conserve la peine de mort pour tous les cas d'incendie énumérés dans cet article. Cependant on ne peut se dissimuler que de l'un de ces cas à un autre, il n'y ait, quant au préjudice, quant à l'alarme, quant à la perversité, un intervalle immense ; toutes les raisons d'équité exigent donc une différence dans les peines comme dans les crimes, et votre commission les a jugées supérieures aux raisons d'utilité qu'on allègue pour maintenir l'uniformité de peine portée par le Code pénal.

« Sans doute, l'incendie est un crime à part : la facilité de le commettre, la difficulté de le prouver, les ravages qu'il exerce, la terreur qu'il répand, appellent toutes les sévérités de la loi. Dans les temps de troubles, l'incendie peut devenir un instrument de haine politique, une vengeance organisée de parti ; les conspirations incendiaires sont le plus redoutable auxiliaire de la révolte.

« Mais remarquons d'abord que la peine de mort n'a pas besoin d'être maintenue pour cette dernière hypothèse ; elle est écrite dans l'art. 91 du Code pénal, qui applique la peine capitale au complot, lorsqu'il a pour objet de porter la dévastation dans une ou plusieurs communes ; et elle est conservée par le projet de loi pour le cas où le complot aura été suivi d'exécution ou de tentative ; dans les temps ordinaires, il est nécessaire que la peine de mort protège la vie de l'homme, lorsque l'incendie peut la mettre en danger ; mais si la vie de l'homme n'a pas même été menacée, l'incendie n'est autre chose qu'une dévastation avec circonstances aggravantes, et n'y a-t-il pas une suffisante aggravation de peine de punir des travaux forcés à temps, et même des travaux forcés à perpétuité, une simple dévastation. »

« ..... Votre commission a donc pensé qu'il convenait d'établir des catégories dans le crime d'incendie, et de proportionner la peine au dommage et au danger. L'incendie qui fait courir des risques à la vie des hommes, qui épouvante une province, qui peut affamer un canton, doit être plus sévèrement réprimé que celui qui n'occasionne qu'une perte individuelle ou une alarme bornée. Votre commission vous propose, en conséquence, de placer au plus haut degré de l'échelle, et de punir de mort l'incendie des édifices, navires, bateaux, magasins, chantiers habités ou servant à l'habitation ; elle vous propose de placer au second degré, et de punir des travaux forcés à perpétuité, l'incendie des mêmes objets lorsqu'ils ne sont ni habités, ni servant à l'habitation, et celui des forêts, bois, taillis ou récoltes sur pied ; elle vous propose de placer au troisième degré, et de punir des travaux forcés à temps, l'incendie des bois et récoltes abattus, soit que les bois soient en tas ou en corde, et les récoltes en tas ou en meule ; elle vous propose, enfin, de placer au quatrième degré, et de punir de la réclusion l'incendie de l'un de ces objets par le propriétaire lui-même, dans l'intention de porter un préjudice quelconque à autrui, autre que la communication d'incendie. Deux dispositions ont paru nécessaires pour compléter ce système de répression : l'une a pour objet de punir de mort l'auteur de tout incendie, qui a occasionné la mort d'une ou de plusieurs personnes se trouvant dans les lieux incendiés au moment où l'incendie a éclaté ; l'autre a pour objet de punir l'incendie d'objets placés de manière à communiquer le feu à l'un des objets compris dans les catégories ci-dessus, de même que si ces objets avaient été directement et volontairement incendiés. Par une présomption légale, que votre commission a jugée indispensable, la possibilité de la communication d'incendie, suivie d'une communication effective, est considérée comme une preuve de l'intention. En dressant cette échelle pénale de l'incendie, votre commission a réalisé les vœux exprimés par plusieurs Cours royales, et sans enlever à la société aucune garantie nécessaire, elle croit avoir satisfait aux exigences de l'humanité. »

M. le rapporteur à la Chambre des pairs a ajouté : « Le crime d'incendie était peut-être celui qui avait le plus besoin d'une appréciation nouvelle ; il varie avec les circonstances qui l'accompagnent, la nature et la situation des objets incendiés, avec les dangers qu'il fait courir à autrui. Dans tous les cas, aujourd'hui, il est puni de la peine de mort, le projet de loi établit six divisions dans lesquelles viennent se placer tous les crimes d'incendie :

« L'incendie des lieux habités, ou servant à l'habitation, qu'ils appartiennent ou n'appartiennent pas à l'auteur du crime, sera puni de mort. C'est ici la vie de l'homme que la loi protège, et non l'attentat à la propriété qu'elle punit. »

« L'incendie des lieux non habités, des récoltes et des forêts sur pied appartenant à autrui, sera puni de la peine des travaux forcés à perpétuité. Le dommage peut être si grand, la destruction si rapide et si étendue, qu'on a dû appliquer à ce crime la peine la plus forte après la peine de mort.

« Si l'incendie est circonscrit à des objets isolés et n'atteint pas des récoltes et des bois abattus appartenant à autrui, il sera puni de la peine des travaux forcés à temps.

L'incendie de l'un de ces objets par le propriétaire lui-même, dans l'intention de porter un préjudice quelconque à autrui, sera puni de la peine des travaux forcés.

« L'incendie d'objets placés volontairement de manière à communiquer le feu à l'un des objets compris dans les catégories ci-dessus, sera puni comme si l'on eût mis le feu à ces mêmes objets.

« Enfin, l'auteur de tout incendie qui a causé la mort d'une ou de plusieurs personnes se trouvant dans les lieux incendiés au moment où l'incendie a éclaté, sera puni de mort. Par là, Messieurs, disparaîtront toutes les incertitudes de la jurisprudence sur l'incrimination de plusieurs faits d'incendie ; par là sera réprimé un crime d'une nature particulière auquel avaient donné naissance les contrats d'assurance contre l'incendie. A l'aide de ces classifications nouvelles, la justice pourra proportionner la peine à la perversité du crime sans enlever à la société aucune de ses garanties. »

Les mots *qu'ils appartiennent ou n'appartiennent pas à l'auteur du crime* ont été ajoutés, dans le premier alinéa de l'article, par la Chambre des pairs, afin de faire disparaître toute équivoque, et de rendre la peine de mort applicable à celui qui mettrait le feu à sa propre maison, habitée ou servant à l'habitation, même dans l'intention de s'en faire rembourser le prix par une compagnie d'assurance qui l'aurait assurée.

Le projet du Gouvernement, comme l'a dit M. le garde des-sceaux, avait un but différent ; il ne considérait que comme une escroquerie très-grave le fait d'incendier sa propre chose, même un édifice habité ou servant à l'habitation, pour obtenir le prix de l'assurance, et il prononçait seulement la réclusion, sauf l'application du dernier paragraphe.

Dans les explications qui ont eu lieu entre M. le rapporteur et M. le garde-des-sceaux, on trouve quelques expressions qui semblent établir qu'il faut distinguer entre le crime d'incendie *d'une maison habitée* pour nuire à la compagnie d'assurances, et le crime d'incendie *d'une maison non actuellement habitée*, commis dans la même intention, que la peine de mort serait applicable seulement au premier de ces crimes.

En effet, M. le rapporteur s'est exprimé ainsi :

« Nous devons dire d'abord que *si les lieux sont habités*, ils ont beau être assurés, ce n'est pas du vol fait à la compagnie d'assurances que la loi doit d'abord s'occuper ; c'est du péril qu'ont couru les individus qui habitent ces lieux, on rentre alors dans la disposition du premier paragraphe. Ce sont des lieux habités ; c'est la vie de l'homme qu'on défend ; il est juste que la peine de mort soit prononcée. Maintenant, *ces lieux-là ne sont pas habités* ; mais ils sont assurés, cela revient alors à un simple vol : le Gouvernement n'y appliquait que la peine de la réclusion. Votre commission a trouvé cette peine trop minime. » — et M. le rapporteur établit qu'on doit prononcer les travaux forcés à temps.

Il me semble que M. le rapporteur, en disant *si ces lieux-là ne sont pas habités*, a voulu parler non du cas où *un édifice servant à habitation n'est pas actuellement habité*, mais du cas où *un édifice n'est ni habité ni servant à habitation*. Le texte du 4e § est décisif ; d'ailleurs, M. le garde-des-sceaux, en combattant l'opinion de M. le rapporteur, a dit : « Il y a une différence essentielle à faire entre *les lieux habités* et *les lieux servant à habitation*, et cependant ces deux circonstances sont confondues dans la même pénalité, etc. »

Il a ajouté : « M. le rapporteur vient de nous dire que l'on ne va pas s'enquérir si, au moment où l'incendie a été commis, il y avait quelqu'un dans l'édifice incendié ; qu'il suffit que l'édifice soit destiné à l'habitation, pour que la peine de mort doive être prononcée. Je répète que cette disposition est beaucoup trop sévère, quand il s'agit d'incendie de sa propre maison, et qu'il ne peut résulter que de graves inconvéniens d'une sévérité trop grande dans les lois pénales. »

Rien n'annonce que la distinction réclamée par M. le garde-des-sceaux ait été faite. L'article a été renvoyé à la commission, et M. le rapporteur, en le présentant de nouveau à la Chambre, s'est exprimé de manière à lever toute espèce de doute. « Après le troisième paragraphe, a-t-il dit, nous avons introduit un amendement qui consisterait à punir d'une peine inférieure celui qui aurait mis le feu aux différens objets énumérés dans le § 3, dans le cas où ces objets lui appartiendraient. La vie des hommes n'étant plus compromise, puisqu'il ne s'agit que de magasins, de bateaux, de bois, de récoltes, lorsque ces objets auront été brûlés pour voler les compagnies d'assurances qui les ont assurés, l'incendiaire sera puni des travaux forcés à temps. »

Donc, dans l'intention du rapporteur et dans l'intention de la loi, s'il s'agit d'incendie des objets autres que ceux énumérés dans le § 3, par conséquent d'objets énumérés dans les § 1er et 2, la peine sera la mort.

Enfin, lors du retour de la loi à la Chambre des députés, M. le rapporteur a parlé dans le même sens.

« Vous avez considéré, a-t-il dit, l'incendie de sa propre chose comme une escroquerie avec circonstance aggravante, et vous avez appliqué uniformément à ce crime, quel qu'en fût l'objet, la peine de la réclusion.

« En examinant avec attention la nature de ce crime, il est impossible de ne pas s'apercevoir qu'il s'aggrave, soit quant à la perversité morale, soit quant au dommage, suivant la nature diverse des objets incendiés. Celui qui met le feu à sa maison, et celui qui met le feu à sa récolte, si l'on ne considère que le but direct qu'ils se sont proposé, sont des voleurs de même espèce, inspirés par les mêmes passions de cupidité et de vengeance : ils ont voulu escroquer le montant d'une assurance exagérée, ou anéantir le gage de leurs créanciers.

« Mais celui qui, pour satisfaire de si honteuses passions, risque la vie des hommes qui habitent la maison, des hommes courageux qui lui apportent des secours, des voisins, et peut-être des habitans d'une ville toute entière ; celui-là n'est-il pas plus corrompu et plus coupable que celui qui n'a voulu et n'a pu compromettre que des intérêts pécuniaires ? N'est-il donc pas à la fois juste et nécessaire que la société prévienne ou réprime, par des pénalités plus fortes, une immoralité plus audacieuse et de plus graves dangers ? Et puisque, dans l'incendie de sa propre maison, le caractère dominant du crime n'est pas l'escroquerie, mais le mépris brutal de la vie des hommes, n'est-il pas juste que la peine de mort vienne au secours de tant d'existences compromises ? »

Un pair a demandé : Qu'arrivera-t-il si l'incendiaire n'a causé de dommage qu'à lui-même ? Le rapporteur a répondu, ce ne sera pas un crime, et il ne sera pas puni.

Il me semble que le fait du préjudice n'est pas nécessaire pour constituer le crime ; que si l'individu a mis le feu avec l'intention de causer préjudice à autrui, et que par hasard l'incendie n'ait causé de préjudice qu'à lui, il pourra y avoir tentative du crime d'incendie.

M. le général Caffarelli a dit : Il me semble qu'un individu qui brûle sa maison, bien qu'elle ne soit pas assurée, peut faire du tort à autrui, par exemple, s'il a des créanciers. M. le commissaire du Gouvernement et M. le rapporteur ont répondu que l'exemple des compagnies d'assurances avait été cité non comme exemple limitatif, mais comme indicateur ; que le crime sera puni, quel que soit l'individu qui en ait souffert ; que la rédaction est tout-à-fait générale.

La peine de mort sera applicable à l'incendiaire des lieux servant à des réunions de citoyens, soit qu'au moment où le feu a été mis, des citoyens y fussent réunis, soit qu'il ne se trouvât personne dans les édifices. Cette intention résulte de la manière la plus claire des débats à la Chambre des députés.

M. Charamaule, auteur de la proposition avait d'abord parlé de manière à faire croire que la peine de mort ne serait applicable que lorsque l'incendie aurait eu lieu pendant la réunion. « Je suppose, disait-il, que le feu soit mis au moment où les citoyens sont assemblés, la maison n'est-elle pas réellement habitée et cependant la loi la considérait comme inhabitée. Vous voyez que l'incendie alors n'est pas seulement une atteinte à la propriété, mais qu'il devient une atteinte à la vie des citoyens. »

M. Senné a dit : « Il faut distinguer lorsque le lieu destiné à une réunion sera occupé et lorsqu'il ne le sera pas. »

M. le garde-des-sceaux a répondu : Quel est l'objet de l'amendement ? c'est de considérer comme lieux habités les édifices destinés à des réunions de citoyens. Il faut le dire, la jurisprudence était conforme à l'amendement, et je crois qu'il faut sur ce point maintenir l'état de la législation ; ainsi les lieux habités ou les édifices publics destinés à des réunions de citoyens, doivent être placés au premier degré de pénalité.

M. Senné a insisté pour qu'on fît la distinction. M. Gaëtan de La Rochefoucauld a proposé d'ajouter *pendant le temps de ces réunions* ; mais cet amendement a été rejeté, sur l'observation de M. Parent que la loi définit ce qu'on entend par lieux habités, qu'on a parlé des spectacles, de la Chambre des députés, mais qu'il y a des habitations qui touchent à ces édifices, et qu'il n'en faut pas davantage pour dire que ces édifices sont habités ; qu'en adoptant l'amendement on dérangerait tout le système de la loi.

Le mari qui, volontairement, a mis le feu à des récoltes appartenant à sa femme, séparée de corps et de biens, ne peut être puni comme coupable du crime d'incendie, s'il n'a été constaté, par une déclaration expresse du jury, qu'à l'époque de l'incendie, l'accusé avait une connaissance légale de l'arrêt de séparation de corps qui lui enlevait la qualité d'administrateur des biens de sa femme (Cass. 2 mars 1820 : S. 20, 1, 348 ; D. 18, 1, 310 ; P. 58, 368).

Le fait d'avoir mis le feu à une meule de paille, ne doit pas nécessairement être considéré comme fait d'avoir mis le feu à des récoltes, dans le sens de l'art. 434, il peut n'être considéré que comme incendie de matières combustibles (Cass. 8 août 1828 : S. 28, 1, 364).

L'incendie volontaire de bois abattus, ne constitue le crime d'incendie puni par l'art. 434 du Cod. pén. qu'autant que ces bois sont encore en nature de récolte, en tas ou en corde, ou placés dans des magasins ou chantiers, ou enfin disposés de manière à communiquer le feu à des édifices ou autres propriétés d'autrui. Ainsi, la peine de mort ne peut être appliquée au fait d'incendie volontaire d'un *tas de fagots*.... lorsque le jury n'a pas expressément déclaré que ces fagots existaient encore en nature de récolte, ou étaient placés ou disposés de l'une des manières prévues par l'art. 434 (Cass. 15 septembre 1826 : S. 27, 1, 310). Ces deux décisions me semblent conserver leur autorité, sauf la différence dans la peine. »

Ce n'est pas la peine portée en l'art. 434, mais bien la peine correctionnelle portée en l'art. 444, Cod. pén. dont il faut faire l'application à celui qui, ayant mis volontairement le feu à des bruyères, genêts et autres arbustes, l'a communiqué ainsi à une forêt royale, lorsque du reste, rien n'annonce que son intention avait été d'incendier la forêt. La peine dépend non de ce qui aurait dû être prévu, mais de ce qui a été voulu (Toulouse, 10 nov. 1824 : S. 26, 2, 4). Cette décision n'admet pas la présomption d'intention criminelle qui, suivant M. le rapporteur à la Chambre des députés, est établie par la nouvelle rédaction de l'art. 434.

La peine du crime d'incendie peut être prononcée contre celui que le jury a déclaré coupable d'une tentative de mettre le feu à des fagots entassés sous un hangar, encore que le jury n'ait pas été interrogé et ne se soit pas prononcé sur la possibilité de la communication du feu au hangar lui-même (Cass. 28 mai 1820 : S. 20, 1, 351).

V. art. 95, 439, 453, 463, 475, n° 12, 479, n° 11 Cod. 25 sept. 1791, 2e part. tit. 2, sect. 2, art. 52.

435 (a). La peine sera la même, d'après les distinctions faites en l'article précédent, contre ceux qui auront détruit, par l'effet d'une mine, des édifices, navires, bateaux, magasins ou chantiers.

436. La menace d'incendier une habitation ou toute autre propriété sera punie de la peine portée contre la menace d'assassinat, et d'après les distinctions établies par les articles 305, 306 et 307.

437. Quiconque aura volontairement détruit ou renversé, par quelque moyen que ce soit, en tout ou en partie, des édifices, des ponts, digues ou chaussées, ou autres constructions qu'il savait appartenir à autrui, sera puni de la réclusion, et d'une amende qui ne pourra excéder le quart des restitutions et indemnités, ni être au-dessous de cent francs.

S'il y a eu homicide ou blessures, le coupable sera, dans le premier cas, puni de mort, et, dans le second, puni de la peine des travaux forcés à temps.

438. Quiconque, par des voies de fait, se sera opposé à la confection de travaux autorisés par le Gouvernement, sera puni d'un emprisonnement de trois mois à deux ans, et d'une amende qui ne pourra excéder le quart des dommages-intérêts ni être au-dessous de seize francs.

Les moteurs subiront le *maximum* de la peine.

439. Quiconque aura volontairement brûlé ou détruit, d'une manière quelconque, des registres, minutes ou actes originaux de l'autorité publique, des titres, billets, lettres de change, effets de commerce ou de banque, contenant ou opérant obligation, disposition ou décharge, sera puni ainsi qu'il suit :

Si les pièces détruites sont des actes de l'autorité publique, ou des effets de commerce ou de banque, la peine sera la réclusion ;

S'il s'agit de toute autre pièce, le coupable sera puni d'un emprisonnement de deux à cinq ans, et d'une amende de cent francs à trois cents francs (1).

440. Tout pillage, tout dégât de denrées ou marchandises, effets, propriétés mobilières, commis en réunion ou bande et à force ouverte, sera puni des travaux forcés à temps ; chacun des coupables sera de plus condamné à une amende de deux cents francs à cinq mille francs.

441. Néanmoins, ceux qui prouveront avoir été entraînés par des provocations ou sollicitations à prendre part à ces violences, pourront n'être punis que de la peine de la réclusion (2).

442. Si les denrées pillées ou détruites sont des grains, grenailles ou farines, substances farineuses, pain, vin ou autre boisson, la peine que subiront les chefs, instigateurs ou provocateurs seulement, sera le *maximum* des travaux forcés à temps, et celui de l'amende prononcée par l'article 440 (3).

443. Quiconque, à l'aide d'une liqueur corrosive ou par tout autre moyen, aura volontairement gâté des marchandises ou matières servant à la fabrication, sera puni d'un emprisonnement d'un mois à deux ans, et d'une amende qui ne pourra excéder le quart des dommages-intérêts, ni être moindre de seize francs.

Si le délit a été commis par un ouvrier de la fabrique ou par un commis de la maison de commerce, l'emprisonnement sera de deux à cinq ans, sans préjudice de l'amende, ainsi qu'il vient d'être dit (4).

444. Quiconque aura dévasté des récoltes sur pied ou des plants venus naturellement ou faits de main d'homme, sera puni d'un emprisonnement de deux ans au moins, de cinq ans au plus.

Les coupables pourront de plus être mis, par l'arrêt ou le jugement, sous la surveillance de la haute police pendant cinq au moins et dix ans au plus (5).

445. Quiconque aura abattu un ou plusieurs arbres qu'il savait appartenir à autrui, sera puni d'un emprisonnement qui ne sera pas au-dessous de six jours, ni au-dessus de six mois, à raison de chaque arbre, sans que la totalité puisse excéder cinq ans (6).

446. Les peines seront les mêmes à

(a) Ancien art. 435, abrogé : « La peine sera la même contre ceux qui auront détruit, par l'effet d'une mine, des édifices, navires ou bateaux. »

(1) La destruction des empreintes du marteau royal apposées sur des arbres réservés, rentre dans la prohibition et dans les peines de l'article (Cass. 14 août 1812 : S. 13, 1, 77 ; id. — 4 mai 1812 : S. 12, 1, 244). V. art. 458, 470.

Celui qui, de mauvaise foi, a lacéré un billet à ordre au moment où il lui était présenté pour en obtenir le paiement, ne peut être exempté de la peine, sous prétexte que la *lacération* du titre n'en aurait pas opéré la *destruction* et que les fragmens qui en subsistaient auraient, en réalité, et par évènement, suffi pour en obtenir paiement (Cass. 3 novembre 1827 : S. 28, 1, 179).

L'art. n'est applicable qu'autant qu'il y a décision, 1° sur le fait de destruction d'acte ; 2° sur la nature de l'acte détruit ; mais le jury n'est appelé à résoudre que la première question : c'est à la cour d'assises à résoudre la seconde, notamment à dire si l'acte est commercial (Cass. 11 mars 1830 : S. 30, 1, 300).

(2) V. art. 100, 213.

(3) V. art. 473, n° 11.

(4) V. art. 462.

(5) V. les art. 388 et 434. L'art. 39, tit. 2 de la loi du 28 septembre—6 octobre 1791, se trouve ainsi abrogé. V. Davenne, *Droit rural*, tome 2, p. 346. V. aussi articles 445 et 462.

(6) Cet article abroge l'art. 14, tit. 2 de la loi du 28 septembre—6 octobre 1791.

Les articles du Code pénal relatifs aux arbres mutilés, écorcés, etc., n'ont point abrogé l'ordonnance de 1669. Les articles du Code ne s'appliquent qu'aux arbres épars

raison de chaque arbre mutilé, coupé ou écorcé de manière à le faire périr.

447. S'il y a eu destruction d'une ou de plusieurs greffes, l'emprisonnement sera de six jours à deux mois, à raison de chaque greffe, sans que la totalité puisse excéder deux ans (1).

448. Le *minimum* de la peine sera de vingt jours dans les cas prévus par les articles 445 et 446, et de dix jours dans le cas prévu par l'article 447, si les arbres étaient plantés sur les places, routes, chemins, rues ou voies publiques, ou vicinales, ou de traverse (2).

449. Quiconque aura coupé des grains ou des fourrages qu'il savait appartenir à autrui sera puni d'un emprisonnement qui ne sera pas au-dessous de six jours ni au-dessus de deux mois (3).

450. L'emprisonnement sera de vingt jours au moins et de quatre mois au plus, s'il a été coupé du grain en vert.

Dans les cas prévus par le présent article et les six précédens, si le fait a été commis en haine d'un fonctionnaire public et à raison de ses fonctions, le coupable sera puni du *maximum* de la peine établie par l'article auquel le cas se réferera.

Il en sera de même, quoique cette circonstance n'existe point, si le fait a été commis pendant la nuit (4).

451. Toute rupture, toute destruction d'instrumens d'agriculture, de parcs de bestiaux, de cabanes de gardiens, sera punie d'un emprisonnement d'un mois au moins, d'un an au plus (5).

452. Quiconque aura empoisonné des chevaux ou autres bêtes de voiture, de monture ou de charge, des bestiaux à cornes, des moutons, chèvres ou porcs, ou des poissons dans des étangs, viviers ou réservoirs, sera puni d'un emprisonnement d'un an à cinq ans, et d'une amende de seize francs à trois cents francs. Les coupables pourront être mis, par l'arrêt ou le jugement, sous la surveillance de la haute police pendant deux ans au moins et cinq ans au plus (6).

453. Ceux qui, sans nécessité, auront tué l'un des animaux mentionnés au précédent article, seront punis ainsi qu'il suit :

Si le délit a été commis dans les bâtimens, enclos et dépendances ou sur les terres dont le maître de l'animal tué était propriétaire, locataire, colon ou fermier, la peine sera un emprisonnement de deux mois à six mois ;

S'il a été commis dans les lieux dont le coupable était propriétaire, locataire, colon ou fermier, l'emprisonnement sera de six jours à un mois ;

S'il a été commis dans tout autre lieu, l'emprisonnement sera de quinze jours à six semaines.

Le *maximum* de la peine sera toujours prononcé en cas de violation de clôture (7).

454. Quiconque aura, sans nécessité, tué un animal domestique dans un lieu dont celui à qui cet animal appartient

---

sur des fonds ruraux, tandis que l'ordonnance prononce sur les forêts proprement dites (Cass. 14 mai 1813 : Bull. crim. p. 260 et 261).

Ce que cet arrêt décide pour l'ordonnance de 1669 est vrai également pour le Code forestier de 1827, dont l'application doit être restreinte aux arbres faisant partie des forêts. Pour les délits forestiers proprement dits, *V.* le Code forestier, 1827. Coll. des Lois, tom. 27, p. 213.

L'art. 445 est applicable à un fermier, encore que ce fermier ait un titre lui conférant le droit d'élagage (Cass. 13 juin 1818 : S. 21, 1, 258).

Il s'applique au fermier qui, contre le gré du propriétaire, abat des arbres dans le fonds qu'il exploite (Cass. 1er mai 1819 : S. 19, 1, 327).

La contravention à l'article 445 donne lieu à une action correctionnelle. Il n'y a pas obstacle dans l'art. 339, Code d'instruction criminelle, qui place dans les attributions des tribunaux de police les contraventions forestières poursuivies à la requête des particuliers (Cass. 16 août 1811 : S. 21, 1, 258). *V.* art. 190, Code forestier.

Les art. 444 et 445 du Code pénal, relatifs aux délits de dévastation et d'abattis de plans ou arbres sur le terrain d'autrui, ne sont applicables que lorsque ces délits ont été commis dans un champ ouvert ou dans des pépinières, et non dans des bois ou forêts.

Ainsi l'enlèvement, à dos d'hommes, de fagots coupés dans un bois appartenant à autrui, ne peut être qualifié, aux termes de l'article 444 du Code pénal, dévastation de plants venus naturellement ou faits de main d'homme ; il constitue le délit de maraudage, qui est prévu par l'article 36 du titre 2 de la loi du 28 sept. = 6 octobre 1791, et qui, aux termes de la même loi, est sujet à la prescription d'un mois.

Ainsi encore, l'enlèvement de jeunes arbres coupés dans un bois, n'est pas un délit prévu par l'art. 445 du Code pénal, mais bien un délit forestier qui rentre dans les dispositions de l'ordonnance de 1669, et qui est sujet à la prescription de trois mois, aux termes de l'article 8 du titre 9 de la loi du 15 = 29 septembre 1791 (Cass. 22 février 1811 : S. 11 ; 1, 246). *V.* Cod. forestier, art. 185 et 186.

Lorsqu'une personne est accusée d'avoir ébranché des arbres d'un bois communal, plantés sur la lisière de ce bois, et empreint du marteau royal, et si elle allègue avoir eu le droit de faire l'ébranchement, aux termes de l'art. 672, Code civil, cette défense ne constitue pas une question préjudicielle (Cass. 15 février 1811 : S. 11, 1, 245).

L'écorchure faite à un arbre ne constitue ni délit ni contravention, si elle n'est pas de nature à le faire périr (Cass. 27 février 1828 : S. 28, 1, 315).

(1) Abrogation de l'art. 14, tit. 2 de la loi du 28 septembre = 6 octobre 1791.

(2) Abrogation de l'art. 43, tit. 2 de la loi du 28 septembre = 6 octobre 1791.

(3) *Voy.* art. 388 et l'art. 29, tit. 2 de la loi du 28 septembre = 6 octobre 1791.

(4) *Voy.* art. 28, tit. 2, loi du 28 septembre = 6 octobre 1791.

(5) *Voy.* art. 388, 479, n° 1, et art. 31, tit. 2, loi du 28 septembre = 6 octobre 1791.

(6) Cet article n'est point abrogé, en ce qui touche l'empoisonnement des poissons par l'article 25 de la loi du 15 avril 1829, sur la pêche fluviale. *Voy.* les notes sur cet article dans ma Collection des Lois, tom. 29, p. 133. *V.* art. 301 et 479, n° 2.

(7) *Voy.* l'art. 30, tit. 2 de la loi du 28 septembre = 6 octobre 1791.

est propriétaire, locataire, colon ou fermier, sera puni d'un emprisonnement de six jours au moins et de six mois au plus.

S'il y a eu violation de clôture, le *maximum* de la peine sera prononcé (1).

455. Dans les cas prévus par les articles 444 et suivans jusqu'au précédent article inclusivement, il sera prononcé une amende qui ne pourra excéder le quart des restitutions et dommages-intérêts, ni être au-dessous de seize francs.

456. Quiconque aura, en tout ou en partie, comblé des fossés, détruit des clôtures, de quelques matériaux qu'elles soient faites, coupé ou arraché des haies vives ou sèches ; quiconque aura déplacé ou supprimé des bornes ou pieds corniers, ou autres arbres plantés ou reconnus pour établir les limites entre différens héritages, sera puni d'un emprisonnement qui ne pourra être au-dessous d'un mois ni excéder une année, et d'une amende égale au quart des restitutions et des dommages-intérêts, qui, dans aucun cas, ne pourra être au-dessous de cinquante francs (2).

457. Seront punis d'une amende qui ne pourra excéder le quart des restitutions et des dommages-intérêts, ni être au-dessous de cinquante francs, les propriétaires ou fermiers, ou toute personne jouissant de moulins, usines ou étangs, qui par l'élévation du déversoir de leurs eaux au-dessus de la hauteur déterminée par l'autorité compétente, auront inondé les chemins ou les propriétés d'autrui.

S'il est résulté du fait quelques dégrada-tions, la peine sera outre l'amende, un emprisonnement de six jours à un mois (3).

458. L'incendie des propriétés mobilières ou immobilières d'autrui, qui aura été causé par la vétusté ou le défaut soit de réparation, soit de nettoyage des fours, cheminées, forges, maisons ou usines prochaines, ou par des feux allumés dans les champs à moins de cent mètres des maisons, édifices, forêts, bruyères, bois, vergers, plantations, haies, meules, tas de grains, pailles, foins, fourrages, ou tout autre dépôt de matières combustibles, ou par des feux ou lumières portés ou laissés sans précaution suffisante, ou par des pièces d'artifice allumées ou tirées par négligence ou imprudence, sera puni d'une amende de cinquante francs au moins et de cinq cents francs au plus (4).

459. Tout détenteur ou gardien d'animaux ou de bestiaux soupçonnés d'être infectés de maladie contagieuse, qui n'aura pas averti sur le champ le maire de la commune où ils se trouvent, et qui, même avant que le maire ait répondu à l'avertissement, ne les aura pas tenus renfermés, sera puni d'un emprisonnement de six jours à deux mois, et d'une amende de seize francs à deux cents francs (5).

460. Seront également punis d'un emprisonnement de deux mois à six mois, et d'une amende de cent francs à cinq cents francs, ceux qui, au mépris des défenses de l'administration, auront laissé leurs animaux ou bestiaux infectés communiquer avec d'autres (6).

---

(1) *V.* la note sur l'art. 453.

(2) Les simples voies de fait en général ne sont pas punies par le Code pén. (Cass. 8 janv. 1813 : S. 13, 1, 468).

L'article 456 est applicable à l'individu convaincu d'avoir forcé, avec un instrument de fer, la porte du cellier du gardien dépositaire des blés saisis sur lui (Cass. 29 octobre 1812 ; Bull. crim. an 1813, tom. 18, p. 567). *V.* art. 400.

Le fait d'avoir forcé des barreaux de fer garnissant une fenêtre d'une maison habitée, constitue le délit de bris de clôture. Le mot clôture, dans le sens de cet article, s'entend aussi bien des ouvrages destinés à défendre l'entrée des maisons habitées, que de ceux faits pour défendre l'entrée des propriétés rurales (Cass. 31 janvier 1811 : S. 22, 1, 206 ; *id.* — 23 septembre 1828 ; S. 16, 1, 232 ; *id.* — 4 octobre 1827 ; S. 28, 1, 120 ; *id.* — 7 avril 1831 ; S. 31, 1, 170). *V.* l'art. 479.

L'action correctionnelle n'est pas recevable contre celui qui, ayant élevé des prétentions sur un terrain, abat la construction que, pendant le litige, le maire a fait élever sur ce terrain, lorsque celui-ci n'excipe pas de la possession annale (Cass. 8 janvier 1813 : S. 27, 1, 75). *Voy.* l'art. 32, tit. 2 de la loi du 28 septembre = 6 octobre 1791.

L'art. 456 n'est pas applicable au prisonnier pour dettes qui s'évade par bris de prison (Cass. 20 août 1824 : S. 25, 1, 75). *V.* art. 389.

(3) La loi qui défend d'inonder l'héritage de son voisin, n'est pas violée par cela seul qu'on a fait une construction qui peut occasionner, au cas de crue des eaux, l'inondation de l'héritage (Cass. 16 frimaire an 14 : S. 6, 1, 145).

C'est au pouvoir judiciaire, non à l'autorité administrative qu'il appartient de statuer sur les demandes en dommages-intérêts, formées par les propriétaires des fonds contigus à une rivière non navigable ni flottable, contre le propriétaire d'un moulin bâti sur cette rivière, à raison des inondations qu'il cause dans leurs héritages, par la trop grande hauteur à laquelle il tient les eaux (Cass. 23 mai 1810 : S. 7, 2, 795).

Lorsque les eaux d'un moulin endommagent les propriétés voisines, c'est à l'administration et non aux tribunaux que les voisins doivent porter leurs réclamations, si le dommage est résulté de l'exécution d'un arrêté administratif (Cass. 23 août 1805 : S. 9, 1, 291).

Pour qu'il y ait lieu à l'application de la peine prononcée par l'art. 457, il faut que l'élévation du déversoir ait été portée au-dessus de la hauteur déterminée par l'autorité administrative ; à défaut de détermination de la hauteur par l'autorité, il n'y a pas de délit ; il y a lieu seulement à la réparation du dommage qui doit être poursuivie par action civile (Cass. 2 février 1816 : S. 25, 1, 82).

Mais deux arrêts, l'un du 23 janvier 1819, l'autre du 4 novembre 1824, ont jugé que si l'inondation est causée par un fait autre que la trop grande élévation d'un déversoir, et lorsqu'il n'y a point de règlement sur la hauteur des eaux, il y a délit punissable d'après l'art. 15, tit. 2 de la loi du 28 sept. = 6 oct. 1791 ; et que la pénalité de l'art. 16 de la loi précitée, et de l'article 457, Code pén., doit être réservée pour le cas où l'inondation est la suite de l'infraction à un règlement (Cass. S. 19, 1, 176 ; D. 17, 1. 58 ; et S. 25, 1, 90 ; P. 71, 259).

(4) *V.* art. 434, 439, 471, n° 1 ; 475, n° 12 ; 479, n° 4.

(5 et 6) *Voy.* lois du 16 = 24 août 1790, tit. 11, article 3, n° 5 ; du 29 septembre = 6 octobre 1791, tit. 2, articles 13 et 23 ; arrêtés du 27 messidor an 5, du 17 vendémiaire an 11. *V.* art. 475, n°s 7 et 479, n° 9.

461. Si, de la communication mentionnée au précédent article, il est résulté une contagion parmi les autres animaux, ceux qui auront contrevenu aux défenses de l'autorité administrative seront punis d'un emprisonnement de deux ans à cinq ans, et d'une amende de cent francs à mille francs ; le tout sans préjudice de l'exécution des lois et réglemens relatifs aux maladies épizootiques, et de l'application des peines y portées (1).

462. Si les délits de police correctionnelle dont il est parlé au présent chapitre ont été commis par des gardes champêtres ou forestiers, ou des officiers de police à quelque titre que ce soit, la peine d'emprisonnement sera d'un mois au moins, et d'un tiers au plus en sus de la peine la plus forte qui serait appliquée à un autre coupable du même délit.

DISPOSITIONS GÉNÉRALES.

463. (a). Les peines prononcées par la loi contre celui ou ceux des accusés reconnus coupables, en faveur de qui le jury aura déclaré les circonstances atténuantes, seront modifiées ainsi qu'il suit :

Si la peine prononcée par la loi est la mort, la cour appliquera la peine des travaux forcés à perpétuité ou celle des travaux forcés à temps. Néanmoins, s'il s'agit de crimes contre la sûreté extérieure ou intérieure de l'État, la cour appliquera la peine de la déportation ou celle de la détention ; mais dans les cas prévus par les articles 86, 96 et 97, elle appliquera la peine des travaux forcés à perpétuité ou celle des travaux forcés à temps.

Si la peine est celle des travaux forcés à perpétuité, la cour appliquera la peine des travaux forcés à temps ou celle de la réclusion.

Si la peine est celle de la déportation, la cour appliquera la peine de la détention ou celle du bannissement.

Si la peine est celle des travaux forcés à temps, la cour appliquera la peine de la réclusion ou les dispositions de l'article 401, sans toutefois pouvoir réduire la durée de l'emprisonnement au-dessous de deux ans.

Si la peine est celle de la réclusion, de la détention, du bannissement ou de la dégradation civique, la cour appliquera les dispositions de l'article 401, sans toutefois pouvoir réduire la durée de l'emprisonnement au-dessous d'un an.

Dans les cas où le code prononce le *maximum* d'une peine afflictive, s'il existe des circonstances atténuantes, la cour appliquera le *minimum* de la peine, ou même la peine inférieure.

Dans tous les cas où la peine de l'emprisonnement et celle de l'amende sont prononcées par le Code pénal, si les circonstances paraissent atténuantes, les tribunaux correctionnels sont autorisés, même en cas de récidive, à réduire l'emprisonnement même au-dessous de six jours, et l'amende même au-dessous de seize francs ; ils pourront aussi prononcer séparément l'une ou l'autre de ces peines, et même substituer l'amende à l'emprisonnement, sans qu'en aucun cas, elle puisse être au-dessous des peines de simple police (2).

---

(1) *V.* la note sur les art. 459 et 460.

(a) Ancien article 463, abrogé : « Dans tous les cas où la peine d'emprisonnement est portée par le présent Code, si le préjudice causé n'excède pas vingt-cinq francs, et si les circonstances paraissent atténuantes, les tribunaux sont autorisés à réduire l'emprisonnement, même au-dessous de six jours, et l'amende, même au-dessous de seize francs. Ils pourront aussi prononcer séparément l'une ou l'autre de ces peines, sans qu'en aucun cas elle puisse être au-dessous des peines de simple police.

(2) M. le garde-des-sceaux en présentant la loi à la Chambre des pairs a ainsi développé le sens de cet article :

« Une grande latitude d'application devait aussi être laissée à la cour. Arbitrer et proportionner la peine, conformément à l'esprit du législateur et dans l'étendue des limites qu'il a tracées, est une opération difficile qui exige dans les esprits auxquels elle est confiée le tact et la sagacité que donnent une suite constante d'observations et de comparaisons : il appartient au magistrat permanent de s'y livrer, après l'appréciation beaucoup plus générale qu'a d'abord dû faire le jury. La faculté non-seulement de choisir entre le *maximum* et le *minimum*, mais encore de descendre un degré de plus dans l'échelle pénale, fait à la cour une assez large part ; mais lui accorder davantage, et par exemple, la laisser seule maîtresse de la position ou de la décision des circonstances atténuantes, ce serait déplacer l'appréciation légale du point de fait, et en même temps s'exposer à des collisions entre la cour et le jury, qui serait mis hors d'état de se rendre, à l'avance, compte de la portée de ses déclarations, et que cependant il faut soustraire à l'incertitude, si l'on veut l'attacher au respect pour la vérité.

« Pour compléter le système d'atténuation, le projet de loi apporte à l'art. 463 du Code pénal, trois modifications qui seront d'un fréquent usage. Cet article qui, dans tous les cas où l'emprisonnement est prononcé par le Code, permet de le réduire même au-dessous de six jours, et l'amende même au-dessous de seize francs, pourra être étendu au cas de simple amende et au cas de récidive ; enfin il deviendra applicable quel que soit le préjudice causé ; le Code pénal exigeait que ce préjudice n'excédât pas 25 francs, limite qui souvent paralysait l'effet de l'article ou qui embarrassait les tribunaux et les engageait à en éluder la disposition. — On avait demandé que cette faculté d'atténuation fût appliquée à tous les cas, même non prévus par le Code pénal ; la Chambre des députés a rejeté avec raison cette disposition, elle a considéré que la presque totalité des lois pénales étrangères, au Code de 1810, ayant été rédigées postérieurement à ce Code, ont eu nécessairement en vue l'art. 463 dont elles ont, suivant les cas, et en entière connaissance de cause, accordé ou refusé le bénéfice. » *Voy.* l'art. 341, Cod. Inst. crim.

Il faut bien remarquer la différence de rédaction qui existe entre cet article et l'ancien article 463 du Code pénal : celui-ci portait : *Dans tous les cas où la peine d'emprisonnement est portée par le présent Code,* etc.

LIVRE IV. Contraventions de police et peines.

(Loi décrétée le 20 févr. 1810, promulg. le 2 mars suiv.).

Chapitre Ier. *Des peines.*

464. Les peines de police sont :

L'emprisonnement,

L'amende,

Et la confiscation de certains objets saisis (1).

465. L'emprisonnement, pour contravention de police, ne pourra être moindre d'un jour, ni excéder cinq jours, selon les classes, distinctions et cas ci-après spécifiés.

Les jours d'emprisonnement sont des jours complets de vingt-quatre heures.

466. Les amendes pour contravention pourront être prononcées depuis un franc jusqu'à quinze francs inclusivement, selon les distinctions et classes ci-après spéci-fiées, et seront appliquées au profit de la commune où la contravention aura été commise (2).

467. La contrainte par corps a lieu pour le paiement de l'amende.

Néanmoins, le condamné ne pourra être, pour cet objet, détenu plus de quinze jours, s'il justifie de son insolvabilité.

468. En cas d'insuffisance des biens, les restitutions et les indemnités dues à la partie lésée sont préférées à l'amende.

469. Les restitutions, indemnités et frais entraîneront la contrainte par corps, et le condamné gardera prison jusqu'à parfait paiement : néanmoins, si ces condamnations sont prononcées au profit de l'Etat, les condamnés pourront jouir de la faculté accordée par l'article 467, dans le cas d'insolvabilité prévu par cet article.

470. Les tribunaux de police pourront aussi, dans les cas déterminés par la loi,

---

et la loi actuelle dit : *dans tous les cas où la peine de l'emprisonnement et celle de l'amende sont prononcées par le présent Code*, etc.

Les conséquences de ce changement doivent être signalées : elles sont importantes.

Sous l'ancien Code, lorsque l'amende seule était prononcée, il n'y avait point faculté d'appliquer l'article 463 ; la réduction n'était permise qu'autant que dans la peine décernée par la loi, l'emprisonnement était joint à l'amende. M. Lavialle de Masmorel a fait remarquer que souvent cette disposition avait des effets bizarres ; en conséquence, il a demandé que la faculté de réduction des peines pût être exercée *dans tous les cas où la peine de l'emprisonnement et celle de l'amende sont portées soit cumulativement, soit séparément par le Code pénal.*

M. Parant, au nom de la commission, a déclaré adopter les principes exposés par M. de Masmorel ; mais il a présenté une rédaction différente, celle qui se trouve actuellement dans la loi. Cependant, il me semble que la rédaction de M. de Masmorel était préférable. Elle exprimait nettement et sans équivoque possible sa pensée, c'est-à-dire que l'article 463 pourrait être appliqué au cas où l'emprisonnement est prononcé seul, au cas où l'amende est prononcée seule, et enfin, au cas où l'amende et l'emprisonnement sont prononcés conjointement ; tandis que la rédaction adoptée par la Chambre pourrait laisser supposer qu'il faut que l'emprisonnement et l'amende soient prononcés *conjointement*, pour que le bénéfice de l'article 463 puisse être réclamé ; mais la comparaison avec l'ancien texte et les explications que j'ai recueillies sont décisives, et l'article a bien évidemment aujourd'hui ce sens que la réduction des peines est autorisée aussi bien dans le cas où une amende est prononcée seule, que dans le cas où l'emprisonnement et l'amende sont réunis. D'ailleurs, M. le garde-des-sceaux a dit, dans l'exposé des motifs à la Chambre des pairs : *cet article pourra être étendu au cas de simple amende.*

On avait proposé d'étendre la disposition à tous les cas où les peines d'emprisonnement et d'amende sont prononcées par des lois autres que le Code pénal, sauf quelques exceptions. Cette proposition a été rejetée. Il faut, par conséquent, tenir pour constant, conformément à la jurisprudence antérieure de la cour de Cassation, que l'art. 463 ne peut être appliqué que dans les matières sur lesquelles dispose le Code pénal ; à moins de disposition expresse placée dans une autre loi, et qui déclare cet article applicable.

Voy. l'article 483 qui déclare l'article 463 applicable aux contraventions.

On a demandé : « Quelle amende les tribunaux pourront substituer à l'emprisonnement ? On a répondu : l'amende fixée par les lois, suivant les circonstances ;

mais si le fait n'est pas puni d'amende, sans doute le minimum se trouve fixé ; quant au maximum, il restera donc à la discrétion des juges.

Ces observations rendent à peu près inutiles toutes les citations d'arrêts rendus avant les changemens faits dans l'art. 463. Je me borne à rappeler qu'un arrêt de la cour de Cassation du 3 novembre 1827 (S. 28, 1, 104) a décidé que lorsque les juges n'appliquent que l'une des deux peines d'emprisonnement et d'amende à un fait punissable de ces deux peines, ils ne peuvent, à raison de ce qu'ils prononcent une seule peine, au lieu de deux, élever celle qu'ils appliquent au-dessus du maximum fixé par la loi.

Un autre arrêt du 4 février 1822 a décidé que le pouvoir modérateur des juges va jusqu'à remettre au condamné la peine de privation des droits civils (S. 16, 1, 83).

(1) L'affiche des jugemens peut être ordonnée, sur la demande de la partie civile ou du ministère public à titre de réparation civile ; elle n'a point le caractère de peine. *Voy.* M. Berriat St.-Prix, p. 61, et arrêt de Cassation du 26 mars 1819 (Bull. p. 118). *Voy.* les art. 1036, Cod. proc., et 36, Cod. pén.

Les tribunaux de simple police ne peuvent prononcer d'office l'affiche de leurs jugemens (Cass. 17 mai 1811 : S. 12, 1, 69).

La lecture du jugement dans les marchés et lieux publics ne peut être ordonnée sans excès de pouvoir, encore même que la partie plaignante y ait formellement conclu à titre de réparation (Cass. 7 juillet 1809 : S. 10, 1, 327).

Un tribunal de police ne peut condamner à une réparation solennelle, sous prétexte de diffamation (Cass. 19 mess. an 8 : S. 1, 4, 673 ; 6 pluviose an 12 : S. 4, 2, 73 ; 20 vendémiaire an 13 : S. 5, 2 ; 9).

Mais le jugement qui prescrit cette réparation, n'est point susceptible d'être cassé, si les juges ont employé cette alternative, sinon que le jugement en tiendra lieu (Cass. 30 juillet 1807 : S. 7, 2, 1182).

Lorsque la question préjudicielle élevée devant un tribunal de police est de la compétence du juge-de-paix, le juge qui forme l'un et l'autre tribunal ne peut statuer par un seul et même jugement sur cette question, et sur le délit qu'elle tend à détruire (Cass. 2 thermidor an 11 : S. 7, 2, 845).

Comme je l'ai fait remarquer dans les notes sur l'art. 7, la confiscation générale est seule abolie. *Voy.* l'art. 470, l'art. 471, Cod. pén. n° 15, et l'art. 137, Cod. inst. crim.

(2) Quelles que soient les circonstances atténuantes d'une contravention, l'amende ne peut jamais être réduite au dessous d'un franc (Cass. 22 avril 1813 : S. 13, 1, 349). *V.* l'art. 463 et l'art. 483.

prononcer la confiscation, soit des choses saisies en contravention, soit des choses produites par la contravention, soit des matières ou des instrumens qui ont servi ou étaient destinés à la commettre.

CHAP. II. *Contraventions et peines.*

Section Ire. *Première classe.*

471. Seront punis d'amende, depuis un franc jusqu'à cinq francs inclusivement :

1° Ceux qui auront négligé d'entretenir, réparer ou nettoyer les fours, cheminées ou usines où l'on fait usage du feu ;

2° Ceux qui auront violé la défense de tirer, en certains lieux, des pièces d'artifice (1) ;

3° Les aubergistes et autres qui, obligés à l'éclairage, l'auront négligé ; ceux qui auront négligé de nettoyer les rues ou passages, dans les communes où ce soin est laissé à la charge des habitans (2) ;

4° Ceux qui auront embarrassé la voie publique, en y déposant ou y laissant sans nécessité, des matériaux ou des choses quelconques qui empêchent ou diminuent la liberté ou la sûreté du passage ; ceux qui, en contravention aux lois et réglemens, auront négligé d'éclairer les matériaux par eux entreposés ou les excavations par eux faites dans les rues et places (3) ;

5° Ceux qui auront négligé ou refusé d'exécuter les réglemens ou arrêtés concernant la petite voirie, ou d'obéir à la sommation émanée de l'autorité administrative, de réparer ou démolir les édifices menaçant ruine ;

6° Ceux qui auront jeté ou exposé au-devant de leurs édifices des choses de nature à nuire par leur chute ou par des exhalaisons insalubres (4) ;

---

(1) C'est au tribunal de simple police qu'il appartient de connaître d'une contravention à un arrêté du préfet, qui défend de tirer des armes à feu dans l'intérieur des villes et villages, lors même que l'arrêté, conformément à d'anciens arrêts de réglement, prononcerait une peine excédant celle de simple police. Dans ce cas, le tribunal de police, au lieu d'appliquer cette peine, ou de se déclarer incompétent, doit se borner à prononcer la peine portée par l'art. 471, n° 2 (Cass. 7 octobre 1826 : S. 27, 1, 363). *V.* art. 472.

(2) Lorsque, dans une commune où les habitans sont chargés du soin de nettoyer les rues, il a été constaté des contraventions commises par plusieurs, on doit prononcer autant d'amendes qu'il existe de contrevenans. On ne peut se borner à infliger une seule amende pour tous les contrevenans (Cass. 22 avril 1813 : S. 13, 1, 348).

Lorsqu'un arrêté de l'administration municipale enjoint aux cabaretiers d'éclairer le devant de leurs maisons, le tribunal de police ne peut acquitter les contrevenans, par la raison qu'au moment de la contravention la lune suffisait pour éclairer (Cass. 13 juin 1811 : S. 12, 1, 62).

La clause par laquelle l'adjudicataire du balayage se soumet, en cas de contravention, aux peines de police, n'a rien d'illicite (Cass. 4 février 1831, S. 31, 1, 271).

L'art. 471, n° 3, ne s'applique pas aux individus chargés de l'éclairage d'une ville par suite de l'obligation qu'ils en auraient contractée envers la municipalité de cette ville, s'ils ne sont pas *spécialement* soumis à ces peines (Cass. 26 juill. 1827 : S. 27, 1, 505).

(3) Le défaut d'éclairage, pendant la nuit, des matériaux déposés dans les rues ou places, n'est pas excusable, à raison de la clarté produite par la lune à l'époque de la contravention (Cass. 1er mai 1823 : S. 23, 1, 321).

Le défaut d'éclairage des matériaux entreposés dans les rues et places, constitue une contravention, soit qu'il existe ou non un réglement municipal sur le même objet. Le prévenu ne peut être excusé, sous prétexte que les matériaux déposés dans la rue se seraient trouvés éclairés (sans sa participation) par un reverbère placé chez un voisin (Cass. 3 septembre 1823 : S. 26, 1, 381).

Un carossier est en contravention s'il laisse séjourner des voitures devant sa maison ou son atelier (Cass. 17 juillet 1824 : S. 14, 1, 392). Celui qui dépose sans nécessité des tonneaux sur le trottoir d'une rue, embarrasse la voie publique (Cass. 2 juin 1825 : S. 26, 1, 221). Les artisans ne doivent former leurs établissemens que dans des lieux où ils peuvent exercer leur profession sans embarrasser les voies publiques (Cass. 17 juillet 1824 : S. 24, 1, 392).

Des boulangers qui étalent leurs pains sur des tables et bancs embarrassant la voie publique, sont punissables, nonobstant leur possession immémoriale (Cass. 4 octob. 1823 : S. 14, 1, 148 ; D. 21, 1, 489). L'inondation d'une rue, provenant de ce que les vannes d'un moulin n'ont pas été levées au moment convenable, ne peut être considérée comme simple embarras de la voie publique. En conséquence, les tribunaux de simple police sont incompétens pour en connaître (Cass. 15 janvier 1825 : S. 25, 1, 277). Un particulier est sans excuse et doit être puni, pour avoir obstrué, dégradé ou infecté la voie publique, alors même que le fait incriminé aurait été expressément autorisé par le maire du lieu (Cass. 18 sept. 1827 : S. 28, 1, 81).

L'arrêté d'un maire ne peut ajouter à la disposition de l'art. 471, n° 4, du Code pénal, qui défend de déposer des matériaux dans les rues sans nécessité ou sans être éclairés, l'obligation préalable d'en obtenir l'autorisation de la mairie (Cass. 10 décembre 1825 : S. 25, 1, 234).

Le tribunal de simple police est compétent pour connaître de contraventions résultant du dépôt de décombres et matériaux sur la voie publique, dans l'intérieur d'une ville, bourg ou village, encore que la voie publique soit dans ce cas le prolongement d'une grande route (Cass. 7 décembre 1826, S. 27, 1, 513).

L'usurpation ou la dégradation d'un chemin public est un délit correctionnel (Cass. 7 mars 1822 : S. 22, 1, 277).

Les lois qui déclarent justiciables des tribunaux de police, ceux qui embarrassent ou dégradent la voie publique, ne s'appliquent pas en matière de chemins qui ne servent qu'à l'exploitation des terres. En ce cas, il n'y a lieu qu'à une action purement civile (Cass. 19 nivose an 10 : S. 7, 2, 325).

Les maréchaux ferrans ne peuvent, sans y être autorisés par l'administration municipale, et quelle que soit à cet égard leur longue possession, ferrer, saigner, ou médicamenter des chevaux dans les rues, sans encourir les peines portées contre ceux qui embarrassent la voie publique (Cass. 30 frimaire an 13 : S. 7, 2, 1045).

Exposer du fumier sur la voie publique, dans un lieu où il n'existe pas de réglement de police qui le défende spécialement, n'est pas moins une contravention punissable (Cass. 18 mai 1810 : Bull. crim. en 1810, p. 135). *V.* art. 479, n° 4.

(4) Il appartient aux préfets de faire des réglemens sur l'élagage des arbres bordant les chemins vicinaux. C'est là un objet de la petite voirie rentrant dans leurs attributions ; en conséquence, les contraventions aux arrêtés par eux pris à cet égard, doivent être punies selon l'art. 471 (Cass. 26 juillet 1827 : S. 28, 1, 16).

En matière de chemins vicinaux, les conseils de préfecture ont attribution pour statuer sur les anticipations et empiétemens, mais non pour statuer sur la violation des règles de voirie (Ord. 1er mars 1826 : S. 26, 2, 352). Les contraventions aux arrêtés pris par les préfets, en matière de petite voirie, doivent être jugées par les tribunaux de police, encore que les arrêtés eux-

7° Ceux qui auront laissé dans les rues, chemins, places, lieux publics, ou dans les champs, des coutres de charrue, pinces, barres, barreaux, ou autres machines, ou instrumens, ou armes, dont puissent abuser les voleurs et autres malfaiteurs;

8° Ceux qui auront négligé d'écheniller dans les campagnes ou jardins où ce soin est prescrit par la loi ou les réglemens;

9° Ceux qui, sans autre circonstance prévue par les lois, auront cueilli ou mangé, sur le lieu même, des fruits appartenant à autrui;

10° Ceux qui, sans autre circonstance, auront glané, râtelé ou grapillé dans les champs non encore entièrement dépouillés et vidés de leurs récoltes, ou avant le moment du lever ou après celui du coucher du soleil (1);

11° Ceux qui, sans avoir été provoqués, auront proféré contre quelqu'un des injures, autres que celles prévues depuis l'article 367 jusques et compris l'article 378 (2);

12° Ceux qui imprudemment auront jeté des immondices sur quelque personne;

13° Ceux qui, n'étant ni propriétaires, ni usufruitiers, ni locataires, ni fermiers, ni jouissant d'un terrain ou d'un droit de passage, ou qui n'étant agens ni préposés d'aucune de ces personnes, seront entrés et auront passé sur ce terrain, ou sur partie de ce terrain, s'il est préparé ou ensemencé (3);

---

mêmes déférent ces contraventions *au juge-de-paix.* Les juridictions étant d'ordre public, et les tribunaux tenant leurs pouvoirs de la loi, ne doivent consulter que la loi seule pour connaître leur compétence (Cass. 26 juillet 1827 : S. 28, 2, 15). Lorsque la police de voirie a ordonné la démolition d'un mur comme menaçant ruine, le propriétaire qui ne démolit qu'une partie du mur, est passible de la peine portée en l'article 471, n° 5. Il n'appartient pas au tribunal de police de décider ni d'examiner si la partie restante du mur est ou n'est pas solide, pour en conclure qu'il n'y a pas lieu à appliquer la peine (Cass. 28 avr. 1827: S. 27, 1, 518). Les contraventions aux arrêtés de l'autorité municipale qui défendent d'élever, sans autorisation, des constructions dans les villes, ou d'excéder une hauteur déterminée, ou de construire des balcons en saillie sur les rues, sont de la compétence des tribunaux de police (Cass. 7 déc. 1817: S. 18, 1, 155). Les alignemens à donner par les maires pour les constructions sur les rues, places et autres dépendances de la voie publique, font une partie essentielle de la *petite voirie* qui est confiée à leurs soins; en conséquence, les arrêtés qu'ils prennent à cet égard sont exécutoires *provisoirement*, et doivent être appliqués par les tribunaux de police à tout contrevenant, bien qu'il y ait recours à l'autorité supérieure pour les faire rapporter (Cass. 26 juill. 1827: S. 27,1,502).

Celui qui dépose dans sa cour et sous la fenêtre que son voisin y a ouverte, le fumier qui provient de son étable, ne commet pas un délit dans le sens des lois qui défendent de rien jeter qui puisse causer des exhalaisons nuisibles (Cass. 18 germinal an 10 : S. 7, 2, 984).

Le fait d'avoir creusé, sur son propre terrain, et près de la voie publique, une fosse pour y déposer du fumier, ne constitue pas une contravention punissable, alors surtout qu'il est reconnu que l'existence de cette fosse n'est pas de nature à nuire à la salubrité (Cass. 15 octobre 1825 : S. 27, 1, 78). La formation d'établissemens insalubres, nonobstant le refus d'autorisation de la part de l'administration, n'emportant qu'une *peine* de simple *police*, les tribunaux de police sont compétens pour reconnaître la contravention, appliquer la peine et même ordonner la suppression de l'établissement, quel que soit le dommage qui puisse en résulter pour l'auteur de l'établissement (Cass. 27 juillet 1827 : S. 27, 1, 502).

Ce n'est pas seulement dans les rues, lieux et édifices publics que la police peut ordonner l'enlèvement des immondices; son action, pour la salubrité, s'étend même sur les lieux qui sont des propriétés particulières (Cass. 6 févr. 1823: S. 23, 1, 178; id.—11 fév. 1830: S. 30, 1, 268).

Ceux qui auront jeté ou exposé au-devant de leurs édifices des choses de nature à nuire par leur chûte, sont punis, lorsqu'il n'y a pas eu de dommage causé, d'une amende d'un à cinq francs; et lorsqu'il y a eu dommage, la peine peut être d'une amende de seize francs à cent francs, et d'un emprisonnement de six jours à six mois, aux termes des art. 319 et 320 (Cass. 20 juin 1812 : S. 13, 1, 61).

Il y a lieu à l'application de l'art. 471, n° 5, lorsque, au mépris d'un arrêté d'un maire qui le défend, l'on se permet de laisser divaguer dans l'intérieur d'une ville, ou dans les promenades ou marchés publics, des cochons, canards, oies ou autres animaux nuisibles à la salubrité ou à la sûreté des habitans (Cass. 20 juin 1812 : Bull. crim. p. 285).

C'est au tribunal de police et non au conseil de préfecture, à réprimer une contravention à un arrêté municipal qui ordonne de démolir un *établi* et un *banc* placés devant une maison, et faisant saillie sur la place publique, lorsque d'ailleurs la place n'est pas le prolongement d'une route royale ou départementale (Cass. 22 mars 1822: S. 22, 1, 278). *V.* art. 475, n° 8.

(1) Le glanage avec des râteaux de fer, dans les champs ensemencés, est punissable, aux termes des anciens réglemens. Ce n'est pas là l'espèce de glanage prohibé par l'art. 471. Pour ce cas non prévu, il y a renvoi aux réglemens particuliers maintenus par l'art. 484 du Code pén. (Cass. 23 déc. 1818: S. 19, 1, 278). *V.* art. 475.

(2) Par cela seul qu'une personne en a traité une autre de voleuse, sans qu'il y eut, relativement au prétendu vol, ni poursuite ni aucune sorte de dénonciation, il y a injure verbale. Dans ce cas, le tribunal de police commet un excès de pouvoir et un déni de justice, s'il admet de la part de l'auteur de l'injure, une excuse tirée de ce que le vol a été réellement commis, et s'il reçoit la preuve de cette allégation (Cass. 26 avril 1810: S. 11, 1, 62).

Une imputation verbale de sortilège est une injure (Cass. 17 mars 1811 : S. 11, 1, 203).

Le mari et la femme qui ont proféré des injures contre une même personne, et qui sont reconnus coupables, chacun d'un délit personnel et séparé, doivent être punis chacun d'une peine particulière. Il ne suffirait pas de prononcer une seule amende d'un franc contre le mari et la femme (Cass. 25 mars 1813 : S. 26, 1, 55). Les injures verbales adressées à un agent de l'autorité, dans l'exercice de ses fonctions, ne sont point punissables, si cet agent de l'autorité les a provoquées, en se permettant le premier des injures semblables (Cass. 21 avril 1825 : S. 26, 1, 10).

Il entre dans les attributions de la Cour de cassation de décider si un jugement portant condamnation pour injures a contrevenu à la loi, en qualifiant injure ce qui n'en aurait pas le caractère (Cass. 17 août 1825 : S. 26, 1, 6). Des peines de police ne peuvent être prononcées contre deux individus pour injures qu'ils se sont respectivement adressées, lorsque le juge déclare n'avoir pu reconnaître celle des parties qui, *sans provocation*, a proféré des injures contre l'autre (Cass. 1er septembre 1826 : S. 26, 1, 159).

(3) Des gendarmes qui, en poursuivant un déserteur, sont entrés à cheval dans une pièce de terre ensemencée, sont justiciables, à raison de ce fait, des tribunaux de police, et non des tribunaux militaires; en ce que le fait a eu lieu dans l'exercice de leurs fonctions de police générale et administrative, et non dans les fonctions relatives au

14° Ceux qui auront laissé passer leurs bestiaux ou leurs bêtes de trait, de charge ou de monture, sur le terrain d'autrui, avant l'enlèvement de la récolte (1);

15° (a). Ceux qui auront contrevenu aux réglemens légalement faits par l'autorité administrative, et ceux qui ne se seront pas conformés aux réglemens ou arrêtés publiés par l'autorité municipale, en vertu des articles 3 et 4, titre XI de la loi du 16=24 août 1790, et de l'art. 46, tit. Ier de la loi du 19=22 juillet 1791 (2).

---

service et à la discipline militaire (Cass. 16 février 1825 : S. 25, 1, 335).

(1) Les dégâts que les bestiaux laissés à l'abandon font sur les propriétés d'autrui, sont punissables, alors même que la propriété n'a été endommagée qu'à défaut de clôture obligée. Vainement le prévenu dirait qu'il n'a pas dû surveiller là où il y avait clôture obligée (Cass. 29 juillet 1824 : S. 24, 1, 395).

Le fait d'avoir envoyé paître des troupeaux dans une *lande* appartenant à une commune, ne rentre dans aucune des contraventions de police prévues par l'art. 471, §§ 13 et 14 (Cass. 9 mars 1831 : S. 31, 1, 193).

(a) « Le § 15° a été ajouté à l'ancien article 471 par la loi de ce jour (28 avril 1832). »

(2) Pour prononcer une peine contre ceux qui contrevenaient aux réglemens municipaux, on était obligé de recourir à des dispositions du Code de brumaire an 4, qui se trouvaient ainsi avoir survécu à l'abrogation totale de ce Code. Voici le raisonnement qu'on faisait: la loi du 16=24 août 1790 porte, titre 11, art. 5, que les contraventions aux réglemens de police municipale seront punies de peines de police, qu'elle désigne d'une manière un peu vague par ces mots : *amende pécuniaire, emprisonnement de trois à huit jours.* Sous l'empire du Code de brumaire an 4, ces peines consistaient en une amende égale à la valeur de trois journées de travail ou au-dessous, et en un emprisonnement qui n'excédait pas trois jours, aux termes des art. 600 et 606. Quand le Code de brumaire an 4 a été abrogé par la survenance du Code pénal actuel, il est toujours resté constant que la sanction des réglemens municipaux consistait dans l'application des peines de police, c'est-à-dire des peines prononcées par les articles 600 et 606 du Code de brumaire an 4 (*Voy.* arrêt de la Cour de cassation du 26 mars 1825 ; Sirey, t. 26, 1, 257 ; M. Henrion de Pansey, *du Pouvoir municipal*, p. 206). On conçoit que cette pénible argumentation, pour arriver à l'application d'une peine, était une déviation des principes de notre droit criminel, et qu'un texte formel était nécessaire.

Au surplus, aux termes de l'article 46, titre 1er de la loi du 19=22 juillet 1791, non seulement les magistrats municipaux peuvent prendre des arrêtés sur les objets que la loi du 16=24 août 1790 confie à leur vigilance, mais encore publier de nouveau les anciens réglemens de police. Lorsque les magistrats municipaux usent de ce dernier droit, les infractions aux réglemens qu'ils remettent en vigueur purement et simplement, et sans rien modifier, sont punies non des peines de simple police, mais des peines plus graves que prononcent les anciens réglemens eux-mêmes, en tant du moins que ces peines n'ont rien de contraire aux principes de la législation criminelle moderne. La jurisprudence est constante à cet égard. *Voy.* notamment arrêt de la Cour de cassation du 24 novembre 1830 (S. 30, 1, 392). Je pense que la même distinction continuera à être observée. Rien dans la discussion n'a manifesté l'intention de la repousser; d'ailleurs, le texte parle des réglemens *publiés*, et non des anciens réglemens *publiés de nouveau.* Enfin, l'article 484 du Code pénal maintient les anciens réglemens relatifs aux objets pour lesquels le Code ne dispose pas.

De nombreuses décisions ont été rendues sur la question de savoir si tel ou tel réglement rentre dans les attributions de l'autorité municipale ; les recueillir c'est fournir des exemples dont l'application ne se présente que rarement, attendu la variété infinie de circonstances dans lesquelles l'autorité municipale peut être appelée à faire usage de son pouvoir réglementaire ; j'ai donc cru devoir placer ici quelques notions générales sur la nature de l'autorité confiée aux magistrats municipaux, et sur les effets de ses réglemens.

On sait que la loi du 14=22 décembre 1789, art. 50, place dans les attributions de l'autorité municipale le soin de faire jouir les habitans des avantages d'une bonne police, notamment de la propreté, de la salubrité, de la sûreté et de la tranquillité dans les rues, lieux et édifices publics ; que la loi du 16=24 août 1790 contient l'énumération des objets confiés à la vigilance et à l'autorité des corps municipaux ; et que la loi du 19=22 juillet 1791 les autorise à faire des arrêtés sur ces objets.

Examinons maintenant quelles sont les formes et les conditions requises pour que ces arrêtés aient un effet obligatoire, et quelle est la sanction qui en assure l'exécution.

A ces deux questions principales se rattachent une foule de questions accessoires ; elles ont d'ailleurs l'une avec l'autre une étroite connexité.

En lisant l'article 46, titre 2, de la loi du 19=22 juillet 1791, on voit que le Législateur a cru devoir s'occuper du titre ou intitulé des actes émanés de l'autorité municipale, et relatifs à la police: on voit qu'il défend aux corps municipaux de faire des *réglemens* ; il veut que leurs arrêtés reçoivent la qualification de *délibérations.* Doit-on conclure de là que le maire qui intitulerait ses actes *arrêtés, ordonnances,* et même *réglemens,* leur ôterait par cela seul toute efficacité, toute force légale? Non, sans doute ; les nullités ne peuvent ainsi être admises légèrement ; il faut, ou que la loi les prononce elle-même expressément, ou qu'elles résultent évidemment de l'ensemble de ses dispositions. Or, quelle que soit l'importance que le Législateur ait attachée à l'intitulé des arrêtés émanés des corps municipaux, on ne peut admettre qu'il ait voulu faire dépendre la validité de ces actes du titre sous lequel ils auront été publiés. En 1791, on devait craindre le retour d'abus tout récemment détruits : il était raisonnable de prendre des précautions pour empêcher les différens pouvoirs de se confondre et d'usurper réciproquement leurs attributions, comme cela avait lieu sous l'ancien régime. On sait qu'avant la révolution, certains tribunaux, notamment les parlemens, les corps municipaux et d'autres corporations, s'arrogeaient le droit de faire des réglemens qui étaient de véritables lois, soit à raison de la nature de leurs dispositions, soit à raison des matières sur lesquelles ils disposaient. La loi du 19 juillet a voulu proscrire les actes de cette nature, bien plus que prohiber l'emploi du mot *réglement :* ainsi cette expression ne frapperait point de nullité les actes auxquels on aurait eu le tort de l'affecter, mais qui, au fond, ne méritaient aucun reproche. Cela est tellement vrai, qu'aujourd'hui les auteurs, les arrêtistes, les jurisconsultes, et même les tribunaux, donnent aux arrêtés des maires le nom de *réglemens.* On voit partout les magistrats municipaux employer plus fréquemment les titres d'*arrêtés, d'ordonnances,* que celui de *délibération.* A Paris, par exemple, M. le Préfet de police qui est le magistrat municipal, en ce qui touche la police, ne rend que des *ordonnances* ou des *arrêtés.* D'ailleurs, l'expression *délibération* était convenable, lorsque l'autorité municipale était confiée à des corps composés de plusieurs personnes ; elle n'est plus applicable, depuis qu'il n'y a qu'un maire dans chaque commune.

Ainsi, il ne faut pas attacher aux dispositions relatives aux intitulés une trop grande importance. Sans doute, les magistrats doivent, pour obéir à la loi, placer en tête de leurs actes le mot *arrêté,* de préférence à tout autre ; mais c'est surtout dans l'observation des règles qui déterminent l'étendue de leurs pouvoirs, qu'ils doivent se montrer exacts et scrupuleux.

Le maire qui fait un arrêté sur l'un des objets confiés à sa vigilance, crée pour ses administrés des obligations ; il leur impose des devoirs que les lois générales n'avaient pas établis ; les contraventions à ces règles spéciales sont punies, comme nous le verrons plus tard. Les maires sont donc des législateurs véritables, quoique d'un ordre subalterne, pour la localité placée sous leur puissance. Nous avons déjà indiqué les motifs qui ont dû conduire à leur confier des pouvoirs de cette espèce, et nous avons dit que la loi a tracé le cercle dans lequel ils peuvent être exercés. Il en devait être ainsi ; plus la nature de l'autorité était élevée, plus cette autorité devait être sévèrement circonscrite. Tenons donc pour constant que le droit de faire des arrêtés de police ne peut s'exercer que sur les objets énumérés dans l'art. 3 titre 11, de la loi du 16 août 1790 : le magistrat municipal qui prétendrait l'étendre à des matières qui ne sont point expressément confiées à sa vigilance, commettrait un excès de pouvoir ; ses actes seraient nuls, radicalement nuls. La nullité n'est pas, il est vrai, prononcée par la loi, mais elle résulterait du défaut de capacité dans la personne de celui de qui l'acte serait émané ; elle serait la conséquence de l'excès de pouvoir évident qu'il aurait commis.

Les expressions dont le Législateur a fait usage dans la loi du 16 août 1790, sont très-générales ; elle embrassent par conséquent beaucoup de choses qui ne sont pas nominativement désignées. Ainsi, le § 1er porte que *tout ce qui intéresse la sûreté et la commodité du passage dans les rues, quais, places*, etc., est confié à la vigilance de l'autorité municipale ; *ce qui comprend*, ajoute-t-on, *le nettoiement, l'illumination*, etc. Ce serait une grande erreur de penser que l'action de l'autorité municipale ne peut s'exercer que dans les cas qui sont cités comme développement ou explication des mots *sûreté ou commodité du passage dans les rues*, etc. Il est incontestable que, dès qu'un fait est de nature à nuire à la sûreté ou à la commodité de la circulation, l'arrêté municipal peut le prohiber, bien que ce fait ne rentre ni dans *le nettoiement*, ni dans *l'illumination*, ni dans *l'enlèvement des encombremens*, etc. Or, il peut se présenter une variété infinie de circonstances, et il serait impossible de les déterminer avec une parfaite exactitude. L'expérience peut seule apprendre aux magistrats municipaux ce qu'exigent les besoins de leurs administrés ; ils doivent agir selon les circonstances, se déterminer d'après les événemens, bien certains qu'ils auront agi dans les limites légales de leurs pouvoirs, toutes les fois que les mesures qu'ils auront prises auront réellement pour objet la sûreté et la commodité du passage dans les rues, etc.

Toutefois, et malgré l'impossibilité d'offrir une nomenclature exacte et complète des cas qui rentrent dans les termes généraux qu'emploie la loi du 16—24 août 1790, on peut trouver d'utiles développemens puisés dans la législation elle-même. L'arrêté des Consuls du 12 messidor an 8, peut être considéré, suivant M. Henrion de Pansey, comme le meilleur commentaire de la loi de 1790. Cet arrêté détermine les attributions de M. le Préfet de police, qui est le magistrat chargé de la police municipale à Paris.

Il peut donc être utile à MM. les maires de consulter l'arrêté du 12 messidor an 8 ; et cependant, ils ne doivent pas oublier que, quelque étendues que soient les dispositions de cet acte, elles ne sont point limitatives des droits de l'autorité municipale, et qu'il peut se présenter chaque jour des circonstances nouvelles et imprévues, qui exigent des mesures sans lesquelles la sûreté et la liberté de la circulation pourrait être compromises.

Dans la hiérarchie administrative, les magistrats municipaux ont toujours été subordonnés à une autorité supérieure : cette autorité est aujourd'hui confiée aux préfets. Il résulte de la nature de ces rapports que les réclamations des citoyens contre les arrêtés de police municipale doivent être portées à MM. les préfets. Il eût été dangereux de confier aux maires un pouvoir aussi étendu que celui qu'ils tiennent des lois que nous avons citées, sans établir en même temps la faculté de recours pour les particuliers qui seraient lésés, sans placer dans les mains de fonctionnaires élevés, le droit de réformer les actes contre lesquels s'élèveraient des plaintes légitimes. La loi, en forme d'instruction, du 12—20 août 1790, § 8, art. 1, porte : « Si les corps municipaux entreprenaient sur la puissance législative, en faisant des décrets ou des réglemens ; s'ils usurpaient les fonctions judiciaires dans les matières civiles ordinaires, ou dans les matières criminelles ; s'ils étendaient leurs fonctions administratives, soit en outrepassant les bornes qui leur sont assignées, soit en essayant de se soustraire à la surveillance et à l'autorité des corps administratifs, ceux-ci doivent être attentifs à les ré-

« primer, en annulant leurs actes inconstitutionnels, « et en défendant de les mettre à exécution. »

L'art. 46, tit. 1er de la loi du 19—22 juillet, est également clair et positif.

Le droit de réformer les arrêtés municipaux ne peut donc être contesté aux préfets ; et il faut ajouter que les préfets peuvent exercer ce droit, soit que les maires aient commis un excès de pouvoir, en faisant des arrêtés sur des objets autres que ceux qui sont confiés à leur surveillance, soit que, restant dans les limites de leurs attributions, ils aient pris des mesures inutiles ou vexatoires. Par exemple, si un maire établissait une imposition quelconque par un arrêté, le préfet devrait l'annuler pour excès de pouvoir. Si un maire, pour maintenir la sûreté du passage dans les rues, défendait d'y circuler avec des paquets, le préfet pourrait réformer l'arrêté, qui, à la rigueur, rentrerait dans les attributions du maire, mais qui serait vexatoire, et rendrait impossibles toutes transactions entre les citoyens.

La faculté que nous venons de reconnaître aux préfets a donné naissance à une autre prétention : de ce qu'ils pouvaient réformer les arrêtés des maires, on a conclu qu'avant d'être exécutés, ces arrêtés devaient être revêtus de leur approbation. La conséquence n'est pas juste ; il faut, au contraire, reconnaître que le droit de réformer implique contradiction avec la nécessité de l'approbation. D'ailleurs, aucune disposition législative ne peut être invoquée à l'appui du système que nous combattons. *Voy.* M. Henrion de Pansey, du pouvoir municipal, liv. 1, chap. 26.

Plusieurs arrêts de la cour de cassation ont implicitement consacré la doctrine que professe M. Henrion de Pansey, en décidant qu'un arrêté de police municipale ne cesse pas d'être obligatoire par cela seul qu'il est attaqué devant l'autorité supérieure ; qu'il subsiste et produit son effet, tant qu'il n'est pas expressément *annulé ou modifié par le préfet* (Arrêts du 20 pluviose an 12, du 1er février 1812, du 9 mai 1818 : S. 4, 2e partie, p. 680, 28, 1re partie, p. 439).

Ainsi, à moins d'une disposition expresse qui soumette un acte du pouvoir municipal à l'approbation de l'autorité supérieure, cette approbation ne doit pas être exigée ; elle est inutile, elle est même nuisible.

En disant que l'approbation est nécessaire lorsqu'une disposition expresse l'exige, nous entendons parler d'une disposition de loi ; mais il arrive souvent que des actes du pouvoir exécutif prescrivent à l'autorité municipale de soumettre ses arrêtés à l'approbation des préfets ou du Ministre de l'intérieur. En général, MM. les maires ne pensent pas que la résistance à de pareils ordres soit possible ; cependant, en se fondant sur les raisons développées par M. Henrion de Pansey, on pourrait soutenir avec avantage que de semblables dispositions dénaturent le pouvoir municipal et portent une atteinte grave à son indépendance. Il y a plus ; souvent les préfets agissent eux-mêmes, et directement, comme si l'autorité municipale leur était confiée : ils prennent des arrêtés relatifs à telle ou telle commune ; ils agissent ainsi surtout pour les villes dans lesquelles est fixée leur résidence. Enfin le pouvoir exécutif, se considérant sans doute comme la source de laquelle émane l'autorité municipale, a plus d'une fois exercé ses fonctions.

Voici quelques exemples pris au hasard.

Deux ordonnances, l'une du 22 mai 1815, relative à la profession de boulanger dans la ville de Soissons, l'autre, du 14 mai 1818, relative à l'abattoir public de la ville de Bordeaux, exige, la première, dans l'art. 19, la seconde, dans l'art. 9, l'approbation ministérielle pour que les réglemens locaux faits par le maire aient force obligatoire. L'ordonnance du 9 avril 1823, sur le commerce de la boucherie à Fontenay, enlève au maire le pouvoir de faire les réglemens nécessaires ; elle l'attribue au préfet : et cependant une autre ordonnance du même jour, 9 avril 1823, relative au commerce de la boucherie à Lyon, laisse au maire ses attributions ordinaires ; elle exige seulement l'approbation du préfet. La boucherie, la boulangerie, et d'autres matières, ont été réglées à Paris par des ordonnances et des décrets, et l'on ne saurait douter que ces actes n'aient véritablement, aux yeux du Gouvernement, le caractère

6.

d'arrêtés de police municipale; car l'ordonnance du 4 février 1815, relative à la boulangerie, dit expressément que les contraventions seront réprimées par le tribunal de police municipale.

Fût-il vrai que les exemples que nous venons de citer, n'offrissent ni excès ni abus de pouvoir, on ne pourrait du moins nier qu'il n'y ait désordre dans la marche de l'administration. On serait toujours en droit de dire : Pourquoi exige-t-on ici l'approbation du préfet, et là l'approbation du Ministre? pourquoi le pouvoir municipal se trouve-t-il exercé dans une ville par le préfet, dans une autre par le maire, et dans une troisième par le chef du Gouvernement en personne?

Sur la question principale de savoir si l'on ne dénature pas le pouvoir municipal, en prescrivant une approbation supérieure pour ses actes, et plus encore en le transférant à telle ou telle autorité, on peut consulter M. Henrion de Pansey, liv. 1er, chap. 26.

Donner au maire le droit de faire des arrêtés, c'eût été leur conférer des attributions inutiles et vraiment dérisoires, si, en même temps, la loi n'eût pas établi des peines contre ceux qui se rendraient coupables d'infraction à ces arrêtés. Ces peines ont été établies en effet; mais leur nature et leur application peuvent être souvent l'objet de graves difficultés.

Dans l'ordre naturel des idées, il convient de rechercher d'abord quelles sont les peines par lesquelles on peut réprimer les infractions aux arrêtés de police municipale.

Le texte de l'art. 471, n° 15, est maintenant formel, et, comme je l'ai déjà dit, il dispense de recourir à l'application du Code du 3 brumaire an 4.

Mais l'on s'écarterait complètement des principes consacrés par la jurisprudence, si l'on supposait que, par cela seul qu'un arrêté municipal existe, et qu'il y a eu contravention à cet arrêté municipal, il y a nécessité d'appliquer à l'auteur de cette contravention des peines de simple police. Je l'ai déjà dit, pour que les arrêtés de l'autorité municipale aient un effet obligatoire, il faut qu'ils aient été pris par elle dans le cercle de ses attributions; qu'ils disposent sur quelques-uns des objets confiés à ses soins et à sa vigilance. Le tribunal de simple police ne doit donc pas se borner à vérifier s'il y a contravention à un arrêté; il peut, il doit même pousser plus loin son investigation, il faut qu'il examine si le fonctionnaire municipal n'a point méconnu les limites qui sont tracées par la loi; et s'il est démontré que l'arrêté dont la violation est dénoncée ne porte sur aucun des objets confiés par une loi expresse à l'autorité municipale, le tribunal devra s'abstenir de prononcer une peine.

Un grand nombre d'arrêts de la Cour de cassation ont consacré cette doctrine. Voy. arrêts des 20 novembre 1818; 27 juillet 1820; 22 février 1825; 18 septembre 1828; 30 janvier 1829 (S. 18, 1re part., p. 412; 20, 2, 404; 25, 1, 341; 28, 1, 361; 29, 1, 202). V. aussi le Traité de Législation criminelle de Legraverend, 3e édit., t. 2, p. 269 et suiv., et l'on comprend aisément quels sont les principes qui lui servent de fondement. Dans toute société bien organisée, il faut que les peines, même les plus légères, ne puissent être prononcées qu'en vertu d'une loi; et si les tribunaux de police étaient obligés d'appliquer des peines pour contravention aux arrêtés des maires, quels que fussent ces arrêtés, ce ne serait plus en vertu de la loi, ce serait d'après le bon plaisir d'un fonctionnaire, que les citoyens seraient condamnés.

Cette maxime fondamentale et sacrée, que les peines ne peuvent être prononcées par les tribunaux que lorsqu'elles sont établies par des textes positifs de loi, ne doit pas s'entendre cependant d'une manière trop absolue.

Si j'ai réussi à bien faire comprendre le système de la loi du 16 = 24 août 1790, combinée avec la loi du 19 = 22 juillet 1791, on doit voir que ces lois ayant confié aux magistrats municipaux certains objets, leur ayant donné le droit de prendre sur ces objets tels arrêtés qu'ils jugeraient convenables, ayant enfin disposé que ces arrêtés auraient pour sanction des peines de police; toutes les fois que le magistrat municipal est resté dans les limites de ses attributions, la peine que prononce le tribunal de

police contre les infractions, est réellement prononcée en vertu de la loi. Ce serait donc une grave erreur de croire, comme cela est arrivé à quelques tribunaux de police, que pour qu'une peine puisse être prononcée, il faut que le fait spécial qui constitue la contravention soit expressément prévu et puni par une loi.

Un exemple fera mieux comprendre la distinction que nous établissons ici.

Le maire de la ville de Thann, voulant prévenir l'introduction dans sa commune de gens sans aveu et de vagabonds, avait pris un arrêté obligeant tous les domestiques et ouvriers arrivant à Thann à se présenter à la mairie, à produire leurs papiers, etc.

Un individu a été poursuivi pour contravention à cet arrêté.

Le tribunal de simple police a refusé de prononcer une peine; il a bien reconnu cependant le fait de la contravention; il n'a point nié que l'arrêté du maire ne portât sur l'un des objets confiés à sa vigilance, par la loi du 16 = 24 août 1790; mais il a cru qu'il fallait en outre que le fait incriminé fût prévu et puni par le texte même d'une loi; et comme il n'a vu aucune disposition législative ordonnant aux ouvriers et domestiques de remplir les obligations imposées par l'arrêté du maire de Thann, il n'a pas cru pouvoir punir la contravention.

La Cour de cassation a cassé ce jugement par les motifs suivans :

« Attendu qu'en jugeant que si les corps municipaux, aujourd'hui remplacés par les maires, ont le droit de faire des réglemens de police sur les objets que les lois ont confiés à leur vigilance, ils n'ont pas le pouvoir d'infliger une peine pour contravention, et que les tribunaux ne peuvent en prononcer que lorsqu'une loi en a attaché une au fait défendu par lesdits réglemens, le tribunal de police a méconnu et violé les dispositions combinées de l'art. 3, t. 11, de la loi du 16 = 24 août 1790, de l'article 46, t. 1er, de la loi du 19 = 22 juillet 1791, et des art. 600 et 606 de la loi du 3 brumaire an 4, qui ont réglé d'une manière générale et formelle la peine qui doit être prononcée par les tribunaux de police, dans les cas de contravention aux réglemens de police faits par l'autorité municipale dans l'exercice du pouvoir qui lui a été conféré (Voy. Sirey, t. 26, 1re part. p. 237). »

Ainsi donc, en résumant ce qui vient d'être dit, lorsqu'un arrêté municipal est pris sur des objets confiés à la vigilance de l'autorité de laquelle il émane, les contraventions à cet arrêté sont punissables, et il n'est pas nécessaire que le fait spécial soit particulièrement atteint par une disposition législative.

Si les maires n'excèdent pas leurs pouvoirs, si leurs arrêtés sont relatifs aux matières que le législateur a confiées à leur vigilance, ils doivent trouver dans les tribunaux de police force et secours; mais ils ne peuvent exiger que ces mêmes tribunaux soient des instrumens aveugles prononçant des peines sans examen de la légalité des arrêtés. Hâtons-nous d'ajouter toutefois que ce droit d'examen des tribunaux de police est lui-même circonscrit dans les limites que nous avons déjà indiquées. Le tribunal de police ne peut se rendre juge de l'utilité, de l'opportunité, de l'efficacité des mesures prises par l'autorité municipale. Pouvoirs indépendans, le tribunal et le maire ne peuvent contrôler leurs actes. L'un doit seulement veiller à ce que l'autre agisse dans le cercle de ses attributions. Le tribunal qui reconnaît que la mesure, bonne ou mauvaise, utile ou nuisible, prudente ou irréfléchie, porte sur la salubrité, la sûreté publique, en un mot, sur les objets de police confiés à la vigilance de l'autorité municipale, doit punir le contrevenant. Vainement celui-ci démontrerait au magistrat judiciaire que le magistrat administratif, agissant dans le cercle de ses attributions, a mal agi, il ne réussirait pas à écarter l'application de la peine. V. arrêt de cassation du 9 août 1818, Sirey, t. 19, 1re part. p. 27.

Rien de si simple en théorie que la règle que nous établissons ici : faculté pour les tribunaux de police d'examiner si l'arrêté auquel il y a contravention est pris par le maire dans les limites de ses attributions, et une fois la question résolue affirmativement, obligation absolue de punir le contrevenant. Mais rien n'est quelquefois plus difficile que de distinguer si, en effet, l'autorité municipale a ou n'a pas excédé ses pouvoirs.

Si un magistrat, exerçant les fonctions municipales, voulait excéder ses pouvoirs et assurer cependant à ses actes la sanction des peines de simple police, il pourrait mettre dans un grand embarras l'autorité judiciaire; il pourrait en effet, en prenant une mesure véritablement étrangère aux objets dont la surveillance lui est confiée, la rattacher en apparence à ces objets par la forme et la rédaction. M. Legraverend a bien senti ce danger dans une note placée dans son second volume, 5e édit., p. 302: il cite deux arrêts de la Cour de cassation qui ont décidé que des arrêtés pris par l'autorité municipale se rattachant aux objets confiés à la surveillance de cette autorité, les tribunaux de police avaient dû punir les contrevenans; et il soutient, au contraire, que ces arrêtés étaient réellement étrangers aux attributions municipales. L'un défendait d'exercer la profession de ramoneur sans autorisation; l'autre, de couvrir les maisons avec de la paille ou des roseaux. M. Legraverend critique à tort, ce nous semble, les deux arrêts de la Cour de cassation; car les arrêtés avaient évidemment pour but de rendre les incendies d'abord moins fréquens, et ensuite moins dangereux dans leurs effets. Sans doute, il dit avec raison qu'il ne suffit pas de prononcer le mot *incendie* dans un arrêté, pour le soustraire à l'appréciation des tribunaux de police; mais la grande difficulté pour ces tribunaux est de savoir distinguer les cas où les mesures prises ont véritablement en vue l'un des objets déterminés par la loi du 16=24 août 1790, et les cas, au contraire, où ces objets ne sont rappelés dans des arrêtés que pour leur donner un vernis de légalité, pour leur assurer un effet qu'ils ne devraient pas avoir, d'après la nature de leurs dispositions et le but que l'on s'est proposé en les faisant. Nous disons que cette difficulté est grande, et un exemple va faire comprendre si notre assertion est juste.

M. le maire de Dieppe prit, en 1827, un arrêté par lequel il affecta exclusivement une partie du rivage à un établissement de bains de mer formé par le sieur Versial.

M. le maire exprima franchement dans son arrêté les motifs qui l'avaient déterminé: il disait que cette mesure était commandée par l'intérêt des personnes qui faisaient usage des voitures de l'établissement; il ajoutait qu'elle était un acte de justice: M. Versial ayant fait de grands sacrifices et de grandes dépenses pour un établissement qui contribuait à la prospérité de la ville, et qu'il avait fait élever sur des plans préalablement soumis à l'administration et approuvés par elle.

Un sieur Caboche, propriétaire d'un autre établissement de bains, a, nonobstant l'arrêté, fait conduire ses voitures sur la plage réservée au sieur Versial.

Il a été poursuivi devant le tribunal de police, qui l'a condamné; mais en appel, le tribunal de police correctionnelle l'a déchargé des condamnations prononcées. La Cour de cassation a adopté l'opinion du tribunal d'appel; elle a jugé que l'arrêté du maire de Dieppe n'était pas obligatoire, en ce qu'il n'avait pas eu pour but l'un des objets confiés à la vigilance des officiers municipaux. En lisant les motifs de l'arrêt de la Cour de cassation, on voit bien que la mesure en elle-même, indépendamment des motifs sur lesquels elle est fondée, lui paraît une concession de privilège, et par conséquent un excès de pouvoir du maire; mais elle a soin, pour corroborer ce système, de rappeler les considérans de l'arrêté, de montrer que ce sont *des vues de convenance et de justice*, et non l'intention de maintenir l'ordre, qui ont engagé le maire de Dieppe à rendre son arrêté. Si donc M. le maire, au lieu d'exprimer franchement sa pensée, et de laisser clairement apercevoir le but qu'il se proposait, avait cherché à les dissimuler, et qu'il eût dit, pour motiver son arrêté, que l'espace dont était en possession le sieur Versial n'était pas assez vaste pour que les voitures de deux établissemens pussent y être placées sans inconvénient, ou bien que les voitures de l'établissement du sieur Caboche n'étaient pas construites avec la solidité convenable, ou enfin qu'il eût imaginé des raisons d'après lesquelles son arrêté aurait paru n'avoir pour but que la sûreté des baigneurs, alors il eût été si non impossible, du moins beaucoup plus difficile de démontrer qu'il y avait dans cet acte un but secret, étranger aux attributions confiées à l'autorité municipale (*Voy.* l'arrêt de la Cour de cassation rapporté par Sirey, t. 28, 1re partie, p. 361).

Nous avons dû, en examinant les diverses difficultés que peuvent rencontrer les tribunaux de police dans l'application des peines aux contraventions commises aux arrêtés de police municipale, prévoir le cas où un maire, non-seulement aurait excédé ses pouvoirs, mais, en outre, aurait cherché à colorer son usurpation. Cependant personne plus que nous n'est convaincu que les fonctionnaires en qui réside le pouvoir municipal rougiraient de se livrer à de pareilles combinaisons.

Quelquefois il peut arriver que, sans mauvaise intention, sans qu'il y ait de la part des magistrats municipaux volonté d'excéder leurs pouvoirs, et même quoiqu'on pût dire, jusqu'à un certain point, qu'ils se sont renfermés dans les limites de leurs attributions, leurs arrêtés se trouvent sans force obligatoire, si les mesures prescrites sont en opposition avec quelques dispositions positives de la loi, avec quelques-uns des grands principes consacrés dans le Code politique.

Il ne suffira pas alors que les mesures aient été prises dans de bonnes vues, afin de prévenir des désordres; elles ne pourront être sanctionnées par l'application des peines de police. Ainsi, l'arrêté d'un maire ordonnant aux habitans d'une ville de tapisser le devant de leurs maisons le jour de la Fête-Dieu, a été déclarée non obligatoire par la Cour de cassation. Son arrêt, en date du 17 novembre 1819, est rapporté par Sirey, t. 20, 1re partie, p. 23. Il est vrai que, dans ses considérans, il se borne à dire que l'arrêté du maire ne pouvait être considéré comme prescrivant une mesure de police; mais, à coup sûr, la pensée que cette mesure était une atteinte grave au principe de la liberté des cultes, consacré par la Charte, n'a point été sans influence sur la Cour de cassation; sans ce motif secret, plus décisif que le motif exprimé, il nous semble que son arrêt n'aurait pas été à l'abri de la critique; on aurait pu soutenir avec avantage que c'était afin de prévenir des excès, des tumultes, que l'ordre de tapisser était donné. M. Odilon-Barrot, alors avocat à la Cour de cassation, ne manqua pas aussi d'insister autant sur la violation de l'art. 5 de la Charte, que sur l'excès de pouvoir reproché au maire. En admettant, au surplus, que cet exemple que nous avons cité ne fût pas parfaitement choisi, le principe que nous avons posé n'en conserverait pas moins toute sa force, et nous ne manquerions pas d'autorités pour le soutenir. Ainsi la Cour de cassation a jugé qu'un maire ne pouvait établir une taxe pour l'exécution d'un règlement de police, parce que la Charte défend l'établissement de tout impôt sans le concours des Chambres (Arrêt du 22 février 1825; Sirey, t. 25, 1, 341). *Voy.* un arrêt rendu sur une autre matière, mais dans le même sens, le 13 mai 1819 (Sirey, t. 20, 1re partie, p. 30). Elle a également décidé qu'un maire ne peut ajouter à l'art. 471, n° 4, du Code pénal, qui défend de déposer des matériaux dans les rues sans nécessité, ou sans être éclairés, l'obligation préalable d'en obtenir l'autorisation de la mairie, parce que là où la loi dispose, le magistrat municipal doit se borner à ordonner l'exécution de la loi. *Voy.* arrêt du 10 décembre 1814; (Sirey, t. 25, 1re part., p. 334). Or, si le maire ne peut ajouter à la loi, à plus forte raison, il ne peut y contrevenir.

Après avoir établi le plus clairement qu'il m'a été possible la limite qui sépare les deux autorités dont le concours assure le maintien de l'ordre dans les communes, il nous reste à tirer quelques conséquences des principes posés.

L'autorité municipale étant exclusivement chargée de prendre les mesures de police nécessaires, ayant seule les moyens et le droit d'apprécier ce que les circonstances exigent, elle seule peut reconnaître si telle ou telle position particulière, telle ou telle raison autorise une dérogation aux règles qu'elle a établies. Ainsi, le tribunal de police ne peut se permettre de décider que la contravention qui est dénoncée, et dont il a la preuve, est excusable par un motif ou par un autre. Il ne saurait non plus prétendre que les circonstances, en vue desquelles avait été pris un arrêté, ayant changé, cet arrêté a cessé d'être obligatoire. Plusieurs arrêts de la Cour de cassation ont consacré ces deux points (*V.* arrêts du 28 août 1818, du 22 juillet 1819; S. t. 18, 1re part. p. 407; t. 19, 1re part. p. 383).

Nous avons déjà dit que les arrêtés de l'autorité municipale ne sont point soumis à l'approbation préalable de l'autorité supérieure ; qu'ils sont pleinement obligatoires tant que l'autorité supérieure ne les a pas réformés : de là résulte cette conséquence que l'on ne peut, devant les tribunaux de police, chercher à se soustraire à l'application de la peine, soit en disant que l'approbation du préfet n'a pas été donnée à l'arrêté du maire, soit en fournissant la preuve que l'on est en réclamation auprès de l'autorité supérieure pour faire réformer l'arrêté auquel il y a eu contravention (*V.* les arrêts de la Cour de cassation, cités, et deux autres arrêts, l'un du 18 avril 1828 ; S. 29, 1re partie, p. 47, et l'autre du 10 juin 1829 ; S. 29, 1re partie, p. 364).

Cependant le respect que doivent avoir les tribunaux de police pour les actes de l'autorité municipale, n'est pas, comme nous l'avons déjà dit, un respect aveugle ; et nous avons indiqué comment se concilie l'obligation pour l'autorité judiciaire de punir les contraventions aux arrêtés municipaux, avec le droit, ou plutôt avec le devoir d'examiner si ces arrêtés sont véritablement pourvus de la force légale. Nous devons signaler encore à l'attention de nos lecteurs deux cas où l'application des arrêtés municipaux exige de la circonspection, et où l'on doit également s'abstenir d'une adhésion absolue et d'une résistance complète.

Supposons qu'un maire ait négligé dans son arrêté d'indiquer la peine applicable, ou bien qu'il ait indiqué une peine autre que celle qui est établie, plus forte ou moindre, n'importe : en pareille occurrence, le tribunal de police doit bien se pénétrer de la mission qui lui est confiée. Le juge doit se dire : il appartient au maire de prendre les mesures de police qu'il juge convenables, mais il n'est pas à son pouvoir de déterminer la peine applicable aux contrevenans : c'est dans la loi seule qu'il faut chercher l'indication, la nature et la quotité du châtiment qui doit être infligé. Ainsi, que le maire ait rappelé ou non dans son arrêté la peine qui est applicable, je dois appliquer la peine que prononce la loi ; ainsi que le maire ait, par une disposition expresse, établi une peine excédant les peines de simple police, et qui, par conséquent, paraisse excéder les bornes de ma compétence, je n'en dois pas moins me déclarer compétent, et appliquer les peines de simple police, parce que si l'arrêté du maire est à l'abri de tout examen, de toute critique quant aux mesures de police qu'il indique, les dispositions de cet arrêté doivent céder aux dispositions de la loi, quant à la fixation des peines. Plusieurs arrêts de la Cour de cassation l'ont ainsi décidé d'une manière formelle (*V.* arrêts du 1er décembre 1809, du 10 avril 1819, du 10 avril 1823, du 17 juin 1825 ; S. t. 10, 1re part., p. 309 ; t. 19, 1re part., p. 310 ; t. 23, 1re part., p. 550, et t. 26, 1re part., p. 161).

On comprend, et cela n'a même pas besoin d'être dit, que toutes les règles, dont nous avons essayé de présenter l'ensemble, ne s'appliquent qu'aux actes qui ont véritablement le caractère d'arrêtés de police. Or, la Cour de cassation a jugé qu'on ne pouvait considérer comme tels les ordres ou injonctions d'un maire, adressés à un individu dans un cas particulier (*V.* arrêts du 31 août 1821, du 24 octobre 1823, et du 25 juillet 1829 ; S. t. 22, 1re partie, p. 521 ; t. 24, 1re part., p. 240, et t. 29, 1re part. p. 502). Toutefois, de ce qu'une mesure prise serait relative à un seul individu, on ne doit pas conclure qu'il n'y a pas arrêté dans le sens de la loi du 16-24 août 1790 et du 19-22 juillet 1791. Un arrêt de la Cour de cassation, du 2 octobre 1814, fournit la preuve qu'un acte peut être considéré comme règlement de police, quoiqu'il ne concerne qu'un habitant de la commune (S. t. 25, 1re part., p. 89). Ajoutons enfin que pour qu'un arrêté soit obligatoire, il faut, ou qu'il ait été publié suivant les formes ordinaires, ou qu'il en ait été fait envoi officiellement par voie administrative à ceux qu'il concerne. Un avertissement verbal serait évidemment insuffisant (*V.* arrêt de la Cour de cassation du 31 août 1821 ; S. t. 22, 1re part., p. 55).

Nous avons constamment rappelé les lois du 16-24 août 1790 et du 19-22 juillet 1791, comme base légale des arrêtés de police municipale, et nous avons dû procéder ainsi, parce qu'en effet ces deux lois disposent d'une manière générale sur les attributions confiées aux magistrats municipaux, mais on ne doit pas entendre que ces lois soient les seules desquelles résultent pouvoir et compétence pour l'autorité municipale. Il en est d'autres qui ont également confié certaines attributions à cette autorité ; et dès lors, ces lois produisent le même résultat, soit quant à la force obligatoire des réglemens municipaux pris en vertu de leurs dispositions, soit quant à l'application des peines, au cas de contraventions.

Nous devons cependant faire remarquer ici que l'article 46, tit. 1er de la loi du 19=22 juillet, que nous avons déjà cité plusieurs fois, autorise les magistrats, non-seulement à faire des arrêtés nouveaux sur les objets confiés à leur vigilance, mais aussi à publier de nouveau les lois et réglemens existans, ou à rappeler les citoyens à leur observation.

Cette faculté de reproduire les anciens réglemens doit être exercée avec sagesse et circonspection ; les mœurs, les habitudes, les règles du droit public et le système de législation criminelle ont subi depuis 1789 de telles modifications, que souvent il serait aussi ridicule qu'illégal de vouloir faire revivre soit les dispositions, soit les peines des anciens réglemens : plusieurs prononçaient des amendes *arbitraires*, ou condamnaient au *fouet*, pour de légères contraventions. Certes, il ne peut entrer aujourd'hui dans l'esprit d'aucun fonctionnaire de rétablir de pareilles dispositions.

Lors donc qu'un réglement ancien sera jugé, par l'autorité municipale, compatible avec l'état actuel de la société, et qu'il sera remis par elle en vigueur, il faudra appliquer les peines qu'il prononce, si ces peines ne sont pas inconciliables avec notre législation criminelle ; et si ces peines ne sont plus en harmonie avec notre Code pénal, il faudra prononcer les peines de simple police. Il peut arriver que les peines prononcées par un ancien réglement soient plus fortes que les peines de simple police ; dans ce cas, ce ne sera pas au tribunal de police, mais au tribunal correctionnel, à statuer sur les contraventions. Ajoutons que l'art. 484 du Code pénal porte que, dans toutes les matières qui n'ont pas été réglées par le présent Code, et qui sont régies par des lois et réglemens particuliers, les Cours et tribunaux continueront de les observer. De cette disposition, il résulte qu'un réglement ancien non abrogé doit recevoir son exécution. Pour qu'il y ait abrogation, il suffit que nos lois nouvelles contiennent un système complet sur la matière qu'avait en vue l'ancien réglement ; il suffit même que l'autorité municipale, usant du droit qui lui appartient, ait pris un arrêté sur la même matière ; peu importe que l'arrêté ne dise point expressément qu'il abroge l'ancien réglement (*V.* arrêts de la Cour de cassation du 11 juin 1818, du 27 juin 1823 ; S. 19, 1re part., p. 363 ; 26, 1re part., p. 117).

Voici les décisions par lesquelles ont été appliqués les principes qui viennent d'être développés.

Le réglement d'un maire qui ordonne aux bouchers de tuer des bœufs, vaches, etc. dans l'intérieur de leurs maisons, et de tenir leurs portes fermées au moment de l'abattage, rentre parfaitement dans les attributions de police confiées à l'autorité municipale (Cass. 3 juin 1823 ; S. 23, 1, 358).

L'arrêté d'un maire qui, sous prétexte de pourvoir à la sûreté et à l'ordre public, crée, en faveur d'un établissement particulier, un privilége dans l'usage d'un terrain dépendant du domaine public, excède les pouvoirs de l'autorité municipale, et reste dès lors sans effet obligatoire.

Tel l'arrêt d'un maire qui, en réglant la police des bains de mer, aurait affecté à l'usage exclusif d'un établissement de bains une portion plus avantageuse de la plage, soit pour l'emplacement même des bains, soit pour la circulation ou le stationnement des voitures destinées à y conduire les baigneurs (13 septembre 1823, Cass. ; S. 23, 1, 361).

Un réglement municipal ordonnant aux habitans de renfermer leurs chiens, pour éviter qu'ils ne soient mordus par des chiens enragés, est obligatoire, en tant que pris dans le cercle des attributions municipales (19 août 1819 ; S. 19, 1, 394).

Lorsqu'un réglement de police locale sur la vente des comestibles gâtés s'est borné à prononcer la saisie, les juges n'en doivent pas moins, que la saisie ait lieu ou non, appliquer aux contrevenans les peines de police (Cass. 10 février 1829 : S. 29, 1, 159).

Un réglement portant que les ouvriers, pour être admis à travailler sur le port d'une commune, doivent être nommés et commissionnés par le maire, afin de prévenir des rixes et de maintenir la tranquillité, rentre dans les attributions confiées à l'autorité municipale (Cass. 12 avril 1822 : S. 22, 1, 367).

Il entre dans les attributions de l'autorité administrative d'ordonner des rondes de nuit formées par des citoyens imposés aux rôles des contributions directes, afin de prévenir les tentatives des incendiaires (Cass. 22 juillet 1819 : S. 19, 1, 382).

Le réglement par lequel un maire détermine l'heure à laquelle doivent être fermés les cabarets, est dans les attributions légales. Il y a contravention par cela seul que des étrangers se trouvent dans le cabaret après l'heure fixée par la police, encore qu'ils n'aient été trouvés à boire (Cass. 21 février 1834 : S. 25, 1, 177).

Les réglemens de police qui fixent l'heure de la fermeture des lieux publics, n'imposent d'obligation qu'aux propriétaires ; ils ne sont pas applicables aux habitués de ces lieux (à moins de dispositions expresses). Ainsi, des individus trouvés buvant dans un cabaret après l'heure de la fermeture, ne sont pas coupables de contravention aux réglemens.

Les réglemens de police qui défendent aux cabaretiers, etc. de recevoir qui que ce soit après une heure déterminée, sont violés par cela seul que plusieurs individus sont trouvés après l'heure déterminée jouant aux cartes dans un cabaret ; peu importe qu'il n'y eut ni vin ni bouteilles sur la table, et que ces individus fussent des amis et des voisins du cabaretier, invités par lui à passer la veillée dans sa maison (Cass. 8 mars 1822. — 5 octobre 1822. — 4 avril 1823 : S. 23, 1, 48, 209 et 345).

Le cabaretier qui contrevient à un arrêté du préfet, en donnant à boire dans un cabaret après l'heure fixée, ne peut être excusé, sous prétexte qu'une autorisation spéciale du maire l'aurait dispensé de se conformer à cet arrêté : d'abord, parce qu'un maire ne peut agir que par voie de réglement général applicable à tous ses administrés ; ensuite, parce qu'il ne peut, sous aucun prétexte, ni contrarier les actes de l'administration supérieure, ni dispenser qui que ce soit de la soumission à ces actes (Cass. 10 avril 1818 : S. 28, 1, 440 ; D. 26, 1, 218).

Le réglement d'un maire qui, afin de faciliter la surveillance de la police, ordonne que le jour de la fête de la commune, des violons s'établiront sur la place publique, et défend aux habitans de faire danser dans leurs maisons, rentre dans les attributions de police confiées au maire (1er août 1823 : S. 24, 1, 59 ; D. 23, 1, 401).

Est obligatoire, comme rentrant dans les limites du pouvoir municipal, le réglement par lequel il est défendu, sous des peines de police, d'aller au-devant des denrées en chemin d'être amenées à la ville, et de les arrher ou acheter avant leur introduction sur le marché. Un tribunal de police ne peut, sans excès de pouvoir, et en créant des dispositions exceptionnelles non prévues par la loi ou par ce réglement, se dispenser d'appliquer les peines encourues par les contrevenans (Cass. 4 février 1826 : S. 26, 1, 348 ; D. 24, 1, 234 ; P. 78, 285).

L'arrêté d'un maire qui a pour objet l'inspection de la salubrité du commerce de la boucherie, ne peut soumettre les bouchers au paiement d'une taxe quelconque pour la rétribution des individus chargés de cette inspection : non-seulement un tel arrêté, alors même qu'il n'a pas encore été réformé par l'autorité supérieure, n'est pas obligatoire pour les tribunaux ; mais encore il y a ouverture à cassation pour excès de pouvoir contre le jugement qui aurait condamné au paiement de la taxe illégale (Cass. 22 février 1825 : S. 25, 1, 341 ; P. 75, 55).

L'arrêté par lequel un maire ordonne aux propriétaires des maisons bordant les rues, ruelles et remparts, de faire arracher avec soin l'herbe qui croît devant leur maison, rentre dans les attributions de l'autorité municipale (Cass. 17 décembre 1824 : S. 25, 1, 189).

La défense faite à toute personne par l'arrêté d'un maire, de conduire dans les rues et places publiques, chacune plus de trois chevaux, d'en faire marcher plus de deux de front, et de faire claquer les fouets, rentre dans l'exercice légal du pouvoir municipal, même relativement aux postillons de la poste aux chevaux (Cass. 18 novembre 1824 : S. 26, 1, 24 ; D. 23, 1, 70 ; P. 74, 21).

Un réglement municipal ordonnant aux individus d'une certaine profession de se pourvoir de poids et mesures, n'est obligatoire qu'autant que ces poids et mesures sont nécessaires au débit des objets de cette profession.

Ainsi, est sans effet légal l'arrêté qui prescrit aux tisserands de se pourvoir de poids et balances, les tissus fabriqués par les tisserands ne se débitant qu'à la mesure linéaire (Cass. 6 mai 1826 : S. 27, 1, 55 ; D. 24, 2, 364 ; P. 78, 543).

L'arrêté d'un maire portant défense à toutes personnes de porter les billets de faire part, les annonces de naissance, décès, ou de les faire porter par d'autres agens que ceux nommés à cet effet, ne rentre pas dans les objets confiés à la vigilance de l'autorité municipale (Cass. 1er avril 1826 : S. 27, 1, 55 ; D. 24, 2, 370 ; P. 78, 462).

Un réglement municipal qui ordonne au propriétaire d'un troupeau d'exercer son droit de vaine-pâture sur un cantonnement déterminé, et d'y conduire son troupeau par des chemins désignés, rentre dans les attributions de l'autorité municipale, soit qu'il existe une épizootie dont le réglement a pour but de prévenir la propagation, soit qu'il n'y ait que de simples appréhensions (Cass. 1er février 1822 : S. 22, 1, 235).

Lorsqu'il y a eu infraction aux lois ou réglemens de police, il y a nécessité de punir l'infraction, quand même il y aurait eu du maire une permission contraire à ces lois ou réglemens. Cette permission du maire ne rend pas l'infraction excusable (Cass. 1er juillet 1830 : S. 30, 1, 365 ; D. 28, 1, 312).

Les tribunaux ne peuvent prononcer une peine contre un citoyen qui refuse d'arborer un drapeau blanc au-devant de sa maison le jour de la fête de la Saint-Louis, quoiqu'un arrêté du maire en eût donné l'ordre : un tel arrêté ne peut être regardé comme une mesure de police (Cass. 27 janvier 1810 : S. 10, 1, 158).

L'arrêté qui défend à tous marchands d'exposer en vente leurs bestiaux et marchandises, les jours de foires, ailleurs que dans un terrain déterminé, rentre dans les attributions de police confiées au maire (Cass. 10 octobre 1823 : S. 24, 1, 129 ; P. 71, 447).

L'infraction à un réglement municipal fait pour assurer la perception d'un droit de mesurage des grains, à leur entrée dans une ville, n'est pas punissable des peines de police. Un tel réglement ne rentre essentiellement dans aucune des matières de police confiées à la vigilance des maires.

Il en est autrement d'un réglement municipal qui défend l'exposition et la vente, en ville, des grains qui y sont apportés, dans un autre lieu que celui déterminé à cet effet (Cass. 24 février 1820 : S. 20, 1, 28).

Les tarifs de droit de placage sur les halles communales peuvent être établis et rendus exécutoires sans l'autorisation du ministre de l'intérieur ; il n'en est pas comme des taxes indirectes et locales établies pour suppléer à l'insuffisance des recettes ordinaires des communes (Cass. 4 juin 1823 : S. 24, 1, 31 ; D. 21, 1, 271 ; P. 67, 307).

Il est dans les attributions du pouvoir municipal de défendre aux aubergistes, cafetiers, billardiers, etc. de donner à manger, à boire et à jouer après une certaine heure, et de défendre aux particuliers d'aller boire, manger ou jouer dans ces mêmes lieux après une certaine heure.

La défense est obligatoire pour tous ; en conséquence, les tribunaux ne peuvent admettre comme motif d'excuse, de la part des particuliers en contravention, qu'ils auraient pu ignorer l'heure, et qu'ils se seraient retirés à la première invitation qui leur en aurait été faite (Cass. 3 décembre 1825 : S. 26, 1, 297 ; D. 24, 1, 145).

Il y a contravention à l'arrêté d'un maire qui défend la vente de certaines marchandises ailleurs qu'au marché, dans le fait de celui qui, étranger à la ville, y loue

472. Seront en outre confisqués, les pièces d'artifice saisies dans le cas du n° 2 de l'art. 471, les coutres, les instrumens et les armes mentionnés dans le n° 7 du même article.

473. La peine d'emprisonnement pendant trois jours au plus, pourra de plus être prononcée, selon les circonstances, contre ceux qui auront tiré des pièces d'artifice, contre ceux qui auront glané, râtelé ou grapillé, en contravention au n° 10 de l'article 471 (1).

474. La peine d'emprisonnement contre toutes les personnes mentionnées en l'article 471, aura toujours lieu, en cas de récidive, pendant trois jours au plus (2).

SECTION II. Deuxième classe.

475. Seront punis d'amende, depuis six francs jusqu'à dix francs inclusivement :

1° Ceux qui auront contrevenu aux bans de vendanges ou autres bans autorisés par les réglemens (3) ;

2° Les aubergistes, hôteliers, logeurs ou loueurs de maisons garnies, qui auront négligé d'inscrire de suite et sans aucun blanc, sur un registre tenu régulièrement, les noms, qualités, domicile habituel, dates d'entrée et de sortie de toute personne qui aurait couché ou passé une nuit dans leurs maisons ; ceux d'entre eux qui auraient manqué à représenter ce registre aux époques déterminées par les réglemens, ou lorsqu'ils en auraient été requis, aux maires, adjoints, officiers ou commissaires de police, ou aux citoyens commis à cet effet : le tout sans préjudice des cas de responsabilité mentionnés en l'article 73 du présent code, relativement aux crimes ou aux délits de ceux qui, ayant logé ou séjourné chez eux, n'auraient pas été régulièrement inscrits (4) ;

---

une chambre pour s'y livrer à la vente de ces marchandises (Cass. 20 juillet 1829 : S. 29, 1, 392 ; D. 27, 1, 315).

Les réglemens qui ont pour objet la fidélité du débit dans les marchés, halles et ports, rentre dans les attributions municipales ; mais ils n'ont un caractère légal, et leur infraction n'est punissable par les tribunaux, qu'autant qu'ils ont reçu approbation du Gouvernement, d'après la loi du 29 floréal an 10, ou du moins du ministère, d'après l'arrêté du 12 nivose an 12 (Cass. 18 mars 1822 : S. 22, 1, 213 ; D. 20, 1, 136 ; P. 63, 475).

Un réglement municipal qui établit un droit d'octroi, n'a d'effet obligatoire qu'autant qu'il a été approuvé par le Gouvernement, ou autorisé provisoirement par le ministre de l'intérieur. Ainsi, l'infraction à un réglement non revêtu de cette autorisation ou approbation, ne peut être punie des peines de police par les tribunaux (Cass. 15 janvier 1819 : S. 10, 1, 315).

Il entre dans les attributions de l'autorité municipale de régler l'exercice du droit de parcours, notamment de défendre de conduire des oies dans les terrains sujets au parcours des bestiaux (Cass. 11 octobre 1821 : S. 22, 1, 28).

Il y a contravention au réglement municipal qui défend aux revendeurs d'acheter au marché, avant une heure fixe, aucune des denrées qui y sont exposées en vente, et en outre d'aller hors les portes de la ville, attendre les marchands, dans le fait du revendeur qui achète avant l'heure dans son domicile, lors même que les marchands s'y seraient rendus de leur propre mouvement (Cass. 10 juin 1830 : S. 30, 1, 373 ; D. 28, 1, 300).

Les tribunaux ne doivent point appui à un réglement municipal qui ordonnerait que le pesage et mesurage, même dans les maisons particulières, serait fait par les préposés au pesage et mesurage, la loi ne le commandant que pour le cas où le pesage et mesurage doit être fait sur les ports, places, marchés et autres lieux (Cass. 21 août 1829 : S. 29, 1, 345 ; D. 27, 1, 344).

Lorsque, afin de faire cesser les contestations entre les négocians et les crocheteurs, relativement à la quotité du salaire de ceux-ci, pour les travaux auxquels ils se livrent dans les ports, et désirant aussi y établir l'ordre, un arrêté municipal crée une compagnie de crocheteurs chargés exclusivement d'exercer les fonctions de portefaix, et fixe la quotité de leurs salaires, cet arrêté rentre dans les attributions municipales (Cass. 1er mai 1823 : S. 23, 1, 316).

L'autorité des préfets, en ce qui touche les réglemens municipaux, n'est pas restreinte au droit d'approuver, modifier ou annuler les réglemens ; elle comporte aussi le droit de régler par des arrêtés les matières confiées à la surveillance des corps municipaux, au cas où les corps municipaux négligeraient de faire sur ces matières les réglemens qu'exige l'intérêt des communes.

Spécialement, lorsqu'un préfet, à défaut de réglemens locaux, règle par arrêté le mode de jouissance des bois communaux, qu'il défend aux habitans des communes du département de vendre leur part d'affouage dans les bois communaux, avant qu'elle soit conduite à leur domicile, un tel arrêté rentre dans les attributions légales du préfet ; il est obligatoire pour les tribunaux (Cass. 6 février 1824 : S. 25, 1, 93).

Les contraventions aux réglemens de police peuvent être poursuivies, encore qu'il n'en ait point été dressé procès-verbal (Cass. 7 avril 1809 : S. 10, 1, 352).

La contravention à un réglement de police doit être réprimée par les tribunaux, encore que le contrevenant prétende avoir un droit contraire. Les tribunaux ne peuvent ni examiner si ce droit est fondé, ni même surseoir jusqu'après examen et décision par l'autorité administrative (Cass. 16 mai 1811 : S. 12, 1, 368).

Un arrêté de police municipale, portant injonction de supprimer les goutières existantes, et de les remplacer par des conduits qui portent les eaux dans les rues, est légal (Cass. 14 octobre 1813 : S. 19, 1, 162).

(1) Un tribunal de police ne peut, en prononçant une peine de contravention (par exemple, pour grapillage), laisser à la partie condamnée l'option entre une amende et un jour d'emprisonnement (Cass. 2 septembre 1825 : S. 26, 1, 382). V. art. 465.

(2) Avant l'introduction du § 15 de l'art. 471, en cas de récidive de contravention à un réglement municipal, la peine pouvait s'élever à une amende égale au prix de six journées de travail, et à six jours d'emprisonnement ; dès lors le tribunal de simple police n'était plus compétent. Ainsi jugé avec raison par plusieurs arrêts de cassation ; mais maintenant la peine pour contravention aux réglemens municipaux étant fixée à une amende d'un franc à cinq francs, et la récidive emportant l'emprisonnement de trois jours au plus, le tribunal de police restera compétent. V. art. 465 et 483.

Des vignes appartenant à différens propriétaires, et qui ne sont point séparées les unes des autres par des clôtures particulières, sont réputées non closes, bien qu'elles soient comprises dans une clôture commune ; en conséquence, elles sont assujéties aux bans sur les vendanges (Cass. 5 août 1830 : S. 31, 1, 34).

(3) Le jugement d'un tribunal de police qui, après avoir constaté qu'un logeur n'a pas inscrit sur un registre les individus qui ont logé chez lui, ne le condamne qu'à une amende moindre de six francs, est annulable (Cass. 11 avril 1822 : S. 22, 1, 434).

3° Les rouliers, charretiers, conducteurs de voitures quelconques ou de bêtes de charge, qui auraient contrevenu aux réglemens par lesquels ils sont obligés de se tenir constamment à portée de leurs chevaux, bêtes de trait ou de charge et de leurs voitures, et en état de les guider et conduire ; d'occuper un seul côté des rues, chemins ou voies publiques ; de se détourner ou ranger devant toutes autres voitures, et, à leur approche, de leur laisser libre au moins la moitié des rues, chaussées, routes et chemins ;

4° Ceux qui auront fait ou laissé courir les chevaux, bêtes de trait, de charge ou de monture, dans l'intérieur d'un lieu habité, ou violé les réglemens contre le chargement, la rapidité ou la mauvaise direction des voitures ;

(a) Ceux qui contreviendront aux dispositions des ordonnances et réglemens ayant pour objet :

La solidité des voitures publiques ;

Leur poids ;

Le mode de leur chargement ;

Le nombre et la sûreté des voyageurs ;

L'indication, dans l'intérieur des voitures, des places qu'elles contiennent et du prix des places ;

L'indication, à l'extérieur, du nom du propriétaire (1) ;

5° Ceux qui auront établi ou tenu dans les rues, chemins, places ou lieux publics, des jeux de loterie ou d'autres jeux de hasard (2) ;

6° Ceux qui auront vendu ou débité des boissons falsifiées ; sans préjudice des peines plus sévères qui seront prononcées par les tribunaux de police correctionnelle, dans le cas où elles contiendraient des mixtions nuisibles à la santé (3) ;

7° Ceux qui auraient laissé divaguer des fous ou des furieux étant sous leur garde, ou des animaux malfaisans ou féroces, ceux qui auront excité ou n'auront pas retenu leurs chiens, lorsqu'ils attaquent ou poursuivent les passans, quand même il n'en serait résulté aucun mal ni dommage (4) ;

L'art. 475, n° 2, doit s'entendre même des personnes qui ont leur domicile habituel dans le lieu où est située l'auberge ou maison garnie qu'elles ont momentanément habitée (Cass. 28 mai 1825 : S. 26, 1, 79). *. art. 61 et 154.

(a) « A partir de ces mots, la fin du n° 4 a été ajoutée par la loi de ce jour (28 avril 1832), à l'ancien art. 475, déjà modifié dans les mêmes termes par la loi du 28 juin 1829. »

(1) Lorsqu'il est constaté qu'une voiture publique était chargée à une hauteur excédant celle déterminée par les réglemens, et que d'ailleurs le propriétaire de la voiture est connu, il y a lieu de lui appliquer les peines prononcées par l'art 475, Code pénal ; peu importe que le procès-verbal n'énonce pas le numéro de l'estampille de la voiture, et le nom du conducteur (Cass. 31 juillet 1825 : S. 26, 1, 213).

L'art. 8 de l'ordonnance du roi du 4 février 1820 contenant deux dispositions distinctes et indépendantes, l'une qui règle le poids du chargement des voitures publiques, l'autre l'*élévation* de ce chargement, il s'ensuit qu'il y a contravention punissable de la peine portée par l'art. 475, n° 4 du Code pénal, par cela seul que l'*élévation* du chargement de la voiture excède la limite fixée par l'ordonnance. — Peu importe, à cet égard, que le *poids* du chargement n'ait pas été vérifié (Cass. 9 septembre 1826 : S. 27, 1, 305). La contravention à l'art. 10 de l'ordonnance du 4 février 1820, bien que cet article ne prononce aucune peine, rentre néanmoins dans l'application de l'art. 475, n° 4 (Cass. 9 septembre 1826 : S. 27, 1, 305). Tout gendarme de service a qualité pour dresser procès-verbal des contraventions aux réglemens sur le chargement des voitures publiques, et foi est due à ce procès-verbal, jusqu'à la preuve contraire (Cass. 8 avril 1825 : S. 26, 1, 253). Les propriétaires et entrepreneurs de voitures publiques sont personnellement passibles des peines prononcées par l'art. 475, n° 4, contre ceux violant les réglemens sur le chargement des voitures (Cass. 31 juillet 1825 : S. 26, 1, 213).

La jurisprudence refusait d'appliquer les peines prononcées par l'art. 475 aux contraventions aux réglemens contenant diverses mesures de précaution pour les voitures publiques. (V. Ar. de Cass. du 11 nov. 1826 : S. 17, 1, 512). La loi du 28 juin 1829 a réparé cette lacune, et ce sont les dispositions de cette loi qui sont reproduites ici ; mais j'ai fait remarquer dans les notes sur la loi du 28 juin 1829 (V. dans ma Coll. des Lois), qu'au nombre des précautions prescrites par les ordonnances du roi, se trouve

l'obligation d'afficher, dans l'intérieur des voitures, les art. 5, 6, 7, 8, 18, 19, 20, 23, 24, 25, 27 et 30 de l'ordonnance du 27 sept. 1827 ; que ces mesures ne se trouvant pas expressément comprises dans la loi, un tribunal de police avait refusé d'appliquer les peines de police aux contrevenans. La même observation s'applique au présent article. Toutefois, on pourrait soutenir que ces obligations d'affiches ayant pour but la sûreté des voyageurs trouvent leur sanction dans la loi d'une manière implicite. V. art. 476.

(2) Le fait d'avoir établi dans un lieu public des jeux de hasard, ne peut être excusé par cela seul qu'il n'a été joué qu'un seul coup de dez, et que le profit du jeu devait servir au soulagement d'un pauvre (Cass. 16 mars 1813 : S. 13, 1, 241).

La simple exposition, dans un café, d'objets mis en loterie sur les chances de la loterie royale, constitue le fait de tenue de loterie dans un lieu public (Cass. 1er juin 1821 : S. 21, 1, 315). V. art. 410, 477.

(3) Un jugement portant condamnation pour délit de boissons falsifiées, ne peut être censuré par la cour de cassation, pour erreur au fond (Cass. 28 octobre 1814 : S. 16, 1, 49).

L'existence, chez un marchand de vins à Paris, de matières propres à fabriquer ou à falsifier les vins, et notamment d'eaux colorées sur lie et de ricures de pièces de vin, réunies dans une feuillette ou barrique, constitue, à elle seule, une contravention punissable des peines portées par les art. 475 et 476, Code pénal. Leurs dispositions ont pu être et ont été *étendues* en effet par l'art. 11 du décret du 15 décembre 1813, relativement aux marchands de vins de Paris (Cass. 7 juillet 1827 : S. 27, 1, 524).

Les contraventions à l'art. 4 du décret du 15 décembre 1813, doivent être punies de 500 francs d'amende, peine portée par l'art. 8 de la loi du 1er brumaire an 7, et non des peines portées par le Code pénal contre les contrevenans aux réglemens de police (Cass. 26 avril 1828 : S. 28, 1, 333 ; Id. — 4 août 1827 ; S. 28, 1, 26).

Lorsqu'un tribunal de police a reconnu que des vins appartenant à un marchand et destinés au commerce, étaient mélangés de deux tiers d'eau, il doit ordonner qu'ils soient répandus, et non pas en ordonner la vente aux enchères publiques, au profit du marchand (Cass. 19 février 1818 : Bull. p. 62). V. art. 512 et 476.

(4) La femme dont le mari se trouve dans un état de démence ou de fureur, n'est pas obligée de provoquer son interdiction, ou de le contenir de manière à l'empêcher

8° Ceux qui auraient jeté des pierres ou d'autres corps durs ou immondices contre les maisons, édifices et clôtures d'autrui, ou dans les jardins ou enclos, et ceux aussi qui auraient volontairement jeté des corps durs ou des immondices sur quelqu'un (1);

9° Ceux qui, n'étant propriétaires, usufruitiers ni jouissant d'un terrain ou d'un droit de passage, y sont entrés et y ont passé dans le temps où ce terrain était chargé de grains en tuyau, de raisins ou autres fruits mûrs ou voisins de la maturité (2);

10° Ceux qui auraient fait ou laissé passer des bestiaux, animaux de trait, de charge ou de monture, sur le terrain d'autrui ensemencé ou chargé d'une récolte, en quelque saison que ce soit, ou dans un bois taillis appartenant à autrui (3);

11° Ceux qui auraient refusé de recevoir les espèces et monnaies nationales, non fausses ni altérées, selon la valeur pour laquelle elles ont cours;

12° Ceux qui, le pouvant auront refusé ou négligé de faire les travaux, le service ou de prêter le secours dont ils auront été requis dans les circonstances d'accidens, tumultes, naufrage, inondation, incendie ou autres calamités, ainsi que dans le cas de brigandages, pillages, flagrant délit, clameur publique ou d'exécution judiciaire;

13° Les personnes désignées aux art. 284 et 288 du présent code;

14° (a) Ceux qui exposent en vente des comestibles gâtés, corrompus ou nuisibles;

15° Ceux qui déroberont, sans aucune des circonstances prévues en l'article 388 des récoltes ou autres productions utiles de la terre, qui, avant d'être soustraites, n'étaient pas encore détachées du sol.

476. Pourra, suivant les circonstances, être prononcé, outre l'amende portée en l'article précédent, l'emprisonnement pendant trois jours au plus, contre les rouliers, charretiers, voituriers et conducteurs en contravention; contre ceux qui auront contrevenu (b) aux réglemens ayant pour objet, soit la rapidité, la mauvaise direction ou le chargement des voitures ou des animaux, soit la solidité des voitures publiques, leur poids, le mode de leur chargement, le nombre et la sûreté des voyageurs; contre les vendeurs et débitans de boissons falsifiées; contre ceux qui auraient jeté des corps durs ou des immondices.

477. Seront saisis et confisqués, 1° les tables, instrumens, appareils des jeux ou des loteries établis dans les rues, chemins et voies publiques; ainsi que les enjeux, les fonds, denrées, objets ou lots proposés aux joueurs, dans le cas de l'art. 476; 2° les boissons falsifiées, trouvées appartenir au vendeur et débitant : ces boissons seront répandues; 3° les écrits ou gravures contraires aux mœurs : ces objets seront mis sous le pilon; 4° les comestibles gâtés, corrompus ou nuisibles : ces comestibles seront détruits (c).

---

de se livrer à des excès, sous peine de répondre des dommages-intérêts qu'il a pu causer, et d'encourir les peines de simple police (Cass. 26 juin 1806 : S. 6, 1, 356).

Un chien qui mord quelqu'un, sans être provoqué par de mauvais traitemens, doit être réputé *animal malfaisant ou féroce*; le propriétaire qui l'a laissé divaguer est punissable (Cass. 29 février 1823 : S. 23, 1, 181; *id.* — 2 septembre 1826; S. 26, 1, 332; *id.* — 28 avril 1827; S. 27, 1, 504).

Un particulier qui s'introduit dans une cour close, et qui y est mordu par un chien, ne peut pas se pourvoir au tribunal de police contre le propriétaire du chien, pour le faire condamner à des peines de simple police (Cass. 12 février 1808 : S. 9, 1, 234).

Les voies de fait et violences légères n'étant l'objet d'aucune disposition du Code pénal de 1810, ni d'aucune autre loi postérieure à celles du 22 juillet 1791 et du 3 brumaire an 4, les dispositions qui s'y rapportent dans lesdites lois, et qui étaient en vigueur à l'époque de la promulgation du Code pénal, sont formellement maintenues par l'art. 484 de ce Code; les cours et tribunaux sont tenus de continuer de les observer et de les faire exécuter (Cass. 14 avril 1821 : Bull. crim. p. 154).

V. art. 479, et Cod. civ., art. 1382.

(1) *V.* notes sur l'art. 456.

(2 et 3) Les prairies sont, dans toutes les saisons, en état de production permanente, et doivent, par conséquent, être, en tous temps, considérées comme chargées de récolte; ainsi, celui qui y a fait ou laissé passer des bestiaux, animaux de charge ou de monture, doit être condamné aux peines de l'art. 475, à quelque époque que le fait ait eu lieu (Cass. 23 mars 1821 : Bull. crim. an 1821, p. 111).

L'art. 475, n° 10, n'est applicable qu'au délit de faire ou laisser passer des bestiaux sur le terrain d'autrui; il ne s'applique pas au délit de faire ou laisser paître; le délit de dépaissance est resté soumis aux règles établies par la loi du 28 septembre = 6 octobre 1791 (Cass. 1er août 1818 : S. 19, 1, 153).

L'individu qui a été trouvé dans une vigne, vendangeant et volant des raisins avec un panier, se rend coupable d'un délit qui ne rentre pas dans l'application de l'art. 475, n° 9. — Le délit est punissable, aux termes de l'art. 35, tit. 2, loi du 28 septembre = 6 octobre 1791 (Cass. 19 décembre 1822 : Bull. crim. p. 537).

V. art. 154, 234, 318, Cod. pén.; 491, 1382, Code civil.

Lorsqu'il est constant qu'un individu a fait ou laissé passer une voiture attelée de chevaux, sur le terrain d'autrui ensemencé, le tribunal saisi ne peut se borner à faire au prévenu défense de récidiver, et le condamner aux frais de l'instance; il doit prononcer la peine portée par l'art. 475, n° 10 (Cass. 25 juin 1825 : S. 26, 1, 159).

Le fait d'avoir conduit des chevaux sur le terrain d'autrui, ensemencé, est aujourd'hui punissable, aux termes de l'art. 475, n° 10, et non aux termes de l'art. 27, tit. 2 de la loi du 28 septembre = 6 octobre 1791 (Cass. 25 juin 1825 : S. 26, 1, 15).

(a) « Les deux numéros 14° et 15° ont été ajoutés à l'ancien article 475 par la loi de ce jour (28 avril 1832). »

(b) « Cette disposition a été ajoutée, par la loi de ce jour (28 avril 1832), à l'ancien article 476, conformément à la loi du 28 juin 1829. »

(c) « Ce n° 4 a été ajouté, par la loi de ce jour (28 avril 1832), à l'ancien article 477. »

478. La peine de l'emprisonnement pendant cinq jours au plus sera toujours prononcée, en cas de récidive, contre toutes les personnes mentionnées dans l'art. 475.

(a) Les individus mentionnés au n° 5 du même article qui seraient repris pour le même fait en état de récidive, seront traduits devant le tribunal de police correctionnelle, et punis d'un emprisonnement de six jours à un mois, et d'une amende de seize francs à deux cents francs.

Section III. Troisième classe.

479. Seront punis d'une amende de onze à quinze francs inclusivement :

1° Ceux qui, hors les cas prévus depuis l'article 434 jusques et compris l'article 462, auront volontairement causé du dommage aux propriétés mobilières d'autrui (1) ;

2° Ceux qui auront occasionné la mort ou la blessure des animaux ou bestiaux appartenant à autrui, par l'effet de la divagation des fous ou furieux, ou d'animaux malfaisans ou féroces, ou par la rapidité ou la mauvaise direction ou le chargement excessif des voitures, chevaux, bêtes de trait, de charge ou de monture ;

3° Ceux qui auront occasionné les mêmes dommages par l'emploi ou l'usage d'armes sans précaution ou avec maladresse, ou par jet de pierres ou d'autres corps durs ;

4° Ceux qui auront causé les mêmes accidens par la vétusté, la dégradation, le défaut de réparation ou d'entretien des maisons ou édifices, ou par l'encombrement ou l'excavation, ou telles autres œuvres, dans ou près les rues, chemins, places ou voies publiques, sans les précautions ou signaux ordonnés ou d'usage (2) ;

5° Ceux qui auront de faux poids ou de fausses mesures dans leurs magasins, boutiques, ateliers, ou maisons de commerce, ou dans les halles, foires ou marchés, sans préjudice des peines qui seront prononcées par les tribunaux de police correctionnelle contre ceux qui auraient fait usage de ces faux poids ou de ces fausses mesures (3) ;

(a) « Le second alinéa de cet article a été ajouté par la loi de ce jour (28 avril 1832). »

(1) Le fait de l'individu qui a donné la mort à des volailles en les empoisonnant, ne rentre pas dans l'application de l'art. 452 : il rentrerait dans celle de l'art. 454, s'il était reconnu que les volailles se fussent, au moment où elles ont été empoisonnées, trouvées dans un lieu appartenant au propriétaire de ces animaux ; hors ce cas, c'est l'art. 479, n° 1, dudit Code, qui doit être appliqué (Cass. 17 août 1822 : Bull. p. 322).

(2) Les blessures faites aux animaux d'autrui, avec volonté et méchamment, ne rentrent point dans l'application de l'art. 479, § 2, 3 et 4, lequel ne s'applique qu'aux blessures faites par imprudence ; c'est un délit susceptible des peines correctionnelles prononcées par l'art. 30 du titre 2 de la loi du 28 septembre — 6 octobre 1791 (Cass. 5 février 1818 : S. 18, 1, 151). Celui qui a frappé avec un bâton et causé des blessures à des animaux, sur un chemin vicinal, pour les empêcher de passer, doit être puni des peines que prononcent les art. 479, n° 3, et 480, s'il n'apparaît pas qu'il ait eu l'intention coupable de tuer, blesser ou estropier ces animaux (Cass. 29 juin 1821 : Bull. p. 162). V. art. 458, et notes sur l'art. 484.

(3) Le maintien de l'exactitude des poids et mesures, rentre dans les attributions des préfets ; la loi les autorise à faire des réglemens de police sur la matière ; dès lors les tribunaux doivent appliquer les réglemens, et punir les contrevenans (Cass. 10 septembre 1819 : S. 20, 1, 36). Lorsqu'un règlement administratif soumet les poids et mesures à vérification, celui qui fait usage de poids non vérifiés encourt une amende de douze à quinze francs, comme s'il faisait usage de poids non légalement établis (Cass. 5 mars 1813 : S. 13, 1, 366). Le simple usage de poids et mesures abolis et supprimés, sans aucune prévention de mauvaise foi, est de la compétence du tribunal de police (Cass. 20 juillet 1808 : S. 8, 1, 521). L'art. 479, n° 5, s'applique au colporteur sur lequel de faux poids sont trouvés (Cass. 12 juillet 1822 : S. 23, 2, 210). Celui qui vend du vin dans des bouteilles qui n'ont pas la contenance d'un litre, doit être considéré comme employant des mesures différentes de celles qui sont établies par les lois en vigueur (Cass. 27 mars 1823 : S. 23, 1, 252 ; D. 21, 1, 142). Le marchand de vin qui, dans la vente de son vin, fait emploi de mesures anciennes, et différentes de celles établies par la loi, ne peut être excusé sur ce que les acheteurs, selon lui, ne peuvent s'accoutumer aux mesures nouvelles (Cass. 4 février 1819 : Bull. crim. an 1819, 1, 14, p. 41). Celui qui a des poids ou mesures anciens dans ses magasin, boutique, etc. est punissable. Les poids et mesures anciens sont réputés faux (Cass. 19 février 1815 : S. 15, 1, 337. — 16 mars 1815 : S. 16, 1, 69). Il en est de même des mesures *non poinçonnées*, encore qu'elles aient la capacité voulue (Cass. 9 août 1818 : S. 18, 1, 398). On doit considérer comme faux poids tous ceux qui n'ont pas la pesanteur exigée par les lois et réglemens, encore même qu'ils aient été revêtus, à une époque plus ou moins rapprochée, du poinçon de vérification (Cass. 23 septembre 1826 : S. 27, 1, 320). Un fondeur chez lequel des faux poids ont été trouvés (sur le comptoir de sa boutique), ne peut être exempté de l'amende, sous prétexte que des faux poids étaient destinés à être fondus et qu'il n'en avait pas été fait usage (Cass. 10 décembre 1824 : S. 25, 1, 255). La défense faite à tous les marchands d'employer les anciens poids et même d'en avoir dans leurs boutiques ou ateliers, ne s'applique pas aux pharmaciens qui ne se livrent à aucun commerce étranger à leur profession, et qui ne font usage des poids que pour leurs prescriptions, alors que cet usage a été autorisé par l'autorité (Cass. 21 mars 1823 : 24, 1, 134). Le jugement d'un tribunal de police qui prononce une amende d'un franc contre des individus déclarés coupables d'usage habituel de mesures prohibées, doit être cassé, en ce qu'il applique une peine moindre que celle prononcée par l'art. 479, n° 6 (Cass. 26 septembre 1823 : S. 24, 1, 134). La disposition qui punit de peines de simple police les boulangers qui vendent le pain au-delà du prix fixé par la taxe, s'applique au cas où ils vendent du pain d'une qualité différente que celle prescrite par les arrêtés (Cass. 11 ventose an 11 : S. 4, 2, 687). Les réglemens de police relatifs aux boulangers, doivent être appliqués par les tribunaux, sans interprétation

6° Ceux qui emploieront des poids ou des mesures différens de ceux qui sont établis par les lois en vigueur ;

(*a*) Les boulangers et bouchers qui vendront le pain ou la viande au-delà du prix fixé par la taxe légalement faite et publiée (1) ;

7° Les gens qui font métier de deviner et pronostiquer, ou d'expliquer les songes ;

8° Les auteurs ou complices de bruits ou tapages injurieux ou nocturnes, troublant la tranquillité des habitans (2) ;

9° (*b*). Ceux qui auront méchamment enlevé ou déchiré les affiches apposées par ordre de l'administration ;

10° Ceux qui meneront sur le terrain d'autrui des bestiaux de quelque nature qu'ils soient, et notamment dans les prairies artificielles, dans les vignes, oseraies, dans les plants de câpriers, dans ceux d'oliviers, de mûriers, de grenadiers, d'orangers, et d'arbres du même genre, dans tous les plants ou pépinières d'arbres fruitiers ou autres, faits de main d'homme.

11° Ceux qui auront dégradé ou détérioré, de quelque manière que ce soit, les chemins publics, ou usurpé sur leur largeur ;

12° Ceux qui, sans y être dûment autorisés, auront enlevé des chemins publics, les gazons, terres ou pierres, ou qui dans les lieux appartenant aux communes auraient enlevé les terres ou matériaux, à moins qu'il n'existe un usage général qui l'autorise.

480. Pourra, selon les circonstances, être prononcée la peine d'emprisonnement pendant cinq jours au plus :

1° Contre ceux qui auront occasionné la mort ou la blessure des animaux ou bestiaux appartenant à autrui, dans les cas prévus par le n° 3 du précédent article ; 2° contre les possesseurs de faux poids et de fausses mesures ; 3° contre ceux qui emploient des poids ou des mesures différens de ceux que la loi en vigueur a établis ; (*c*) contre les boulangers et bouchers, dans les cas prévus par le paragraphe 6 de l'article précédent ; 4° contre les interprètes de songes ; 5° contre les auteurs ou complices de bruits ou tapages injurieux ou nocturnes (3).

481. Seront, de plus, saisis et confisqués, 1° les faux poids, les fausses mesures, ainsi que les poids et les mesures différens de ceux que la loi a établis (4) ; 2° les instrumens, ustensiles, et costumes servant ou destinés à l'exercice du métier de devin, pronostiqueur, ou interprète de songes.

482. La peine d'emprisonnement pendant cinq jours aura toujours lieu, pour récidive, contre les personnes et dans les cas mentionnés en l'article 479.

DISPOSITION COMMUNE AUX TROIS SECTIONS CI-DESSUS.

483. Il y a récidive dans tous les cas prévus par le présent livre, lorsqu'il a été rendu contre le contrevenant, dans les douze mois précédens un premier jugement pour contravention de police commise dans le ressort du même tribunal.

---

modificative, et sans admission d'excuse (Cass. 5 pluviose an 13 : S. 7, 2, 811). *V.* art. 423, 480, 481.

(*a*) « La fin de ce numéro 6° a été ajoutée, par la loi de ce jour (28 avril 1832), à l'ancien article 479. »

(1) *V.* les notes sur l'art. 476, et art. 423, 480 et 481.

(2) Les bruits ou tapages nocturnes ne peuvent s'entendre des bruits qui sont produits par les travaux de certaines professions. Celui qui a à se plaindre de ces derniers n'a le droit d'intenter qu'une action au civil, à moins qu'il n'existe un réglement municipal qui ait fixé une heure avant ou après laquelle certains artisans ne pourraient s'occuper des travaux de leur état (Cass. 12 septembre 1822 : Bull. crim. p. 362).

L'emprisonnement autorisé par l'art. 480, au cas de tapage nocturne, est autorisé, comme par addition, à l'amende prononcée par l'art. 479. L'amende est de rigueur (Cass. 19 décembre 1818 : S. 16, 1, 201).

Doit être considéré comme complice d'un bruit nocturne et puni comme tel, tout individu qui a fait partie du rassemblement, encore qu'il ne fût pas porteur d'instrument ayant produit le tapage, et qu'il n'ait point poussé de cris (Cass. 5 juillet 1822 : S. 22, 1, 855).

Les bruits ou tapages nocturnes ne donnent lieu, contre leur auteur à l'application des peines de police portées par l'art. 479, Code pénal, qu'autant qu'il est constaté qu'ils ont troublé la tranquillité des habitans (Cass. 2 août 1828 : S. 28, 1, 393).

Lorsqu'un tribunal de police constate, en fait, que des injures proférées n'avaient pas le caractère de bruits injurieux troublant la tranquillité publique, il n'y a pas lieu d'appliquer à cette espèce d'injure, la peine établie par le n° 8 de l'art. 479 (Cass. 1er septembre 1826 : S. 27, 1, 239).

Les bruits ou tapages nocturnes appelé *charivaris*, sont essentiellement un trouble à la tranquillité publique ; en conséquence, les auteurs de ces bruits ou tapages ne peuvent être excusés sous prétexte que la tranquillité publique n'en aurait pas souffert, et que les habitans ne se sont pas plaints.

Ils ne peuvent pas non plus être excusés sous prétexte que le charivari avait été autorisé par le maire, ce fonctionnaire ne pouvant pas accorder de telles autorisations (Cass. 2 avril 1830 : S. 30, 1, 323).

Lorsqu'un procès-verbal régulier et non contesté établit qu'un individu a fait entendre, après neuf heures du soir, au mois de septembre, des chansons et des cris scandaleux, cet individu doit être condamné aux peines portées par l'art. 479, Cod. pénal, comme coupable de tapage nocturne, et non pas seulement aux peines prononcées par l'art. 471 même Code, contre ceux qui profèrent des injures (Cass. 12 novembre 1829 : S. 30, 1, 114). *V.* art. 480.

(*b*) « Les n°s 9°, 10°, 11° et 12° ont été ajoutés, par la loi de ce jour (28 avril 1832), à l'ancien article 479. »

(*c*) « La fin de ce numéro 3° a été ajoutée, par la loi de ce jour (28 avril 1832), à l'ancien article 480. »

(3) *V.* art. 465, 479.

(4) Des poids saisis pour défaut du signe de vérification ne peuvent être exceptés de la confiscation, sur le motif que, depuis le procès-verbal de saisie, ils ont été présentés à la vérification (Cass. 21 février 1827 : Bull. crim. p. 37.)

(a) L'article 463 du présent code sera applicable à toutes les contraventions ci-dessus indiquées (1).

DISPOSITIONS GÉNÉRALES.

484 Dans toutes les matières qui n'ont pas été réglées par le présent code et qui sont régies par des lois et réglemens particuliers, les cours et les tribunaux continueront de les observer (2).

Nos ministres secrétaires d'Etat sont chargés, chacun en ce qui le concerne, de l'exécution de la présente ordonnance, qui sera insérée au Bulletin des Lois.

Paris, le 28 avril 1832.

Signé LOUIS-PHILIPPE.

Par le Roi : *Le Garde des sceaux, Ministre Secrétaire d'Etat au département de la justice,*

Signé BARTHE.

Certifié conforme par nous, *Garde des sceaux de France, Ministre Secrétaire d'Etat au département de la justice,*

A Paris, le 1er mai* 1832.

BARTHE.

* Cette date est celle de la réception du Bulletin à la Chancellerie.

(a) « Ce second alinéa a été ajouté, par la loi de ce jour (28 avril 1832), à l'ancien article 483. »

(1) La récidive ne résulte pas de ce qu'il y a eu délit commis plusieurs fois, mais bien de ce qu'il y a eu condamnation avant le délit actuellement dénoncé (Cass. 16 août 1811 : S. 21, 1, 214). *V.* art. 56, 58, 474, 478, 482.

(2) On lit dans les considérans d'un arrêt de la Cour de cassation, du 20 février 1829 (S. 30, 1, 189), que le Code pénal n'a abrogé que les anciennes lois pénales relatives à des matières sur lesquelles il contient un système complet de législation, et non celles sur les matières à l'égard desquelles il ne renferme que des dispositions particulières.

Cette doctrine est vraie; mais l'arrêt dans lequel la Cour l'a énoncée n'en fait point l'application.

Lorsque la loi nouvelle punit un fait commis *involontairement*, et qu'elle ne punit pas ce fait *commis volontairement*, la peine prononcée par la loi ancienne contre le fait volontaire, subsiste.

Ainsi, le Code pénal prononçant, art. 479, n°s 1, 2 et 3, une peine pour blessures faites *involontairement* aux animaux d'autrui, et ne contenant point de disposition pénale contre les blessures faites *volontairement*, il faut considérer comme applicable à ce dernier cas l'article 30, tit. 2, loi du 28 septembre 1791 (Cass. 5 fév. 1818 : S. 18, 1, 181 ; D. 16, 1, 160).

Il importe de remarquer qu'au nombre des anciens réglemens maintenus par cet article se trouvent compris les réglemens de police sur certains objets, et relatifs seulement à certaines localités; ainsi, un arrêt de la Cour de cassation du 3 octobre 1813 a décidé qu'un réglement ancien punissant les scènes de débauche et les tapages habituels dans une maison particulière, quoique local et de circonstance était encore en vigueur (S. 24, 1, 148; D. 21, 1, 479). *V.* aussi un arrêt du 10 mars 1827 : S. 27, 1, 479).

Le discours des orateurs du gouvernement au Corps-Législatif contient une énumération des matières sur lesquelles il existe des lois ou réglemens spéciaux que le Code pénal laisse subsister. Au surplus, cette énumération est purement énonciative, elle ne limite point aux cas qu'elle embrasse le maintien des lois et réglemens.

Outre l'abrogation totale qui résulte de ce que le Code dispose sur les matières qui étaient l'objet d'anciens réglemens, il peut y avoir abrogation partielle de ces mêmes réglemens; lorsque par exemple quelques-unes de leurs dispositions sont en contradiction avec les principes nouveaux du droit public ou les règles générales de notre législation criminelle. Ainsi, la Cour de cassation a décidé que le réglement de 1723, relatif à la police de la librairie, était encore en vigueur pour certaines dispositions; et il est évident que d'autres qui prononcent, par exemple, des amendes arbitraires, ou la peine du fouet sont incompatibles avec nos lois nouvelles (*V.* les notes sur l'art. 471, n° 15).

FIN DU CODE PÉNAL.

TABLE DU CODE PÉNAL.

A

tre la vie ou la personne des membres de la famille royale, 86; Dont le but est, soit de détruire, soit de changer le Gouvernement ou l'ordre de successibilité au trône, soit d'exciter les citoyens à s'armer contre l'autorité royale, 87; Tentative, Exécution, 88; Résolution formée par un seul individu, 90; Dont le but est, soit d'exciter la guerre civile, soit de porter la dévastation, le massacre et le pillage dans une ou plusieurs communes, 91; Provocation à les commettre par des discours, des affiches et des écrits, 102; Non suivie d'effet, 103; Révélation, 108; Contre la liberté, les droits civiques d'un ou de plusieurs citoyens, la Charte, par un fonctionnaire public, 114; Par un ministre, 115 et suiv.; Dommages et intérêts, 117. *V. Mœurs.*

ATTROUPEMENT.
— Pour empêcher l'exercice des droits civiques, 109.

AUBERGISTES.
— Responsabilité, 73; Inscription sous un faux nom, 154; Vols commis par eux, 386; Défaut d'inscription sur les registres, 475.

AUTEURS.
— Délits commis par la voie d'écrits, images ou gravures sans nom d'auteur; 283 et suiv.

AUTORISATION. *V. Accusation.*

AUTORITÉ ADMINISTRATIVE.
— Empiétemens; Peines contre ceux qui s'immiscent dans ses attributions, 127 et suiv.

AUTORITÉ JUDICIAIRE.
— Empiétemens; Peines contre ceux qui s'immiscent dans ses attributions, 130 et suiv.

AUTORITÉ MUNICIPALE. *Voy. Arrêtés.*

AUTORITÉ PUBLIQUE.
— Exercice anticipé ou prolongé, 196; Critiques, Censures, Provocations dans un discours pastoral prononcé publiquement, 201 et suiv.; Dans un écrit pastoral, 204; Résistance, Désobéissance, Manquemens, 209. *Voy. Rebellion;* Outrages et Violences contre les dépositaires, 222; Abus, 60; Contre les particuliers, 184 et suiv.; Contre la chose publique, 190. *Voy. Pouvoir.*

AVORTEMENT.
— Peines contre ceux qui ont administré les alimens, breuvages, médicamens, etc., 317; Contre la femme, 317.

B

BANDES ARMÉES.
— Pour envahir, piller les propriétés publiques, 96; Logement et lieu de retraite fournis à ces bandes, 99; Pillage, Dégâts, 440 et suiv.

BANNISSEMENT.
— Peine infamante, 8; Effets, 28; Comment elle est exécutée; Durée, 32; Ban rompu, 33; Surveillance, 48; Récidive, 56; Mineur de seize ans, 67.

BANQUE.
— Billets, Contrefaçon, 139.

BANQUEROUTE.
— Simple et Frauduleuse, 402 et suiv.; Complices, 403; Agens de change et Courtiers, 404.

BARRES, 407.

BATELIERS.
— Vols commis par eux, 386; Altération des liquides qui leur sont confiés, 387.

BATIMENS DE GUERRE, 93, 96.

BESTIAUX empoisonnés ou tués, 452 et suiv.

BILLETS.
— Brûlés ou détruits, 439. *Voy. Banque.*

BLESSURES.
— Volontaires, 309 et suiv.; Involontaires, par maladresse et imprudence, 319 et suiv.; Excuse, 321; Cas dans lesquels il n'y a ni crime ni délit, 327 et suiv.

BOIS.
— Forêts; Vol dans les ventes, 388; Incendie, 458.

BOISSONS.
— Falsifiées, 318, 475. *Voy. Batelier, Voiturier.*

BORNES. Enlèvement, Déplacement, 389.

BOUCHERS.
— Vente de la viande au-delà du prix fixé par la taxe, 479.

BOULANGERS.
— Vente du pain au-delà du prix fixé par la taxe, 479.

BOUTIQUES. *Voy. Cultes.*

BREUVAGES. *Voy. Avortement.*

BRUITS injurieux ou nocturnes, 479 et suiv.

C

CABANES.
— De gardien, Rupture, Destruction, 451.

CALOMNIE, 367, 369, 374.

CANNES.
— Cas dans lesquels elles sont réputées armes, 101.

CARRIÈRES. Vols de pierres, 388.

CASTRATION.
— Peine, 316; Excusable, 325.

CENSURES. *Voy. Autorité publique.*

CERTIFICATS.
— De maladie et d'infirmité, 159 et suiv.; De bonne conduite et d'indigence, 161; De toute nature, 162.

CHAMPS. *Voy. Vol.*

CHANTIERS. Incendie, Destruction, 434.

CHARRUES, 471, 472.

CHARTE CONSTITUTIONNELLE.
— Crimes et Délits contre la, 109 et suiv.

CHEMINÉES.
— Défaut d'entretien et de nettoiement, 471.

CHEMINS. *Voy. Vols.*

CHEVAUX.
— Empoisonnés ou tués, 452 et suiv.; Volés dans les champs, 388.

CHÈVRES empoisonnées, tuées, 452.

CHIENS excités contre les passans, 475.

CHIRURGIENS. Violation de secrets, 378.

CISEAUX.
— Cas dans lesquels ils sont réputés armes, 101.

CLAMEUR PUBLIQUE. Refus de secours, 475.

CLEFS.
— Vol à l'aide de fausses clefs, 381, 384, 398; Contrefaçon, Altération, 399.

CLÔTURE.
— Violation, 454; Destruction, 456.

COALITION.
— De fonctionnaires publics, 123 et suiv.; De ceux qui font travailler les ouvriers, 414; Des ouvriers, 415.

COMMANDEMENT MILITAIRE.
— Usurpé ou retenu, 93.

COMMERCE.
— De grains, farines, boissons; Fonctionnaires auxquels il est interdit, 176.

FIN DE LA TABLE DU CODE PÉNAL.